성령으로 마음을 투시하며 완전 치유하는 책

마음상처 투시와 완전치유

강요셉지음

"사람의 행위가 자기 보기에는 모두 깨끗하여도
여호와는 심령을 감찰하시느니라."(잠 16:2)

성령

마음상처 투시와
완전치유

성령

들어가는 말

필자는 늦은 나이에 목사가 되어 20년이 넘도록 수많은 목회자와 성도들의 마음(심령)의 병과 상처를 치유하여 하나님의 권능과 축복 속에서 건강하게 살도록 하는 사역을 중점적으로 했습니다. 목회를 하면 할수록 사람의 마음(심령)이 중요하다는 것을 깨달아 알게 되었습니다. 사람은 마음(심령)의 상태에 따라서 밖으로 보이는 영적상태와 환경과 건강이 결정이 되기 때문입니다.

마음의 상처를 투시하며 완전하게 치유는 자신이 할 수가 없습니다. 성령께서 자신의 마음속을 투시(감찰)하여 보게 하시고 본인이 마음을 열면 성령께서 치유하십니다. 마음의 상처치유는 성령께서 하시기 때문에 성령으로 세례를 받는 것이 필수입니다. 성령께서 자신의 마음속을 투시하여 보게 하시고 본인이 인정해야 성령께서 치유할 수가 있기 때문입니다. 투시는 성경에서는 감찰이라고 합니다. 투시라는 용어를 사용한 것은 일반적인 성도들이 쉽게 이해하고 받아들이기 때문입니다.

지금은 인생 백세시대라고 합니다. 필자가 얼마 전에 **"치매예방 건강 장수하는 비결"**이하는 책을 집필하면서 깨달은 것은 마음(심령)이 치매를 일으키는 중요한 곳이더라는 것입니다. 마음을 진리의 말씀과 성령으로 정비되고 치유되지 않으면 치매에 걸릴 위험성이 크다는 것입니다.

마음의 상태에 따라 하나님의 축복을 받으면서 세상을 살아가기도 합니다. 그래서 자신의 마음을 정확하게 투시(감찰)하는 것은 축복 중에 축복이라는 것입니다. 그런데 자신의 마음의 상태는 자신이 발견할 수가 없습니다. 반드시 성령하나님께서 자신의 마음 안 지성소에서 역사하면서 마음을 투시하여 본인이 상처가 있다는 것을 알고 인정해야 치유가 되기 시작합니다.

자신의 마음에 무엇이 형성되어 있는지를 젊어서 깨달은 사람은 하나님께서 특별하게 사랑하시는 사람이라 할 수가 있습니다. 하나님께서 사랑하시기 때문에 일찍이 보이지 않는 마음속을 투시하여 보게 하시고 인정하게 하여 치유받게 하여 하나님의 권능 나타나내는 사람으로 살아가게 하시기 때문입니다.

그런데 자신의 마음은 자신이 정화하고 치유할 수가 없습니다. 반드시 성령하나님의 은혜가 있어야 정화될 수가 있고 치유가 될 수가 있습니다. 자신의 마음에 쌓인 상처와 아담의 죄악으로 들어온 마귀가 있을 수 있기 때문입니다. 마귀는 자신이 이길 수가 없습니다. 한 차원 높으신 5차원의 성령하나님의 역사가 있어야 자신의 옛 주인이던 마귀 귀신이 떠나가기 때문입니다.

이 책을 통하여 자신의 마음에 숨어있는 하나님의 능력과 자신을 망하게 하는 마음의 병과 상처를 성령으로 투시하며 깨달아 알고 완전하게 치유하여 살아계신 하나님의 권능 있는 성도가 되어 하나님의 보호와 축복 안에서 행복하시기 바랍니다.

주후 2021년 11월 25일
충만한 교회 성전에서
저자 강요셉목사

세부적인목차

1부 왜 마음속을 투시하며 치유해야 할까요?

1장 마음을 투시하며 보게 하는 성령님

(잠 16:2)"사람의 행위가 자기 보기에는 모두 깨끗하
여도 여호와는 심령을 감찰하시느니라."

하나님은 예수를 믿고 십자가에서 죽고 예수로 다시 살아서 성령으로 변화되어 살아계신 하나님의 성전으로 살아가는 성도들을 통하여 세상에 하나님의 나라를 건설하십니다. 마음의 상처는 오만 가지 문제의 원인이 됩니다. 필자는 20년이 넘는 세월동안 예수를 믿으면서 마음의 상처로 고통을 당하는 분들을 말씀과 성령으로 치유하는 목회를 해왔습니다. 그동안 수많은 성도들을 치유하여 상처로부터 자유하게 했습니다. 상처는 때가되면 여러 가지 문제가 발생하게 합니다. 주변에 약한 사람들에게 상처를 주면서 살아갑니다. 마음의 상처는 자신이 자신을 직접 보고 인정해야 상처가 치유된다는 속성이 있습니다. 문제는 마음의 상처가 자신 안에 쌓여 있어도 어느 정도 체력과 정신력이 있으면 밖으로 나타나지 않는 다는 것입니다.

성령님은 문제가 발생한 다음이 아니라 매일 자신을 정확하게 투시하며 보게 하시고 인정하게 하여 치유하도록 역사하시는 분입니다. 성령님은 예수를 믿었다고 주인으로 역사하시지 않습니다. 반드시 성령님이 계신 것을 알고 성령님이 주인으로

계시도록 마음을 열고 기도할 때 성령으로 세례를 하시면서 장악하여 가십니다. 성령의 불의 역사가 자신 안에서 타오르면서 자신을 장악해 가는 과정에 아래에 설명되는 자신의 여러 가지 영적-정신적-육체적인 질병이 마음속에 상처 때문이라는 것을 투시하며 보게 하시고 인정하면 치유하시기 시작하십니다.

필자가 여기서 투시라는 용어를 사용하는 것은 이 용어가 세상 사람이나 예수를 믿는 사람이나 투시라는 용어를 잘 이해합니다. 그래서 투시라는 용어를 사용한 것입니다. 이점에 대한 이해가 있으시기를 바랍니다. 원래 투시라는 용어는 심리학적 용어로 "심령 현상의 하나로, 감각 기관으로는 알 수 없는 사물을 초자연적인 능력에 의하여 감지함."이라고 합니다. 성경에는 감찰이라고 하고 있습니다. "사람의 행위가 자기 보기에는 모두 깨끗하여도 **여호와는 심령을 감찰하시느니라.**"(잠 16:2). 감찰이라는 용어를 사용하면 쉽게 이해하지 못해서 투시라는 용어를 사용한 것입니다. 넓은 양해가 있으시기 바랍니다.

마음의 상처는 영적이고 정신적이고 육체적인 질병뿐만 아니라, 환경적인 문제의 근원이 되기도 합니다. 사람들에게 발생하는 뼈와 관절의 질병을 일으키기도 합니다. 어떤 분은 젊어서 상처와 스트레스를 많이 받아서 골다공증이 심하여 조금만 충격을 받아도 뼈가 골절이 된다고 걸어 다닐 때 사람들을 피하여 다니는 것을 보았습니다. 마음의 상처와 스트레스는 뉴마치스관절염의 근원이 되기도 합니다. 마음의 상처가 몸을 냉하게 하여 염증을 유발하게 하기 때문입니다. 이를 치유하고 예방하기 위하여 젊어서부터 마음의 상처의 해악을 깨달아 말씀과 성령의 역사로 치유해야 나이가 들어서 뉴마치스관절염으로 무릎관절염으로 골다공증으로 고통을 당하면서 살아가지 않습니다.

마음의 상처는 각종 암의 근원이 되기도 합니다. 상처와 스트레스가 몸과 마음에 쌓이면 장기나 골수나 정상적인 기능을 발휘하지 못하고 정상적인 체온을 유지하지도 못합니다. 상처 스트레스가 장기나 골수나 신경을 지배하면 체온이 현격하게 낮게 됩니다. 아랫배(소장대장)가 냉하게 되고 자궁의 모든 부분에 냉하여 대장과 자궁 난소에 질병이 발생하는 것입니다. 정기적인 검진을 등한히 하면서 지나면 암으로 발전하기도 합니다.

마음의 상처는 공황장애나 우울증이나 불면증이나 조현병이나 화병 등등의 정신질환의 근원이 되기도 합니다. 공황장애로 고통당하는 분을 성령으로 마음의 상처를 치유했더니 공황장애가 완치되었습니다. 마음의 상처는 부부문제의 근원이 되기도 합니다. 부부가 처음 사랑해서 결혼했지만 살아가다가 4-50대에 이혼하는 분들이 많습니다. 모두 자신 안의 상처로 인하여 생긴 문제인데 서로 상대방 때문에 부부생활이 원만하지 못하다고 서로를 원망하다가 이혼하게 되는 것입니다. 마음의 상처와 스트레스를 치유하려면 영-혼-육의 전인적인 건강에 관심을 가져야 합니다. 쉽게 말해서 성령으로 충만해야 한다는 말입니다. 하나님은 절대로 육체만 건강하게 하시지 않습니다. 영-혼-육체를 건강하게 하여 살아계신 하나님의 성전으로 살아가면서 하나님의 살아계심과 영광을 나타내며 축복받게 하십니다.

그렇기 때문에 마음의 상처 스트레스가 만 가지 문제의 원인이라는 것입니다. 왜 마음의 상처가 만 가지 문제가 될까요? 영적인 문제가 상처 스트레스로 발생을 합니다. 상처와 스트레스를 받게 되면 영-혼-육체의 기능이 비정상이 됩니다. 이때 귀신들이 침입을 하는 것입니다. 물론 귀신이 상처와 스트레스를 받게 하지만 영-혼-육의 기능이 정상일 때는 침입을 하지 못합니다.

그래서 주변의 사람들을 동원하여 스트레스를 받게 하고 상처를 받게 하여 심령이 상하면 침입을 하여 자리를 잡는 것입니다. 그렇기 때문에 귀신을 축사하려면 먼저 성령으로 상처와 스트레스를 다스려야 귀신이 떠나갈 수 있는 조건이 되는 것입니다. 절대로 귀신의 축사는 자신 안에서 일어나는 성령의 역사가 아니고는 불가능한 것입니다.

마음의 상처와 스트레스가 쌓이면 육체의 질병으로 발생합니다. 사람의 몸속에는 혈관이 있어 몸 안으로 피가 흐릅니다. 림프선이 있어 온몸으로 물이 흐릅니다. 상처와 스트레스를 받으면 체온이 떨어져 피가 끈끈해지거나 혈전이 생기거나 탁해지고 림프선을 통하여 몸 안으로 흐르는 물이 끈끈해지거나 탁해집니다. 자연스럽게 몸 안의 상태가 정상이 되지 못하니까, 혈관이 좁아지거나 림프선이 좁아지거나 혈전이 생기기도 합니다. 따라서 연결된 장기가 정상기능을 발휘하지 못하므로 장기가 약해지거나 고장이 나게 됩니다. 따라서 방광에 문제가 생기거나 콩팥에 문제가 생기거나 자궁에 문제가 생기거나 난소에 문제가 생기거나 간에 위장에 소장이나 대장 등 장기에 문제가 생기는 것입니다. 상처와 스트레스는 모두 나열하지 못했어도 사람의 모든 문제에 영향을 끼치는 근원이 되는 것입니다.

저는 다른 사람과 비교하여 몸이 약한 이유는 상처 때문이라고 합니다. 예수를 믿고 성령으로 거듭난 크리스천은 내면에서 나오는 영의 능력이 강해야 육체와 이성을 장악하게 되어 영-혼-육이 강건해지는 것입니다. 영에서 나오는 성령의 역사 영력으로 육체 피부의 노화를 방지합니다. 영에서 나오는 능력으로 세상을 살아가는 것입니다. 상처가 있으면 영의활동이 활성화되지 못하여 내면이 부실해집니다. 내면이 부실하기 때문에 다른 사람에 비하여 스트레스를 많이 받게 됩니다. 스트레스를 많이 받으면 체력소모가 많습니다. 체력소모가 많으면 인체의 각 기관이 정상적인 기능을 발휘하지 못합니다. 그래서 늘 피곤하고 영육의 병 치례를 많이 하는 것입니다.

이를 치유하기 위하여 한약을 먹고, 병원 약을 먹어도 치유되지 못합니다. 반드시 말씀과 성령의 역사로 상처를 치유하고 영적치유를 받아야 건강하게 지낼 수 있습니다. 성령으로 마음의 상처를 치유하여 몸의 기능이 정상이 되니까 비로소 한약과 병원 약이 효과를 발휘하기 때문입니다. 그러기 때문에 몸의 기능을 정상으로 올리는 것이 선행되어야 한다는 뜻입니다.

상처가 많으면 자기 자신을 이겨내지 못합니다. 자기 자신을 심하게 비하시키거나, 무가치하게 여기게 됩니다. 또는 자신에 대하여 거부감, 증오감, 혐오감, 용서 못함, 열등감을 가지거나, 반대로 극도의 자기사랑, 이기주의, 배타주의를 가지게 되기도

합니다. 심한 우울증이나 의존감을 가지기도 합니다.

필자가 마음이 중요하다는 것을 깨닫게 한 사건이 있었습니다. 교회를 성장 시키려고 병원전도를 열심히 하고 다니던 어느 날 신경성 위장병으로 고생하던 남자 집사를 위해 기도하게 되었습니다. 그런데 성령의 역사가 강하게 나타나서 악한 영이 발작을 일으켜 악을 쓰고 토하게 하였습니다. 악쓰는 소리에 놀라 간호사가 달려왔습니다. 병실 문을 잠가 버렸습니다. 모두다 마무리를 하고 병실을 나와 다른 병실로 가는데 이상하게 제 속이 쓰리고 아팠습니다. 아침 먹은 것이 잘못된 것 같다고 생각하고 전도를 마친 후 교회에 들어갔더니, 사모가 밥풀만한 눈곱이 눈에 달렸다고 떼어 내라고 했습니다. 그때 내 영육의 질병이 그 환자로부터 전이 되어 왔는가 하면서 슬슬 걱정되기 시작하였습니다. 그때 영적인 수준은 그렇게 생각할 수밖에 없는 수준이었기 때문입니다. 좌우지간 그 일이 있을 후 계속적으로 속이 아프고 소화도 잘 안 되어 고생하였습니다. 마음이 편안하지 못하고 불안하며 답답하며 깊은 잠을 잘 수가 없었습니다.

그러던 즈음에 어떤 자매가 영적인 질병으로 고통당하고 있었습니다. 축사를 하고 나면 정상으로 돌아왔다가도 이상하게도 2-3일이 지나면 다시 원위치로 돌아가 고통을 당하기 시작하였습니다. 그래서 어느 내적치유를 전문으로 하시는 목사님에게 전화로 물어봤더니 목사님! 내적치유를 아십니까? 그래서 알지도 못하면서 창피하여 '압니다.' 하고 대답을 했습니다.

목사님이 하시는 말씀이 "사람의 마음의 세계를 아신다면서 그와 같은 일이 어찌하여 생기는 것을 모릅니까?" 대답을 하지 못하니까? 목사님께서 하시는 말씀이 "환자의 마음에 상처가 많아서 일어나는 현상이니 성령으로 세례 받게 하면서 내적 치유를 먼저 하라"는 것이었습니다. 이 자매의 일과 저의 질병 상태를 놓고 기도하면서 생각해 보니 그냥 축사하고 안수 기도할 것이 아니었습니다. 그래서 서점에 가서 내면(마음)의 세계와 내적 치유에 대한 책을 사서 보니 무엇보다도 먼저 자신의 마음에 형성된 상처의 치유가 이루어져야 한다는 것이었습니다.

또 그 책을 사모가 읽더니 감동을 받아 내적 치유를 받아야 한다는 마음으로 동요되기 시작했습니다. 그래서 서울에서 하는 치유기관에 매주 월-화-수-목 4일씩 1년여 동안 사모와 같이 다니면서 내적 치유를 받았습니다. 많은 영적 체험과 치유를 경험했습니다. 그런데 그렇게 내적 치유를 1년을 받아도 해결되지 않는 부분이 있었습니다. 아주 이것 때문에 굉장한 고생을 하였습니다. 위의 통증입니다. 전도하러 다녀도 꾹꾹 찌르고 설교 준비를 하다가도 아팠습니다. 이것을 고치려고 6개월을 잠을 자지 않으면서 기도하였습니다. "하나님, 왜 이렇게 위의 질병이 치유되지 않습니까? 하나님 알려주세요. 하나님 알려주세요. 하나님~ 도와주세요." 어느 날 하나님이 완벽하게 치유하여 주셨습니다. 그런데 그냥 치유하여 주신 것이 아닙니다. 저의 지나온 과거 속에서 상처받은 곳을 하나하나 구체적으로 보여주셨습니다. 군대생활하면서 받은 상처들입니다. 군대에서 상관에게 인격적인 모독을 받은 것부터 시작하여, 중대장시절

병사들 앞에서 상관에게 구타당하며 마음에 맺힌 상처들이었습니다. 특수부대는 원래 장교들도 상관에게 구타를 당하는 것이 다반사 이었습니다. 저는 군대생활도 아주 힘든 곳에서 했습니다. 세상아이들이 말하는 대로 아주 더러운 곳에서 했습니다. 상관을 잘 못 만나 진급에 여러번 떨어지면서 상처받은 일 등등을 조목조목 보여 주시고 설명해 주시기를 무려 일곱 번을 하시더니 상처의 근원지를 보여주십니다. 근원지를 보니까 전부 저에게 문제가 있었다는 것을 깨달았습니다. 어릴 때(유아시절과 소년시절) 상처가 인생을 꼬이게 했다는 것입니다. 가장 무서운 상처는 무슨 일이든지 내가 다 해야 한다는 것입니다. 남에게 상관에게 부탁을 하지 못하는 것입니다. 그래서 군대생활을 접은 것입니다. 필자가 태중과 유아 때 쌓인 상처로 상처를 잘받고 응어리를 품고 살았던 것입니다. 하나님! 모두 저에게 문제가 있었습니다. 하나님께 그대로 고백하고 인정하니까 하품이 막 나더니 배가 시원해지면서 위장병을 깨끗하게 치유하여 주셨습니다. 마음의 상처치유는 자신과의 영적 싸움입니다. 의지를 가지고 치유하여 뿌리를 뽑아야 합니다. 마지막 뿌리에 대한 내적 치유는 자신이 직접 하나님께 물어 가며 치유해야 합니다.

필자가 그동안 내 자신의 내적치유와 다른 성도들의 내적치유 사역을 해오면서 깨달은 것은 마음의 상처치유는 지속적으로 영원한 천국에 들어갈 때까지 마음의 상처치유에 대하여 관심을 가지고 치유해야 한다는 것입니다. 많은 목회자와 성도들이 자신이 믿음생활 열심히 하고 기도를 열심히 하고 있으니까,

자동적으로 상처치유가 된다는 논리입니다. 그런데 제가 지금 와서 깨닫고 보니 상처는 본인이 혼자 기도한다고 없어지지 않더라는 것입니다. 열심히 신앙생활하고 교회에서 살다 시피하고 집회에 몇 번 참석한다고 치유되지 않더라는 것입니다. 필자와 같이 1년 동안 내적치유를 전문으로 하는 장소에 다니면서 치유하면 되는 것이 아니더라는 것입니다. 반드시 자신 안에 상처와 스트레스가 쌓였다고 인정하면서 마음을 열고 하나님께서 함께하는 사람의 도움을 받으면서 깊은 치유를 여러 날을 받아야 없어지더라는 것입니다. 지금 우리 교회 성도 중에 영적-정신적-육체적인 문제가 있는 분들을 기도하게 하면서 치유하면서 깨달은 것입니다. 1년이 넘도록 본인이 기도하게 하고 옆에서 안수하며 도와주니 몸이 뒤틀려서 주변 식구들을 놀라게 했던 불치의 질병과 깊은 상처가 치유되더라는 것입니다. 치유가 되었어도 지속적으로 관심을 가지고 관리를 해야 합니다. 단회적인 치유로 끝내면 안 됩니다. 엘리야를 생각하면 쉽게 이해가 됩니다. "여호와의 천사가 또 **다시 와서 어루만지며 이르되 일어나 먹으라** 네가 갈 길을 다 가지 못할까 하노라 하는지라 (8) 이에 **일어나 먹고 마시고 그 음식물의 힘을 의지하여** 사십 주 사십 야를 가서 하나님의 산 호렙에 이르니라."(왕상19:7-8). 이를 이해하시고 마음의 상처에 대하여 바르게 깨닫고 온전하게 성령으로 지배를 받으시려고 노력하기를 바랍니다.

책을 읽는 분도 책을 읽으면서 마음의 상처치유 원리들을 적용하셔서 상처의 뿌리를 뽑으시기를 바랍니다. 자신의 마음의 정비와 정화와 치유는 자신을 위해서도 가족을 위해서도 하나님을 위해서도 아주 중요합니다. 목회를 하시는 목회자는 성도들을 위해서 아주 중요한 일입니다. 건강한 삶을 위해 자신의 마음을 정비하고 정화해야 합니다. 마음을 정비하고 정화하는 일은 자신의 건강을 위해서도 참으로 좋은 일입니다. 지금은 인생백세시대라고 합니다. 9988234이라는 말을 많이 듣습니다. 이는 99세까지 88하게 지내다가 2-3일 아프다가 4일차에 영원한 하늘나라에 가자는 뜻입니다. 그런데 마음의 상처가 있으면 이렇게 하려고 노력해도 마음대로 되지 않습니다.

마음의 상처와 스트레스를 치유해야 합니다. 이는 평소에 습관이 되어야 합니다. 어느 사람들이 말하는 것과 같이 신앙생활 잘하면 하나님께서 해주시지 못합니다. 본인이 관심을 가지고 자신의 마음 안에서 성령의 역사를 일으키면서 자신의 무의식과 잠재의식을 정화해야 합니다. 이는 지식으로 되지 않는 것입니다. 분명하게 살아계신 성령하나님의 역사가 자신 안에서 일어나 밖으로 나타나야 합니다. 습관이 되어야 합니다. 성령으로 세례를 받고 성령의 불이 자신 안에 주인으로 계시는 예수님으로부터 타올라야 무의식 잠재의식에 쌓인 상처가 치유되는 것입니다. 그래서 성령으로 기도하라는 것입니다. 성령의 불이 나오는 것은 머릿속의 기도가 아니라, 배속에서 우러나오는 성령으로 하는 기도를 말하는 것입니다. 성령으로 기도를 습관적으로 오래하게 되면 성령의 불의 역사로 잠재의식이 정리가 되면서 마음의 상처와 스트레스가 정화되는 것입니다. 성령의 역사가 자신 안을 투시하게 하시면서 마음의 상처를 보게 하시고, 자신이 자신의 상처를 보고 마음을 열고 상처치유를 받으려고 하니 성령께서 마음의 상처를 치유하시는 것입니다.

신앙생활이란 진리(예수님께)에로 나아가는데 필수적인 의식입니다. 그리고 진리는 참다운 생명과 삶에로 인도하는 길이요 방법입니다. 진리는 예수님이십니다. 진리를 깨닫게 하시는 분은 성령님이십니다. 그러므로 진리에 입각한 올바른 인격과 삶을 추구하는 사람일 때 참다운 사람이라 할 수가 있습니다. 참다운 신앙인이란 당연히 그래야 합니다. 참다움이란 그의 인격 혹은 영성이 진리의 말씀과 성령으로 정비 정화되어 올바르고 좋게 갖추어져 있다는 것을 말하는 것인데 신앙에의 길이란 바로 참다움에의 길이기 때문입니다. 이것이 구원에 이르는 길이기도 합니다. 아니 영원한 낙원(천국)에 이르는 길이기도 합니다. 낙원(천국)은 이 세상을 하직하여 가는 곳이 아닙니다.

많은 분들이 낙원(천국)은 이 세상을 하직하고 가는 곳으로 알고 예수님을 믿고 교회를 다닙니다. 그러나 진리를 성령으로 깨닫고 보면 지금 살아있을 때 천국을 누려야 합니다. 예수님이 천국이시기 때문입니다. 성경을 성령으로 잘 보시면 예수님께서 이 땅에 천국을 건설하러 오셨다는 것을 깨달을 수 있을 것입니다. 지금 살아있을 때 천국을 누리지 못하는 이유가 자신이 마음을 말씀과 성령으로 정비하고 정화하지 못한 연고입니다. 마음이 무질서하고 산만하기 때문에 살아서 천국을 누리지 못하는 것입니다. 말씀과 성령으로 마음을 정비하고 정화하면 마음으로 하나님을 주인으로 모시면서 걸어 다니는 성전 되어 천국을 누리면서 살아갈 수가 있는 것입니다.

예수님은 이사야 예언자의 말씀을 빌려 "이 백성이 입술로만 하나님을 공경하지 그 마음은 멀리 있다"고 질책하십니다. 그들의 믿음이 참답지 못하다는 얘기입니다. 마음에서 우러나오는 생각으로 하나님을 주인으로 모시면서 살아가는 것이 진정한 신앙입니다. 마음에서 우러나오는 신앙이란 말씀과 성령으로 마음을 정비하고 정화하여 예수님께서 주인 된 하나님의 성전 된 참다운 마음에서 우러나오는 신앙을 말하는 것입니다.

그러니까 하나님의 진실한 것이 아닌 사람들의 전통과 규정을 하나님의 규약인양 사람들을 가르치며 그것을 진리 화 시킨다는 꾸짖음이십니다. 교리나 법이라 하여 다 진실 된 것이 아님을 이 말씀은 알려주고 계십니다. 그러니까 인간이 만든 교리나 전통은 종교적 조직과 관리 혹은 특권을 살려가기 위한 것일 수 있기 때문입니다. 세상적인 샤머니즘과 인간의 지식이나 지혜가 섞여 있을 수 있다는 말씀입니다. 하나님의 계명과 교리나 전통 사이에는 차이가 있을 수 있다는 말이기도 합니다.

하나님의 계명은 바로 나쁜 마음을 갖지 말고 좋고 예수님의 바른 마음을 갖는 것입니다. 예를 들면 사랑, 용서, 자비, 선행, 같은 것입니다. 이는 마음을 말씀과 성령으로 정비하고 정화했을 때 마음에서 흘러나오는 하나님의 은혜입니다. 나쁜 마음과 행실이란 마음이 정비되지 않은 나쁜 생각, 불륜, 도둑질, 살인, 간음, 탐욕, 악의, 사기, 방탕, 중상모략, 교만, 어리석음 같은 것입니다. 이런 모든 것은 성령으로 정화되지 않은 마음과 생각에서 비롯되는 것입니다. 그래서 마음을 성령으로 정화해야 진정한 신앙인으로 자라는 것입니다.

예수님을 믿는 신자라 하여 다른 이들과 같이 온갖 탐욕과 거짓으로 가득하다면 그 신앙은 그를 온전하게 구원에 이르지 못할 수도 있습니다. 반드시 성령으로 마음을 투시(감찰)하여 정화해야 합니다. 자신의 마음 상태를 인정해야 치유됩니다. 예수님의 말씀과 성령은 마음을 깨끗하게 하는 것이 진리의 길임을 명시하고 있는 것입니다. 그러니 이제 참다운 신앙인이 되려면 기도나 활동은 마음의 정화와 신앙심 향상에 보탬이 되는 것이지만 그것이 본질이 아니라 더욱 중요한 것은 성령으로 자신의 마음을 돌아보고 정비하고 정화해가야 한다는 것입니다.

마음을 정화하여 모든 나쁜 생각과 감정, 욕구를 떨쳐버리고 의의 길을 갈 때 진정 하나님께로 나아가게 되는 것입니다. 자기 마음의 불의를 척결해야 합니다. 그것이 참 신앙인의 우선적인 길이입니다. 맹목적인 신앙인으로 관념적인 신앙으로 교회에 충성하는 것보다 성령으로 충만하여 하나님의 의를 따르는 것이 더 중요함을 알아야 합니다. 사람이 정복하지 못하는 곳은 자신의 마음의 세계입니다. 반드시 진리의 말씀과 성령의 역사가 자신을 지배해야 자신의 마음의 세계를 정복할 수가 있습니다. 예수님께서 말씀하신대로 물과 성령으로 나지 아니하면 하나님의 나라에 들어갈 수 없는 것입니다. "예수께서 대답하시되 진실로 진실로 네게 이르노니 사람이 물과 성령으로 나지 아니하면 하나님의 나라에 들어갈 수 없느니라"(요 3:5).

하나님께서 창조하신 사람이 이 세상을 살면서 왜 사는지 그 의미를 알려는 사람도 없고 또한 삶의 의미를 알려주는 사람도 없기 때문에 자기욕심에 따라 이 세상을 살다가 허탈하게 삶을 마감하고 있습니다. 사람들은 세상에 사는 동안 먹고 마시며 모든 것들을 소유하면 자기는 행복한 사람이라 생각하지만 진정한 행복은 그곳에 없다는 것을 자신이 알면서도 그 일에 목숨을 걸고 있는 것은 자기 자신의 마음의 세계를 알지 못하기 때문입니다. 그러면 사람이 태어나서 살아야 하는 진정한 의미는 무엇인가? 사람이 살아있는 동안 반드시 알아야 하고 행해야 할 일들입니다. 이렇게 정신없이 살아가지만 나이가 들어 죽음을 앞에 둔 모든 사람들은 인생은 일장춘몽과 같고 공수래공수거라 말하면서 인생의 무상함과 허무함을 고백하고 있습니다. 사람들은 본성이 짐승의 야성을 벗어나지 못하고 먹을 것을 찾아 세상 끝까지 다니다가 결국 죽음을 앞에 두고 빈손으로 돌아와서 절망과 좌절 속에 빠지게 되면 이 모든 것이 헛되고 헛된 것을 깨닫고 그때야 자신들의 마음의 세계를 발견하게 됩니다.

그 마음의 세계로 들어가려 해도 길이 막혀 엄두를 내지 못하고 결국 포기하고 마는 것은 깊은 흑암이라는 오랜 세월 동안 쌓아올린 거짓생각들이 울창한 숲이 되어 가로막고 있기 때문에 한 발자국도 옮길 수 없는 불모지를 보면서 자신의 존재와 마음의 세계를 보지 못하고 있는 것입니다. 하지만 하나님께서 창조하신 사람들마다 정복해야 할 곳은 마음입니다. 사람들이 알지 못하는 하나님의 세계가 자신들 마음에 있다는 것입니다. 눈이 열려야 깨닫게 됩니다. 자기 자신의 존재가 어디에서 와서 어디로 가는지 그곳을 알지 못하면 사람이 아니라 짐승들에 불과하다는 것이요, 그러나 자기 마음 안에 있는 세계를 정복하게 되면 거기에는 행복도 있고 기쁨도 있으며 천국도 있고 하나님이 계신 것을 체험하게 됩니다. 그래서 누구나 꼭 찾지 않으면 안 되는 곳이 자기 자신의 마음의 세계입니다. 그곳을 찾아야 행복과 기쁨이 있고 언제나 부족함이 없으며 신(神)의 세계요 하나님의 아들들로 살 수 있는 곳입니다. 반드시 말씀과 성령으로 거듭나야 찾을 수가 있는 곳입니다. 하나님의 세계(천국)는 짐승차원의 사람이 예수님을 영접하고 성령으로 거듭나 하나님의 형상으로 아들(예수)이 되어 성령으로 거듭난 자(다시 태어난 사람) 만이 가는 곳이지 아무나가는 곳이 아닙니다.

그러므로 사람으로 이미 이것을 소유한 사람은 세상 삶에 집착할 이유가 없이 그곳의 사람들은 성령의 인도로 기이하고 놀라운 일이 일어나게 되는데, 이 모든 것이 자기 안에 있는 존재발견과 마음의 세계를 정복한 사람들에게 주어지는 복(福)이라는 것입니다. 지구촌 그 어디에도 이런 곳은 없으며 오직 하나님이 창조하신 사람 안에 감추어져 있는 자기 마음의 세계 속으로 들어간 사람들에게만 주어지게 되어 있는 하나님의 세계인 천국입니다. 하지만 그곳을 정복하려면 많은 영적인 준비가 필요하고 진리의 말씀이 내 안에 있어야 합니다. 자신의 마음속을 성령으로 투시해야 합니다. 고로 성령의 인도를 받아야 합니다.

2장 마음 상태가 자신의 정확한 모습이다.

(롬 12:2)"너희는 이 세대를 본받지 말고 오직 마음을 새롭게 함으로 변화를 받아 하나님의 선하시고 기뻐하시고 온전하신 뜻이 무엇인지 분별하도록 하라."

사람의 마음과 심령은 비슷하다고 표현할 수가 있습니다. 사람은 마음(심령)의 상태에 따라서 밖으로 나타나는 영적상태와 환경과 건강이 결정됩니다. 사람의 마음(심령)에는 지나온 과거의 모든 것이 입력되어있기 때문입니다. 마음에 숨어있는 아픔이나 상처는 당장은 문제를 일으키지 않지만 어떠한 충격적인 사건이나 문제가 발생하면 꼬리를 들고 일어나 자신과 가족 이웃에게 상처를 주게 됩니다. 필자는 자신의 마음(심령)이란 보이지 않지만 밖으로 나타나는 자신의 정확한 모습이라고 말합니다. 인간은 영적이고 심리적인 존재이기 때문에 인간관계는 감정의 관계, 심리적인 관계입니다.

그런데 심령에 숨어있는 감정이나 심리상태, 영적상태가 좋지 못하면 인간관계가 좋지 못하게 되며, 한걸음 더 나아가 하나님과 좋은 관계를 맺지 못합니다. 사람들은 하나님을 믿지만, 하나님과 좋은 관계를 맺지 못하고 있습니다. 그래서 마음(심령)의 정비와 정화는 하나님과의 관계도 가까운 사람들과의 관계도 회복하게 하는 것입니다.

마음의 정비와 정화는 이러한 관계성을 성령으로 회복하여 부드럽게 하는 것입니다. 마음의 정비와 정화는 인간의 가장 내적인 부분인 영으로부터 시작하여 성품, 인간관계, 하나님과의 관계까지도 회복하며, 육신의 질병까지도 치유합니다. 그리고 귀신도 축사합니다. 진리의 말씀과 성령으로 되어지는 마음의 정비와 정화는 영-혼-육체의 전인격적인 회복입니다.

미국 캘리포니아 주의 어느 지방에서 나이가 수백 년이 된 나무 한 그루가 마침내 쓰려졌습니다. 식물학자들이 그 나무를 잘라본 결과 재미있는 사실을 발견했습니다. 그 나무는 나이를 알려 주는 나이테뿐만 아니라, 산불이 나고 한재가 나서 성장이 일시 멈추었던 것까지 자세히 기록하고 있었습니다.

이와같이 사람의 마음(심령)에는 많은 것들이 입력되어 있습니다. 상처를 받고 스트레스를 받으며 살아온 과거가 모두 마음(심령)에 입력이 되어 있습니다. 인간 삶의 희로애락(喜怒哀樂)의 모든 것들이 마음(심령)에 그대로 저장되어 있습니다.

마음에 형성된 상처들을 열거한다면 세상을 살아가면서 받은 비인간적인 대우로 인하여 상처가 발생합니다. 억울한 일과 누명을 쓸 때 상처가 생깁니다. 생활고, 질병으로 인하여 상처가 발생합니다. 사고에 의한 고통과 충격, 놀랄 때 상처가 생깁니다. 혈통의 유전에 의한 질병과 성격장애로 상처가 됩니다. 이러한 것들이 자신도 모르는 사이에 마음에 쌓여만 갑니다. 이 상처를 더러운 영이 부여잡고 있으면서, 자신도 모르는 사이에 영육에 악 영향을 미칩니다. 마음의 정비와 정화는 나이가 많으면 많을 수 록 시간이 많이 걸립니다. 나이가 적을 때 마음 속의 정비와 정화를 해야 합니다. 집중적으로 해야합니다.

컴퓨터에는 많은 기록이 입력되어 있습니다. 그래서 우리가 필요한 자료를 언제나 불러 올 수 있습니다. 그러나 쓸데없는 자료도 많습니다. 쓸데없는 자료가 많이 저장되어 있으면 컴퓨터의 작동이 느리고 프로그램 사이에 문제가 생기고 새로운 자료를 입력할 공간이 제한됩니다.

사람도 마찬가지입니다. 사람도 과거의 모든 것을 기억하고 있습니다. 비록 나는 잊은 것 같지만, 그것은 나의 의식수준에서 잊어버린 것이고 내가 의식하지 않는 마음 속 무의식에 과거의 모든 것이 차곡차곡 저장되어 있습니다. 사람의 기억은 사건의 내용을 사실적으로 기록하고 있을 뿐만 아니라, 감정까지 기억하고 있습니다. 예를 들면, 과거에 누가 나를 즐겁게 했거나 괴롭혔거나 마음 아프게 했다면 그 사건과 함께 즐거웠거나 괴로웠던 감정까지 기억되어 있습니다.

문제는 과거의 나쁜 기억이나 상한 감정이 제대로 처리하지 않으면 시간이 지날수록 마음안 깊숙한 곳에 자리 잡아서 쓴 뿌리가 되어 독소를 내뿜는다는 사실입니다. 이 독이 제대로 처리되지 않으면 그 사람의 현재의 생각이나 행동을 통제하고 더 나아가서 하나님과의 관계 인간관계나 자신의 일생, 영-혼-육의 건강에 까지 심각하게 부정적인 영향을 끼치게 됩니다.

사람이 일상생활에서 생각하고 느끼는 감정의 30%는 의식 수준의 영향을 받지만, 나머지 70%는 마음 속에 있는 잠재의식의 영향을 받는다고 합니다. 즉, 나라는 사람은 '지금의 나'

가 아니라 '과거에서부터 계속되어 온' '나'이기 때문입니다.

많은 사람들은 예수를 믿으면 그리스도 안에서 새로운 피조물이 되었기 때문에 과거사는 잊어버리고, 오직 푯대를 향하여 앞으로 전진만 하면 문제가 없다고 가르칩니다. 그러나 이러한 주장은, 내가 예수를 믿고 그리스도 안에서 자유를 누리는 신분 "의롭다 칭함을 받고 하나님의 자녀가 되는 신분"과 실제로 내가 그 신분에 합당한 삶을 살아가는 성화의 과정을 구분하지 않은 데서 생긴 오해입니다.

누구나 예수를 믿으면 하나님의 자녀가 되어 죄와 마귀의 권세에서 벗어나는 신분이 되지만, 그렇다고 해서 금방 모든 문제가 해결되고 과거의 나쁜 성격이나 습관에서 온전히 벗어났다고 생각하는 사람은 아무도 없습니다.

우리의 마음 속에 묻혀 있는 나쁜 기억과 상한 감정을 처리하는 것은, 옥토에 섞여 있는 여러 가지 이 물질을 제거하는 작업과 같습니다. 그래서 반드시 마음 안에 주인이신 성령의 역사로 되는 것입니다. 좋은 말씀의 씨앗이 내 마음 밭에 아무리 많이 뿌려져도 내 마음의 밭에 온갖 이 물질이 섞여 있으면 씨앗이 제대로 자라서 풍성한 열매를 맺지 못합니다.

하나님께서 자녀 된 우리에게 아무리 많은 복을 부어주시더라도, 먹구름이 밝은 태양 빛을 가로막듯, 복을 가로막는 장애물이 있으면 우리는 그 복을 제대로 누리지 못하고 오히려 고통과 재앙을 당합니다.

과거에 받은 상처가 마음 속에 잠기어 나 자신을 스스로 묶게 합니다. 마음의 정비와 정화는 성령하나님의 은혜와 능력을 통하여 과거의 사건이 품고 있는 부정적이고 칙칙한 감정을 제거하고, 그 대신 진취적, 소망적, 밝고 맑은 감정을 가지는 것입니다. 부정적인 것들을 하나님에게 드리고, 대신 하나님이 주시는 밝은 것을 가지는 것입니다.

어린 시절의 감정, 습관, 꿈은 성인이 되어도 계속 영향을 미칩니다. 이런 것들이 좋은 것이라면 괜찮으나 좋지 않은 영향을 주고 있다면 정비되고 정화되어야 합니다. 아프고 부끄러운 상처일수록 깊이 묻혀 있고, 스스로 파내어서 치료받으려고 하지 않습니다. 상처가 크고 부끄러울수록 깊이 묻혀 있고, 깊이 묻혀 있는 만큼 인생에 깊이 영향을 미칩니다.

인간의 자아방어를 위한 심리적인 본능으로 이처럼 아픈 감정을 기억에서 잊어버리고 깊이 파묻게 하는 것은 우리의 자아를 상처로부터 보호하려는 하나님의 은총이십니다. 만일 인간이 아픈 감정을 모두 생생히 기억한다면 괴로워서 스스로 삶을 포기하게 됩니다. 인간은 고통의 기억보다 좋은 기억을 하게 되어 있습니다. 그러나 상처와 감정을 깊이 묻게 하는 것은 억제, 방어의 기능이지 치료의 기능은 아닙니다.

치료는 그리스도의 십자가의 보혈의 공로와 진리의 말씀과 성령님의 도우심으로 과거의 상처를 억제된 부분에서 현실로 가지고 와서 정비하고 정화하는 것입니다. 나 스스로 치유하거나 변화될 수 없고, 다른 사람도 치유하거나 변화시킬 수 없습니다. 오직 우리 안에 주인으로 오신 성령님만이 하실 수 있습니다. 마음을 열고 성령님의 도우심을 간구하십시오. 성령님의 역사는 마음을 감동시키심으로 나타납니다. 마음에 감동을 받으려 하십시오. 마음에 감동을 주려고 하십시오. 마음이 감동을 받으면 마음이 열리기 때문에 성령님이 역사하실 수 있습니다. 크리스천의 사역은 감동을 통한 사역입니다.

모든 일에 대하여 감동을 달라고 성령님에게 간구하십시오. 내면 마음의 세계 정비와 정화를 위한 기도에 성령님의 감동이 임하시게 하십시오. 그런 기도가 되게 하십시오. 자꾸 이러한 기도를 하십시오. 이러한 기도의 훈련을 하십시오. 머리에 손을 얹고 기도하고, 가슴에 손을 얹고 기도하십시오. 입술로 기도하고, 마음으로 기도하십시오. 성령의 감동이 임하시게 하십시오. 성령님이 앞서시게 하십시오. 내 감정이 앞서지 않게 하십시오. 나를 낮추면 성령님이 역사하십니다. 내가 높아지고 강해지면 성령님은 뒤로 들어가십니다.

그러면 성령님께서 마음에 형성되어 자신의 삶을 파괴하고 있는 상처를 현실로 드러내어 정비하고 정화하여 마음 속의 세계가 외면의 세계를 지배하여 삶을 성공적으로 살게 하실 것입니다. 그렇기 때문에 마음을 정비하고 정화하지 않으면 인생을 하나님께서 원하시는 방향으로 살아가지 못할 것입니다. 성도들이나 목회자는 반드시 말씀과 성령으로 마음을 정비하고 정화하여 마음이 외면을 지배하고 나타나 삶을 지배하게 해야 합니다. 그래야 하나님의 축복 속에서 살아갈 수 있습니다.

첫째, 유소년 시절 형성된 마음의 상처가 문제를 일으키다가

치유 받은 간증입니다. 마음에 형성된 분노의 상처로 인하여 여러 사람의 인생을 망가지게 한 한 집사가 치유받아 정상적인 삶을 사는 모습을 보시기를 바랍니다.

저는 어렸을 때의 상황이 아주 좋지 못했던 안수 집사입니다. 제 안에 자리하고 있던 분노로 인하여 교회에서 목사님을 몰아내는 일등공신을 하는 집사였습니다. 그러다가 현재의 목사님을 쫓아내려고 목사님을 괴롭히다가 목사님의 조언을 듣고 마음의 상처를 치유 받고, 이제야 성도가 된 안수집사입니다. 정말 안수 집사라는 직분이 아까운 집사였습니다. 그래도 공무원으로 시청에서 과장급으로 근무를 하는 사람입니다.

그런데 이상하게 저는 윗사람을 보거나 대화를 하다가 보면 가슴이 답답하고, 욱~ 하고 분노가 올라오는 것입니다. 그래서 시청에서는 어떻게 할 수가 없고 교회에서 목사님들의 약점을 물고 늘어져서 목사님들에게 화풀이를 했습니다. 이제 저의 성장 과정을 이야기 하겠습니다. 이 이야기는 저의 집사람도 잘 모르는 이야기입니다. 저는 고아원에서 자랐습니다. 제가 초등학교 오학년 때 저의 어머니가 돌아 가셨습니다.

아버지는 술을 드시면 집에 들어와서 어머니를 괴롭히는 것입니다. 그리고 어머니가 뼈 빠지게 벌어놓은 돈을 전부 가지고 나가는 것입니다. 이런 모습을 볼 때 마다 아버지를 죽이고 싶을 때도 있었습니다. 그런데 어머니가 너무나 아버지에게 고통을 당하다가 상처가 쌓여 중병이 걸려 돌아가신 것입니다.

그 때 저의 아래로 동생들이 넷이나 있었습니다. 아버지는 집을 나가신지 오래 되었는데 나타나지를 않고 어떻게 할 수가 없으니까, 동내 사람들이 저희들을 고아원에 데려다 주었습니다. 그래서 이 고아원 저 고아원으로 흩어져서 자랐습니다. 저는 고아원에서 고등학교까지 공부를 시켜주어서 공무원 시험을 보고 합격하여 공무원이 되었습니다. 그러다가 예수를 믿는 지금 집사람을 만나 결혼을 했습니다.

집사람을 따라서 열심히 신앙생활을 해서 안수집사로서 안수도 받았습니다. 그런데 지금 저의 아버지가 저를 찾아와서 저의 집에 함께 기거하고 있습니다. 그런데 건강한 상태에서 오신 것이 아니고, 중풍이 걸려서 오신 것입니다. 제가 시청에서 일을 마치고 아파트의 문을 열고 들어가면 쇼파에 아버지가 계실 때도 있습니다. 그런데 그 때마다 저에게서 분노가 치솟아 올라와 아버지를 들어서 베란다 밖으로 던져 버리고 싶은 적이 한두 번이 아닙니다. 이렇게 분노가 많으니까, 기도도 잘 되지 않고 목사님들의 설교도 들리지를 않는 것입니다.

그러니까 죄 없는 목사님들의 흠집을 잡아가지고 교회를 나가시게 한 것이 한두 번이 아닙니다. 그러다가 지금 목사님도 쫓겨나가게 하려고 대화하다가 분위기가 반전되어 저의 이야기를 들은 목사님이 저에게 휴가를 내어 마음의 상처치유를 한 번 받아보라고 권면하셨습니다. 그래서 마음의 상처치유를 받게 된 것입니다. 마음의 상처치유를 받으면서 수없이 울었습니다. 저의 잘못을 회개 했습니다. 수없는 상처들이 떠나갔습니다. 그러면서 분노의 영들이 소리를 지르면서 떠나갔습니다.

그러면서 마음에 대하여 깨닫게 되었습니다. 예수를 믿는 성도라도 상처 뒤에 귀신이 있다는 것도 인정하게 되었습니다. 반드시 전문적인 치유를 받아야 한다는 것도 알았습니다. 제가 지금까지 마귀의 하수인 노릇을 많이도 했다는 것도 알게 되었습니다. 마음의 상처치유의 중요성을 알았습니다.

지금까지 목사님들이 문제가 아니었고, 전부 저에게 문제가 있었다고 깨달아 알았습니다. 이렇게 3박 4일 이지만 마음의 상처치유를 통하여 저의 인생에 많은 변화를 느꼈습니다. 그래서 지금은 우리 교회 성도들에게 마음의 상처 내적치유 받을 것을 권면합니다. 정말 하나님에게 감사를 드립니다. 마음의 상처치유를 알게 하신 목사님에게도 감사를 드립니다. 그리고 용서를 빕니다. 영적인 세계와 마음의 세계를 모르고 저지른 죄악을 회개합니다. 청주 믿음교회 김석균집사.

둘째, 마음의 상처는 예수를 믿으면서도 영육의 질병으로 고통당하는 사람이 됩니다. 다음 간증을 읽어보시면 은혜가 될 것입니다. 마음의 상처가 진리의 말씀과 성령으로 치유될 수 있다는 믿음이 생길 것입니다.

저는 심장병과 류머티즘 관절염으로 고생을 하면서 나날을 보냈습니다. 예수님을 믿으면 평안하고 만병이 치유된다고 하던데 저는 그렇지 못했습니다. 이 병을 치유하려고 좋다는 약은 모두 먹었습니다. 잘 고친다는 병원은 모두 다녔습니다.

그러나 치유되지 않았습니다. 이렇게 고생을 하면서도 영적인 무지한이라 내 안에 보이지 않는 상처 때문에 이런 질병이 생겼다는 것을 몰랐습니다. 교회를 열심히 다녀서 권사가 되었어도 영적인 무지한이라 고생을 사서 했습니다.

그래서 모르면 고생한다는 말이 맞습니다. 그런데 하루는 저에게 전화가 왔습니다. 잘 아는 전도사님이신데 아주 말씀과 성령의 역사로 마음의 상처치유를 잘하는 교회가 있다는 것입니다. 그러면서 저도 거기에 가면 질병을 치유 받을 수 있다는 것입니다. 치유를 받을 수 있다는 말에 당장 가서 치유를 받아야겠다고 마음을 먹었습니다.

그래서 아픈 다리를 끌고 교회를 찾아가 멘 앞자리에 앉아서 은혜를 받았습니다. 목사님이 말씀을 전하시고 기도 시간을 갖는데 기도할 때마다 개인별로 안수를 해주시는 것입니다. 안수를 받는데 정말 말로 표현 못하는 성령의 역사를 체험했습니다. 막 몸이 뜨거워졌습니다.

관절이라는 관절은 모두 불로 태우는 것같이 뜨거움을 경험했습니다. 기침을 말도 못하게 많이 했습니다. 이렇게 성령의 불의 역사를 체험하니 점점 몸이 가벼워 졌습니다. 기도를 할 때마다 성령께서 감동하시기를 내가 너의 병을 꼭 치유하여 주시겠다는 것입니다. 그래서 힘이 들어도 계속 참석을 했습니다. 거기가지 않으면 살수가 없다는 마음을 가졌습니다.

정말 하루하루 질병들이 떠나갔습니다. 충만한 교회에 가려면 지하철을 타야 합니다. 지하철을 타기 위하여 계단을 올라가고 내려가는데 하루가 다르게 올라가고 내려가는 것이 편해졌습니다. 그러면서 저의 고질적인 질병들이 치유가 되었습니다. 무엇보다 영적인 눈이 열리기 시작을 했습니다.

우리 교회에서 듣지도 못했던 영적으로 깊은 말씀을 들으면서 영안이 열렸습니다. 정말 도랑치고 가재를 잡는 다는 말이 실감이 났습니다. 마음의 상처치유도 받으면서 영적으로 깊어지니 너무나 감사했습니다.

저는 원래 한창 전쟁 중인 51년도에 태어났습니다. 우리 어머니가 출산하고 보니 여자아이니까, 시 어머니가 이 전쟁 중에 딸을 키워서 무엇 하느냐고 가져다 버리라고 하여 버렸답니다. 버린 후 이틀이 지나서 친정어머니가 죽었으면 묻어주려고 갔는데 그때까지 살아서 울고 있더랍니다. 그래서 명도 길다하면서 데려다가 기른 아이가 바로 저입니다.

제가 한 창 마음의 상처치유를 받던 시기에 환상이 보였습니다. 빨간 아기가 울고 있는 모습입니다. 그러면서 제가 너무 두려워지는 것이였습니다. 몸이 오그라드는 것 같은 느낌을 받았습니다. 목사님이 안수를 하시면서 모든 분들을 용서하라고 하셨습니다. 하나님에게 낱낱이 일러바치라고 했습니다.

그래서 저의 할머니도 하나님에게 용서를 빌었습니다. 저의 어머니도 용서를 빌었습니다. 용서를 하자 저에게 나타나던 두려움이 서서히 없어지기 시작을 했습니다. 기침이 얼마나 강하게 나오는지 주체할 수가 없게 나왔습니다. 그러면서 점점 몸이 가벼워지기 시작을 했습니다. 마음의 상처로 생긴 질병이 떠나가기 시작을 한 것입니다.

솔직히 지금 알고 보니 저는 출생 시의 상처로 인하여 두려움과 공포에 시달린 후유증으로 심장병과 류머티즘 관절염으로 많이 고생을 하였습니다. 그것도 50하고도 5년까지 심장병과 류머티즘 관절염으로 고생을 한 것입니다. 지금 생각하면 무지해서 당한 고통입니다.

이 질병으로 전철을 타려고 3계단만 올라가도 쉬어야만 할 정도였습니다. 그러다가 충만한 교회를 알고 내적인 상처를 치유 받고 지금은 50계단을 거뜬하게 올라갑니다. 심장병도 치유가 되었습니다. 그렇게 계단을 올라가려면 숨이 차서 힘이 들었는데 지금은 그런 증상이 없어졌습니다.

특히 여름에는 심장의 문제로 가슴이 답답하고 숨이 차서 병원신세를 져야만 했는데 지금은 완전하게 없어졌습니다. 정말 인생 노년에 친구의 소개로 충만한 교회를 만나 하나님의 은혜를 받았습니다. 목사님들이 강단에서 "하나님은 어떤 문제라도 치유하십니다."라는 말씀이 백번 맞습니다.

그런데 나는 하나님의 방법으로 치유하려고 생각을 하지 않고 유명한 의사와 약으로만 치유하려다가 쓸 대 없는 고생을 한 것입니다. 하나님은 병원도 이용하고 약도 먹으면서 하나님께 기도하며 치유를 받으라는 하나님의 치유 능력을 몰라서 고생을 한 것입니다. 그래서 저는 이렇게 말합니다. 사람이 예수를 믿으면서 당하는 고통은 영적으로 무지해서 당하는 것이라고 말입니다. 서울 예수인교회 김명숙권사.

결론적으로 세상을 살아가다가 상처를 받으면 제일 먼저 마음의 감정이 상처를 입습니다. 그리고 감정의 상처는 마음을 굳게 합니다. 유아기의 부드러운 마음이 성장하면서 상처를 받으므로 점점 굳게 됩니다. 점점 강퍅해집니다. 그러면서 자기도 모르게 다른 사람에게 상처를 주면서 삽니다. 이런 상태에서 찾아오신 주님이 믿음으로 우리의 마음속에 들어오시는 것이 구원입니다.

그러나 아직 마음은 굳어진 그대로입니다. 굳어진 상태로는 하나님-나-이웃과의 관계가 제대로 되지 않습니다. 그리고 이러한 상태를 바꿀 생각이나, 필요성을 느끼지 못하고 있습니다. 그냥 현실을 그대로 받아들이며 세월이 약인 줄 알고 그냥 세월을 보냅니다. 그럴수록 마음속의 상처는 더욱 굳어지고 치유가 어렵게 됩니다.

우리 마음은 눈으로 볼 수 없으며, 만져지지도 않습니다. 그러나 우리의 삶을 총체적으로 지휘하는 마음은 우리의 삶에 있어서 가장 중요한 존재입니다. 특히 신앙생활의 영역에 있어서는 절대적입니다.

"너는 마음을 다하고 뜻을 다하고 힘을 다하여 네 하나님 여호와를 사랑하라"(신 6:5). 사랑은 마음에서 우러나와야 진정한 사랑입니다. 하나님은 그러한 사랑을 요구하시는 것입니다. 마음과 성품은 긴밀한 관계가 있습니다. 마음이 굳어지면 성품이 굳을 수밖에 없습니다. 그리고 돌같이 굳어진 마음, 굳어진 성품으로는 하나님이 요구하시는 사랑을 할 수 없습니다.

"모든 지킬 만한 것 중에 더욱 네 마음을 지키라 생명의 근원이 이에서 남이니라"(잠 4:23). 그러므로 하나님은 '마음을 지키라,' '마음을 새롭게 하라'(롬12:2)고 말씀하시는 것입니다. 그런데 마음을 지키지 못함으로 굳어지게 되면 사람들은 위로와 기쁨을 얻기 위해서 밖으로 나갑니다. 이렇게 밖으로 나간 마음은 다시 상처를 입고 더 굳어지게 됩니다.

마음을 지키지 못하면 스트레스가 쌓입니다. 모든 질병의 원인이 마음에 쌓이게 됩니다. 사고의 원인이 마음에 쌓이게 됩니다. 물질의 문제의 원인이 마음에 쌓이게 됩니다. 가정과 육신이 건강과 모든 것에 대한 강건함이 마음에서 시작됩니다. 하나님의 축복도 마음에서 시작됩니다. 마음이 굳어지면 하늘과 막히고, 사람과도 막히고, 나 자신과도 막힙니다. 그러면서 서서히 죽어갑니다. 자기도 모르게 마귀의 밥이 되어갑니다.

우리는 마음에 무엇을 담고 있는가? 상처에서 나오는 쓴 물을 담는가, 아니면 하나님께서 부어주시는 사랑과 생명을 담는가? 성령으로 기도하여 마음을 부드럽게 해야 합니다. 평안함이 있게 해야 합니다. 자유 함이 있게 해야 합니다. 마음이 굳어지면 마음을 느끼지 못함으로 마음을 지키는 방법도 모르고 관심도 없게 됩니다.

우리는 영적인 존재이므로 하나님을 느낄 수 있습니다. 마음에 하나님의 은혜를 담고, 하나님의 평강을 담고 하나님의 사랑을 담고 생명을 담으면 하나님을 느낄 수 있습니다. 마음은 생명의 근원인 영을 담고 있는 그릇입니다.

3장 마음이 인생의 성공 실패 관장한다.

(약 3:4-6)"또 배를 보라 그렇게 크고 광풍에 밀려가
는 것들을 지극히 작은 키로써 사공의 뜻대로 운행하나
니 (5) 이와 같이 혀도 작은 지체로되 큰 것을 자랑하도
다 보라 얼마나 작은 불이 얼마나 많은 나무를 태우는가
(6) 혀는 곧 불이요 불의의 세계라 혀는 우리 지체 중에
서 온 몸을 더럽히고 삶의 수레바퀴를 불사르나니 그 사
르는 것이 지옥 불에서 나느니라"

하나님은 마음(심령)을 말씀과 성령으로 정비하고 정화하여
축복 속에서 살아가기를 소원하십니다. 우리 인간의 삶은 마치
자동차와 같습니다. 자동차는 저절로 알아서 움직이는 게 아닙
니다. 반드시 운전사가 핸들을 돌리면서 운전하는 방향으로 움
직입니다. 즉, 운전사 마음대로 움직여지는 것이 자동차입니다.
어쩌면 우리는 자신도 모르는 사이에 낯모르는 운전사에게 인
생이라는 자신의 자동차를 내맡긴 채 살아가고 있는지도 모르
겠습니다. 이 운전사 중에는 아주 신이 나서 근사하게 차를 좋
은 곳으로 몰고 다니는 운전사도 있고, 불행하고 소극적이며 부
정한 곳으로만 차를 몰고 다니는 고약한 운전사도 있습니다.
그런데 왜, 어떻게 해서 이런 운전사들이 우리의 마음속에
들어와 자리 잡게 되는 것일까요? 특히 잘못된 운전사들이 어

떻게 우리 마음속에 들어와 구부러진 인생을 살게 하는 것일까요? **"마음상처 투시와 완전치유"** 라는 책은 잘못된 운전사를 인생의 운전석에 앉히는 바람에 고통을 당하는 사람들이 하나님의 은혜 속에서 살아가게 하기 위하여 집필하여 출간한 것입니다. 따라서 이 책의 관심은 자신도 모르게 마음에 숨어 들어온 나쁜 운전사 때문에 고통을 당하고 있거나, 당할 가능성이 있는 사람들을 구제하는 데 있습니다. 귀중한 생명을 살리는 데 있습니다. 필자 역시 어린 시절 내게 들어온 잘못된 운전사가 48살이 될 때까지 저를 고통 속으로 끌고 다녔습니다.

내 운전사가 내 마음에 자리 잡게 된 사연은 병들고 자립심이 업고 재정적인 능력 없던 아버지로 인하여 굶주림과 외가에서 인간적인 대접을 받지 못하면서 고통을 당했던 어린 시절 때문이었습니다. 필자의 마음 안에 쌓인 상처는 저의 인생을 망가지는 쪽으로 인도했습니다. 마음에 형성된 상처는 무엇이든지 내가 스스로 해내야 한다는 것입니다.

다른 사람에게 협조하고 부탁하여 도움을 받아서 문제를 해결해야 한다는 사고가 잠식된 것입니다. 상관들에게 어려움을 이야기하고 도움을 받는 생각을 아예 하지를 못한 것입니다. 윗분들에게 말을 해야 하는데 부탁의 말을 하지 못한 것입니다. 이 상처로 인하여 군 생활을 실패했습니다. 그러다가 마음의 세계를 알고 진리의 말씀과 성령의 역사로 잘못 형성된 마음의 세계를 정비하고 정화하여 지금에 이른 것입니다. 지금 와서 깨달은 바는 저의 마음의 상처를 치유하여 생명을 살리는 하나님의 도구로 사용하려는 하나님의 깊은 섭리가 있었다는 것입니다.

책을 읽는 귀하도 어린 시절의 저처럼 마음속에 어떤 응어리와 상처 혹은 어두운 그림자가 들어와 있는 것 같지는 않는가요? 만약 그렇다면 머릿속에 집안의 내력을 곰곰이 생각하며 그려보시기를 바랍니다. 오늘의 나는 하루아침에 만들어진 것이 아닙니다. 외가, 친가, 친지들과 부모들과 오랜 만남을 통해 만들어진 작품입니다. 이 과정에서 우리 안에 이상한 운전사가 들어와 앉는 것입니다. 누구나 예수를 믿으면 하나님의 자녀가 되어 죄와 마귀의 권세에서 벗어나는 신분이 되지만 그렇다고 해서 금방 모든 문제가 해결되고 과거의 나쁜 성격이나 습관에서 벗어난다고 생각하는 사람은 아무도 없습니다.

우리의 마음 속에 묻혀 있는 나쁜 기억과 상한 감정을 처리하는 것은, 옥토에 섞여 있는 여러 가지 이 물질을 제거하는 작업과 같습니다. 좋은 말씀의 씨앗이 내 마음 밭에 아무리 많이 뿌려져도 내 마음의 밭에 온갖 이 물질(돌 가시)이 섞여 있으면 씨앗이 제대로 자라서 풍성한 열매를 맺지 못하게 됩니다.

하나님께서 자녀 된 우리에게 아무리 많은 축복을 부어주시더라도, 먹구름이 밝은 태양 빛을 가로막듯, 축복을 가로막는 장애물이 있으면 우리는 그 축복을 제대로 누리지 못하고 오히려 고통과 재앙을 당합니다. 그래서 우리는 마음의 상처를 성령의 지배하에 말씀과 성령으로 찾아내어 의식 상태로 끌어올려서 정화하고 정복해야 진정한 자유 함을 누릴 수가 있습니다.

첫째, 마음의 상처는 인간관계에 영향을 미친다. 우리는 과거에 경험했던 어떤 고통스러운 기억으로 말미암아 인간관계가 좋지 않고, 과거의 실패감에 사로잡혀 있으므로 무엇인가를 시도해도 잘되지 않는 경우가 있습니다. 오늘을 잘 살기 위해서는 과거의 부정적인 기억을 치유해야 합니다. 과거를 성령으로 잘 정리해야 합니다. 실패는 교훈입니다.

실패하지 않고 성공하는 사람이 없습니다. 문제는 실패가 아니라, 우리에게 남아서 늘 부정적인 영향을 주는 실패감입니다. 과거가 주는 실패 감을 잘 정리해야합니다. 하나님은 언제나 우리에게 꿈을 주고 새로운 시도를 통하여 창조적인 삶을 살게 하지만, 마귀는 실패 감을 부여잡고 쓰러져 있게 만듭니다. 아무런 시도도 하지 못하게 만듭니다. 실패감에 사로잡혀 환경에 이끌려 다니게 만듭니다.

하나님은 우리를 마음으로부터 새롭게 시작하게 하십니다. 실패를 넘어 성공을 향해 새롭게 도전하게 하십니다. 이렇게 함으로 하나님을 닮은 우리자신의 가치를 높이게 하십니다. 아무것도 하지 않는 것은 스스로 쓸모없는 존재, 무가치한 존재로 전락하는 것입니다. 구원받은 인간은 계속 가치가 올라가다가 마지막에는 영원한 천국까지 가는 것입니다.

이를 위해서는 마음에 숨어있는 과거가 주는 실패 감, 부정적인 감정에서 벗어나야 합니다. 그리고 자꾸 자신을 가꾸어야 합니다. 마음을 가꾸어야 합니다. 과거를 가꾸어야 합니다. 영성(예수님의 성품)을 가꾸어야 합니다. 그래야 하나님이 성전으로 쓰십니다. 새로운 것에 대한 도전은 과거를 말씀과 성령으로 정리해야 가능합니다. 마음을 정리하고 진리로 채워야 합니다. 과거가 정돈되지 못하면, 새로운 도전을 할 수 없고, 결국 하나님께서 원하시는 행복하고 성공적인 삶을 살지 못하게 됩니다.

둘째, 마음의 정비 정화는 과거를 정리하는 것이다. 마음의 상처를 현실로 드러내어 치유는 과거를 회상하여 부정적인 영향을 주는 것들을 새롭게 정리함으로써 현재에 나타나는 나쁜 영향을 좋은 영향으로 바꾸어주는 것입니다. 잠재의식에 숨어있는 과거의 사건이 현재의 삶에 계속해서 수치심, 죄의식, 실패 감, 좌절감과 같은 나쁜 영향을 주는 것으로부터 자유 함을 얻게 하는 것입니다.

미움의 감정이 있으면 다른 사람에 대한 사랑의 감정이 약화됩니다. 미워하는 사람이 있는 사람은 가족들을 제대로 사랑하지 못합니다. 하나님과 사람에 대한 사랑의 감정이 자꾸 막히는 것은 누군가를 미워하고 있는 것입니다. 이 미움의 감정을 정리하십시오. 미워하는 사람을 용서해야 사랑하는 사람에게 사랑이 흐르게 됩니다. 사람을 용서해야 하나님을 사랑하게 됩니다. 어려운 환경, 실패한 과거를 수용하십시오. 그래야 하나님과 가까이 할 수 있게 됩니다. 그래야 환경을 이기게 됩니다.

하나님과 가까이 친밀하게 하는 것이 이미 치유가 시작되는 것입니다. 하나님을 용서하십시오. 하나님에게 섭섭하고, 하나님에게 상처받은 것을 용서하십시오. '왜 하나님이 내 인생을 이렇게 어렵게 만드시는가?' 이런 부정적인 마음을 씻어내야 합니다. 하나님의 마음은 어디에 계실까요? 세리와 죄인, 낮고 고통이 있는 곳입니다. 마음에 아픔이 있습니까? 하나님의 마음이 오고 있음을 깨달으세요.

힘든 내 환경, 내 삶을 통하여 하나님이 내 안에 계시고, 나와 하나가 되십니다. 그러므로 힘든 환경을 받아들이세요. 그리함으로 그곳으로 임하시고, 그 속에서 역사 하는 하나님의 사랑의 손길을 깨달으세요. 그리고 내 안에, 나와 함께 하시는 하나님을 믿음으로 담대함을 가져야합니다.

모든 부정적인 것을 마음에서, 심령 속에서 쏟아버리세요. 청소해버리세요. 실패는 성공의 어머니입니다. 상처준 사람은 용서하고, 실패는 감사하고 수용하십시오. 그리고 겸손하게 실패를 감사함으로 수용하는 낮은 마음에 함께 하시는 하나님의 도우심으로 그 실패를 딛고 일어서야 합니다. 실패에서 성공의 조건을 찾아내는 것이 마음의 정비와 정화입니다.

마음의 치유는 과거의 사건자체를 바꾸는 것이 아닙니다. 우리는 과거를 바꿀 수 없습니다. 하나님의 은혜와 능력을 통하여 과거의 사건이 품고 있는 부정적이고 칙칙한 감정을 제거하고,

그 대신 진취적이며, 소망적이고, 밝고 맑은 예수님의 감정을 채우는 것입니다. 부정적인 것들을 하나님에게 드리고, 대신 하나님이 주시는 밝은 것을 채우는 것입니다. 어린 시절의 감정, 습관, 꿈은 성인이 되어도 계속 영향을 미칩니다. 이런 것들이 좋은 것이라면 괜찮으나 좋지 않은 영향을 주고 있다면 치유되어야 합니다.

셋째, 마음의 정비 정화는 미래를 준비하는 것이다. 아프고 부끄러운 상처일수록 깊이 묻혀 있고, 스스로 파내어서 치료받으려고 하지 않습니다. 상처가 크고 부끄러울수록 깊이 묻혀 있고, 깊이 묻혀 있는 만큼 인생에 깊이 영향을 미칩니다. 인간의 자아방어를 위한 심리적인 본능으로 이처럼 아픈 감정을 기억에서 잊게 하고 깊이 파묻게 하는 것은 우리의 자아를 상처로부터 보호하려는 하나님의 은총이십니다.

만일 인간이 아픈 감정을 모두 생생히 기억한다면 괴로워서 스스로 삶을 포기하게 됩니다. 인간은 고통의 기억보다 좋은 기억을 하게 되어 있습니다. 그러나 상처와 감정을 깊이 묻게 하는 것은 억제, 방어의 기능이지 치료의 기능은 아닙니다. 치유되지 않은 상처는 얼마가지 않아 자신의 영-혼-육체에 영향을 끼치게 되어 있습니다. 치료는 그리스도의 십자가의 보혈의 공로와 성령님의 도우심으로 과거의 상처를 억제된 부분에서 현실로 가지고 와서 치유하는 것입니다.

넷째, 마음의 정비 정화는 성령께서 하시는 것이다. 나 스스로 치유하거나 변화될 수 없고, 다른 사람도 치유하거나 변화시킬 수 없습니다. 오직 내 안의 주인이신 성령님만이 하실 수 있습니다. 자기 집은 주인인 자기가 청소를 합니다. 자신은 예수님이 주인이십니다. 주인이신 예수님이 자신의 심령을 청소하시는 것입니다. 성령님이 자신의 마음을 청소하시도록 성령님을 주인으로 인정하고 마음을 열고 성령님의 역사 도우심을 간구하십시오. 성령님의 역사는 마음을 감동시키심으로 나타납니다. 마음에 감동을 받으려 하십시오. 마음에 감동을 주려고 하십시오. 크리스천의 사역은 마음의 감동을 통한 사역입니다.

모든 일에 대하여 감동을 달라고 성령님에게 간구하십시오. 심령 상처치유를 위한 기도에 성령님의 감동이 임하시게 하십시오. 그런 기도가 되게 하십시오. 자꾸 이러한 기도를 하십시오. 이러한 기도의 훈련을 하십시오. 머리에 손을 얹고 기도하고, 가슴에 손을 얹고 기도하십시오. 입술로 기도하고, 마음으로 기도하십시오. 온몸으로 기도하십시오. 성령의 감동이 임하시게 하십시오. 성령님이 앞서시게 하십시오. 내 감정이 앞서지 않게 하십시오. 나를 낮추면 성령님이 역사하십니다. 내가 높아지고 강해지면 성령님은 뒤로 물러가시고 들어가십니다.

과연 마음속 잠재의식의 치유는 그리스도인에게 필요한 것일까요? 우리가 그리스도인이 될 때 마음의 문제와 상처는 다 해결된 것으로 아는 사람들이 있습니다. 이제 나의 과거와 나는 아무 상관이 없고 새로운 피조물이 되었다고 외칩니다. 그러나 우리의 삶을 들여다볼 때 그것이 아님을 쉽게 볼 수 있습니다.

미국 트리니티 Evangelical Divinity School의 교수인 찰스 쉘은 다음과 같이 말합니다. "크리스천들은 공통적으로 거듭나면 유년기의 결함으로 인한 괴로움을 받지 않는다고 믿는 것을 나는 발견하게 되었다. 그러나 내가 예수님을 만났던 그날 예수님은 나를 변화시키지도, 완전케 하지도 않으셨음을 곧 깨닫게 되었다." 예수를 믿었다고 당장 변화되지 않는다는 말입니다.

그러나 일부 영적 지도자들은 이런 것들을 부정하며 어떤 문제를 가진 사람이라 할지라도 예수를 믿고 능력을 받으면 예수님이 해결하시기 때문에 절대로 문제가 생길 수 없다는 식의 사고를 가지고 설교하고 이런 식의 삶을 교인들에게 강요합니다.

하지만 문제는 그 지도자가 아무리 이러한 사실을 강조할지라도 그것이 하나님의 바른 법칙을 이해하지 못하는 것이라면 그것은 강조될수록 사람들에게 깊은 아픔을 주게 된다는 사실입니다. 그리스도인에게 마음 속에 숨은 상처의 치유가 필요하다고 해서 예수 그리스도의 십자가의 능력이 완전치 못함을 의미하는 것은 아닙니다. 이것은 오히려 하나님께서 만드신 인간에 대한 이해의 문제입니다. 우리가 인간의 구조에 대해 이해한다면 마음 속의 상처가 가지는 영향력과 그 치유의 중요성과 필요성을 인정하고도 남을 것입니다.

성령의 도우심이 없이는 결코 바른 마음 속에 숨은 상처의 치유를 기대할 수 없습니다. 그러기에 사람들은 스스로 자신의 고통스러운 마음 속에 숨은 상처를 해결하는 소극적인 방법을 선택하기 때문입니다.

그것은 그 사건 자체를 부인하거나 계속 억압하는 것입니다. 그러나 부인이나 억압 같은 소극적 방법은 마치 공기가 가득 찬 풍선을 물속에 넣으려고 하는 것과 같아, 풍선을 누르는 힘이 조금이라도 약해질 때 그것은 밖으로 튕겨져 나와 우리의 삶을 걷잡을 수 없는 혼란으로 채워버리게 됩니다.

아처 토레이는 이 일에 대해 다음과 같이 말하고 있습니다. "우리는 상처를 잊고자 마음속에 상처들을 감추지만 결국은 모든 축적된 상한 기억들이 더 이상 눌려 있지 않고 오히려 자신을 지배하게 될 때에, 마음은 태풍의 눈 같아 의식까지도 빨려 들어가면서 올바른 생각을 못한다. 그때 영은 하늘과도 연락이 안 되어 항상 마음이 아픈 상태가 된다. 그러므로 마음의 치유는 우리의 잠재의식에 숨은 상처의 치료라고 할 수 있다."

오늘날 많은 사람들은 마음 안의 심령에 병이 들어 있습니다. 사람들은 현재의식 가운데 염려, 근심, 고통, 괴로움이 들어오면 잊어버리려고 애를 쓰는데 그것들은 잊어버린다고 하여 아주 사라지는 것이 아닙니다. 마음 안의 잠재의식 속에는 계속 남아있는 것입니다. 사람들은 현재의식에 들어오는 모든 불쾌한 것을 다락인 마음 안의 잠재의식 속에 집어 넣어버리는 경우가 많습니다. 그리고 무조건 누르고 억제하려고 합니다.

그러다 충격을 받게 되면 마음 안의 잠재의식 속에 있는 잡동사니들이 현재의식 가운데 나타나서 불안, 공포, 절망, 정신분열, 신경쇠약, 공황장애, 관절염, 불쾌감을 갖게 하는 것입니다. 예수님께서는 마음 안의 잠재의식에 숨어있는 마음의 병을 치료하기 위해서 보혜사 성령님을 보내주셨습니다. 우리의 주인이신 성령께서는 마음 안의 상처받은 심령을 치유해 주십니다.

다섯째, 마음에 숨어있는 출생의 상처를 정비하고 정화하여 새로운 삶을 살아가는 분의 간증을 읽으면서 은혜를 받으시기를 바랍니다. 저는 아직 결혼을 하지 않은 20대 여자 청년입니다. 그런데 저는 우울증과 두통으로 5년을 고생하고 있습니다. 저는 예수님을 믿고 교회에 열심히 다니면 마음의 상처가 자연스럽게 치유가 될 줄로 알았는데 치유가 되지 않고 점점 더 심해지고 있었습니다. 그러던 즈음에 저희들과 성경공부를 하던 권사님이 마음의 상처치유를 잘하시는 강요셉 목사님에게 마음의 상처치유를 받으라고 하셨습니다.

저는 그때까지 마음의 상처가 무엇인지 잘 몰랐습니다. 주변에 있는 청년들이 누가 어느 교회의 마음의 상처치유 집회에 참석하여 태중의 상처가 나타나 고생을 했다는 이야기를 들은 것이 전부였습니다. 그런데 이상하게 권사님이 마음의 상처치유를 잘하는 목사님에게 마음의 상처치유를 받는다고 하니까, 마음이 요동했습니다. 저도 한 번 가서 치유 받고 싶은 감동이 강하게 왔습니다.

그래서 권사님에게 이야기를 했더니 같이 가자는 것입니다. 그래서 따라서 충만한 교회에 갔습니다. 가서 목사님의 마음의 상처치유에 대한 말씀을 들으면서 은혜를 받았습니다. 말씀을 듣는 중에 아~ 나에게도 그런 상처가 있겠구나. 아! 그 상처 때문에 내가 우울하고 두통이 심하구나 하면서 말씀을 들었습니다.

목사님이 말씀을 전하시고 기도를 하라고 했습니다. 그러시면서 멘트를 하시는 것입니다. 그 멘트를 들으면서 기도를 하는데 막 두려움이 찾아왔습니다. 멘트를 마치시고 목사님이 개인별로 안수를 해주셨습니다. 목사님의 안수를 받는 순간 저에게 환상이 보였습니다. 빨간 아기를 남자와 여자가 굉장히 섭섭한 눈으로 내려다보고 있는 것입니다.

순간 성령께서 저에게 이렇게 감동하시는 것이였습니다. "저 빨간 아기가 바로 너란다. 엄마가 너를 낳고 보니 딸이라 섭섭하여 아버지하고 보고 있는 모습이다. 그러나 나는 너를 누구보다도 귀하게 여겼다." 그러시는 것입니다.

그러면서 나도 모르게 내 입에서 이렇게 말하는 것입니다. "아빠, 엄마, 그러면 왜 저를 낳았어요? 사랑했기 때문에 낳으신 것 아닙니까? 아빠, 엄마, 그러면 왜 저를 낳았어요? 사랑했기 때문에 낳으신 것 아닙니까?"하고 말을 하는 것입니다.

목사님은 계속 안수를 해주시고 저는 그렇게 흐느끼면서 말을 했습니다. 기도 시간이 종료되었습니다. 자꾸 목사님에게 가서 사정이야기를 하라는 성령의 감동이 와서 목사님에게 이야기를 했습니다. 목사님이 아까 안수 하실 때 내가 왜 울었는지 아세요. 그러니까, 목사님이 잘 모르겠습니다. 그러시는 것입니다.

그래서 설명을 해드렸습니다. 목사님이 머리에 안수하실 때 환상이 보였습니다. 빨간 아기를 남자와 여자가 굉장히 섭섭한 눈으로 내려다보고 있는 것입니다. 목사님! 그게 누구인지 아세요? 바로 저입니다. 제가 우리 집에서 여섯 번째 딸입니다.

저는 그때 그 상처로 인하여 우울증에다 두통으로 지금까지 고생을 했습니다. 그리고 남자가 되지 못한 섭섭함을 항상 가지고 살았습니다. 그래서 지금 저는 남자 같은 외모를 하고 살아가고 있습니다. 그러니까, 목사님이 부모님들의 심정을 헤아리고 부모님들을 용서하라고 하셨습니다.

그래서 성령의 지배와 임재가운데 부모님들에게 섭섭한 것을 모두 말씀드렸습니다. 그러니 마음이 시원했습니다. 다음 시간에 말씀을 듣고 목사님의 안수를 받는 데 막 악이 써지면서 기침이 사정없이 나왔습니다. 그러면서 방언이 터졌습니다. 방언으로 한참을 기도를 하니 머리가 시원한 느낌이 들었습니다. 그러면서 아! 이제 두통이 치유되었구나! 하는 감동이 왔습니다. 그 이후로 저는 완전하게 바뀌었습니다.

열등감이 사라지고 내가 여자로 태어나는 것은 하나님의 뜻이라는 것을 깨달아 알았습니다. 그래서 당장 미장원에 가서 머리를 단정히 했습니다. 무엇인지는 모르겠는데 얼굴에 미소가 생기고 우울의 증상이 치유되고 두통도 치유되고 내 성격이 완전히 달라지는 것이었습니다. 그래서 저는 권사님의 안내로 충만한 교회에 가서 마음의 상처치유를 받고 28년 동안 고통당하던 두통과 우울증과 열등감을 치유 받았습니다.

제가 이 간증을 기록하는데 강요셉 목사님이 하신 말씀이 생각이 납니다. 예수를 믿고 성령으로 거듭난 성도가 기도하면 하나님이 응답을 해주시는데 주변에 있는 사람을 통해서 응답을 해주실수도 있다는 것입니다. 저는 이 우울한 마음과 열등감, 심한 두통 때문에 많은 시간 기도를 했습니다.

하나님이 그 기도를 들으셔서 가까이 계시던 권사님을 통하여 충만한 교회로 인도하여 저를 치유하여 주신 것입니다. 저는 이 일로 인하여 성령하나님은 지금도 살아서 역사하고 계시다는 것을 확실하게 알고 믿게 되었습니다. 서울 영광교회 김선숙 청년.

결론적으로 마음에 자신도 모르게 형성된 상처로 인하여 자신이 가지고 있는 잠재력을 발휘하지 못하고 불행하게 살아가는 경우가 많습니다. 다음의 이야기를 읽고 자신의 정체성을 찾아 창공을 훨~훨~ 날아가는 독수리가 되시기를 바랍니다.

어느 날 나무꾼이 어미를 잃은 독수리 새끼를 발견했습니다. 불쌍히 여긴 나무꾼은 독수리 새끼를 데려다가 병아리를 기르는 닭장에 넣어 길렀습니다. 시간이 흘러 병아리는 닭의 모습으로, 독수리 새끼는 독수리의 모습으로 자랐습니다. 하지만, 독수리는 자신이 독수리라는 사실을 깨닫지 못했습니다. 닭 인줄만 알았습니다. 어느 날 그 독수리는 낯선 독수리 한 마리가 날개를 활짝 펴고 유유히 하늘을 날고 있는 모습을 보았습니다. 하늘을 나는 독수리가 자신의 동족임을 꿈에도 알 길이 없는 그 독수리가 두려움과 부러움이 섞인 눈으로 하늘을 날아가고 있는 독수리를 바라보면서 탄식했습니다.

"아~ 한번만이라도 저렇게 멋진 모습으로 날아봤으면…" 이 독수리 안에 들어 있는 닭이 바로 당신과 제가 안고 있는 '문제'입니다. 분명히 창공을 훨~훨~날 수 있는데도 날개를 펴볼 생각조차 못하게 하는 무엇인가가 우리 안에 들어 있는 것입니다.

그것은 독수리인 우리에게 끊임없이, "너는 닭이야. 그러니 절대로 날 수 없어!"라고 속삭이면서 작고 구부러지고 부정적인 시각으로 세상을 바라보게 합니다. 그의 이름은 '마음의 운전사'입니다. 마음에 형성된 잘못된 자존감의 상처입니다.

마음 속의 무의식의 상처는 인생을 성공의 길로 인도해 가는 유쾌한 운전사가 아니라 불행의 나락으로 몰고 가는 구부러진 운전사입니다. 지금부터 안내해나가려고 하는 마음의 정비와 정화 행복 찾기는 우리가 독수리 안의 닭을 몰아내고, 높은 창공을 자유롭게 날아가는 독수리로서의 자기 정체성을 확인해 가는 인생에 중요한 작업이 될 것입니다.

4장 마음이 자신의 인생항해의 선장이다.

   (행 27:10-21)"말하되 여러분이여 내가 보니 이번 항해가 하물과 배만 아니라 우리 생명에도 타격과 많은 손해를 끼치리라 하되 (11) 백부장이 선장과 선주의 말을 바울의 말보다 더 믿더라 (12) 그 항구가 겨울을 지내기에 불편하므로 거기서 떠나 아무쪼록 뵈닉스에 가서 겨울을 지내자 하는 자가 더 많으니 뵈닉스는 그레데 항구라 한쪽은 서남을, 한쪽은 서북을 향하였더라 (13) 남풍이 순하게 불매 그들이 뜻을 이룬 줄 알고 닻을 감아 그레데 해변을 끼고 항해하더니 (14) 얼마 안 되어 섬 가운데로부터 유라굴로라는 광풍이 크게 일어나니 (15) 배가 밀려 바람을 맞추어 갈 수 없어 가는 대로 두고 쫓겨가다가 (16) 가우다라는 작은 섬 아래로 지나 간신히 거루를 잡아 (17) 끌어 올리고 줄을 가지고 선체를 둘러 감고 스르디스에 걸릴까 두려워하여 연장을 내리고 그냥 쫓겨가더니 (18) 우리가 풍랑으로 심히 애쓰다가 이튿날 사공들이 짐을 바다에 풀어 버리고 (19) 사흘째 되는 날에 배의 기구를 그들의 손으로 내버리니라 (20) 여러 날 동안 해도 별도 보이지 아니하고 큰 풍랑이 그대로 있으매 구원의 여망마저 없어졌더라 (21) 여러 사람이 오래 먹지 못하였으매 바울이 가운데 서서 말하되 여러분이여 내 말을 듣고 그레데에서 떠나지 아니하여 이 타격과 손상을 면하였더라면 좋을 뻔하였느니라."

예수를 믿고 성령으로 거듭난 성도들은 예수님을 주인으로 선장으로 모시고 살아가야 합니다. 그러면 예수님이 세상을 살아갈 때에 성령으로 성공으로 축복으로 천국으로 인도하십니다. 그런데 예수를 믿고 성령으로 거듭났다고 하지만 아직도 예수님이 선장이지 못하고 마음 속 무의식의 상처와 자아가 선장이 되어 영-혼-육체에 고통을 당하면서 세상을 살아가는 성도들이 많습니다. 이유는 예수를 믿고 성령으로 거듭났다고 입심 좋게 말을 하지만 자신의 마음이 말씀과 성령으로 정비되고 정화되지 못하여 옛 사람으로 살아갈 때에 마음에 형성된 상처와 자아가 주인노릇을 하면서 자신의 배를 항해하고 있기 때문에 고통을 당하는 것입니다.

오늘 본문에 보면 "백부장이 선장과 선주의 말을 바울의 말보다 더 믿더라(행27:11)"라는 말씀이 있습니다. 이 말을 성령으로 바르게 깨닫고 보면 하나님의 말씀보다 마음에 형성된 상처로 인하여 형성된 자아가 하나님의 말씀과 성령의 인도를 무시하고, 상처에 형성된 자아를 더 믿고 항해를 하다가 모든 것을 포기해야 하는 사태를 만나게 된다는 뜻으로 이해가 됩니다.

우리 성도들도 만찬가지입니다. 마음에 형성된 상처와 스트레스와 자아를 말씀과 성령으로 정비하고 정화하지 않으면 오늘 본문에 나오는 백부장과 선장의 경우와 같은 불행을 만나게 되는 것입니다. 자신들만 불행한 결과를 맞이하는 것이 아니고 같이 사는 식구들과 주변의 식구들이 피해를 당한다는 것입니다. 이 만큼 성도들은 마음의 정비와 정화가 중요합니다.

필자는 이렇게 생각합니다. 예수를 믿고 성령의 인도를 받으면서 교회에 열심히 나가면서 믿음생활을 하는 성도들은 너나 나나 할 것 없이 진리의 말씀과 성령으로 마음을 정화해야 하나님의 예비한 축복을 받으면서 낙원(천국)을 누리면서 살아갈 수가 있다는 것입니다. 많은 목회자와 성도들의 사고가 마음의 정비와 정화는 질병이 생기고 상처로 고통이 찾아오는 문제가 발생해야 하는 사역 인줄로 알고 있습니다. 그러나 그렇지 않습니다. 누구나 예수를 믿었으면 새사람이 되었음으로 마음의 정비와 정화는 필수입니다. 그래야 예수님의 인도 속에서 삶을 성공적으로 살아갈 수가 있습니다.

타이타닉이란 영화가 세계 많은 사람들에게 크게 감동을 주고 있습니다. 타이타닉은 지금부터 110년 전 1911년에 영국에서 제조된 당시 세계 최대의 관광 여객선 이였습니다. 길이가 259m, 46,000t이나 되는 최대 호화 여객선 이였습니다.

요즘 세계 부자들이 '바다위에 떠다니는 호텔'이라고 하는 크루즈라고 하는 관광 여객선을 타고 세계를 돌며 수개월씩 여행합니다. 가끔 부산항에도 정박하였다는 뉴스를 듣기도 합니다. 백 년 전 우리나라는 고기잡이 목선 정도를 제조할 때 이미 영국은 이렇게 큰 배를 제조할 수 있었다는 것은 대단한 것입니다.

'억만장자들의 선장'으로 알려진 에드워드 존 스미스 선장은 말했습니다. '나는 선장으로서 한 번도 파선 당한 일도 없으며, 어떤 조류의 재난에도 이길 수 있으며, 한 번도 절망할 정도의 위기에 처한 일도 없었다.'고 40년의 선장 경력을 당당히 자랑했습니다. 승무원과 승객 모두 2,224명을 태우고 영국에서 대서양을 건너 미국 뉴욕으로 출항을 했습니다.

자신만만하게 그리고 모든 승객들과 승무원들은 즐거운 마음으로 출항을 했습니다. 밤마다 파티를 하며 즐겼습니다. 출항한 지 5일째 되는 날 산덩이 같은 빙하에 부딪쳐 2시간 40분 만에 침몰하였습니다. 1,513명의 희생자를 낸 당시 세계 최대 해난 사고였습니다.

온 세계를 놀라게 했습니다. 그리고 오늘날에 '타이타닉'이란 영화로 제작되어 보고 있습니다. 스미스 선장은 40년을 단 한 번의 실수도 없었다고 당당하게 자랑했습니다. 자신의 기술과 지식과 항해 경험을 자랑했고, 크고 튼튼한 배를 믿었지만 항해한 지 불과 닷새 만에 침몰당하고 수많은 사람이 죽는 비극을 남겼습니다.

우리 성도들도 말씀과 성령으로 마음을 정비하고 정리하고 치유하지 않고 자신의 실력과 지식과 자아를 믿고 인생의 항로를 따라 항해를 한다면 앞에 설명한 '타이타닉' 호와 마찬가지로 세상의 빙하를 만나 침몰하는 경우를 당할 수가 있다는 것입니다. 자신의 배에 예수님을 선장으로 모시고 운항해야 안전하다는 것을 체험하게 하는 실화입니다.

자동차를 타고 터널을 지날 때가 있습니다. 터널에 들어서면 멀리 작은 밝은 구멍만 보이고 그 외는 아무것도 보이지 않습니다. 이것은 '시야협착증'이라고 합니다. 많이 배우고 일류 대학을 나왔다고 해서 많이 아는 것이 아닙니다. 많이 배우고 많이 아는 것 같지만 더 많은 것을 모릅니다. 자기만 최고인 냥 하지만 다른 많은 것은 모릅니다.

아는 것에 집착하는 외골수입니다. 이것이 마음에 형성된 상처 때문입니다. 성도들이 인생의 항해를 성공적으로 하려면 마음의 상처와 자아와 세상에서 터득한 지식을 예수님의 이름으로 정비하고 정화해야 인생을 성공할 수가 있습니다. "그런즉 누구든지 그리스도 안에 있으면 새로운 피조물이라 이전 것은 지나갔으니 보라 새 것이 되었도다(고후 5:17)" 새 것이 되었으니 예수님을 자신의 배에 선장으로 모시고 살아가기를 바랍니다. 예수님을 주인으로 모셔야 주님이 마음을 정비하십니다.

작은 성공이 큰 미래를 망치게 합니다. 유치원에서 1등 했다고 자랑합니다. 초등학교 다니면서 100점 받았다고, 대학을 장학생으로 공부했다고 자랑하는 사람치고 크게 성공한 사람이 별로 없습니다. 과거에 잘했다고 지금도 잘하는 것이 아닙니다. 지난날에 작은 성공에 집착해서 현재와 미래를 잃어버리는 것입니다. 경각심을 가져야 합니다.

아는 것은 중요합니다. 그러나 많이 안다고 해서 반드시 성공하는 것만은 아닙니다. 기술도 경험도 매우 필요합니다. 그러나 기술이 좋고 경험이 많아도 실패하는 사람이 많습니다. 똑똑한 바보가 우리 주변에 많이 있습니다. 많이 배운 사람은 다른 사람의 말을 듣지 않습니다. 경험이 많은 사람은 다른 사람의 실수를 비웃습니다. 자기는 실수 같은 것은 없다고 자만합니다. 이 모든 것들이 마음에 잘못 형성된 상처와 자아 때문입니다.

그래서 하나님은 지식까지 새롭다 하심을 받으라고 말씀하시는 것입니다(골3:10).

본문에 276명을 태운 배가 로마를 향하여 출항을 하였습니다. 당시로서는 대단히 큰 배였습니다. 많은 사람들과 화물을 싣고 출항하여 작은 미항에 잠깐 들렸습니다. 미항에 오래 머물려고 한 것이 아니라 풍세가 험하여 간신히 바람막이로 미항에 도착한 것입니다. 여러 날이 걸려 금식하는 절기가 지났지만 항해하기에는 위태로웠습니다.

그래서 배에 탄 사람들의 의견을 물어 보았습니다. 기후적으로 겨울이라 행선하기에는 적합하지 않기 때문에 겨울을 지나서 항해를 해야만 했습니다. 그런데 사람들은 긴 겨울을 미항에서 오래 머물고 싶지 않았습니다. 어차피 로마까지는 갈 수 없지만 이왕이면 미항보다는 뵈닉스에 가서 겨울을 지내는 것이 좋다고 인간적인 생각을 했습니다. 미항은 작은 항구로서 겨울을 지내기에는 좋은 곳에 아니었기 때문에 뵈닉스에서 겨울을 지내자고 하는 것입니다.

그러나 미항까지 오는 데도 여러 날 만에 간신히 도착했기 때문에 뵈닉스까지 가는 데는 약간의 위험이 있다는 것을 모두 알고 있습니다. 백부장이 선장과 선주에게 물어보았습니다. 선장과 선주 역시 미항에서 겨울을 지내는 것을 원하지 않았습니다. 약간의 위험이 있지만 선장은 자신의 항해기술을 믿고 출항하자고 했습니다. 선주 역시 배 주인으로 자신의 배가 큰 배라는 것을 자랑하며 출항하자고 하였습니다.

선장은 지식과 기술과 경험을 상징하는 사람입니다. 타이타닉 선장 역시 40년을 대서양을 항해한 자신의 지식과 경험을 자랑하였던 것처럼 선장은 자신의 항해술이 누구보다도 자신만 만하다고 생각하였습니다. 지금까지 한 번도 위험한 위기를 당해 보지 않았다는 것입니다. 웬만한 파도쯤은 다 이겼던 경험을 자랑삼아 출항하자고 한 것입니다. 많은 사람들이 자신의 지식과 경험을 자랑합니다. 그러나 사람은 약합니다. 왜 약할까요? 사람은 한 시간의 앞길도 내다 볼 수가 없기 때문입니다.

선주는 물질을 상징하는 사람입니다. 돈 있으면 뭐든지 다 할 수 있다고 생각하는 사람입니다. 돈 좀 있다고 큰 소리 치고 자기 주관대로 하자고 하는 것입니다. 돈 있는 사람의 말은 힘이 있습니다. 돈 소리가 큽니다. 선장은 자신의 배가 크다는 것을 자랑하며 떠나자고 했습니다.

선장과 선주는 상식에서 벗어난 말을 하였습니다. 선장과 선주의 말이 인간적인 말에서 벗어난 것은 "그 항구가 겨울을 지내기에 불편하므로 거기서 떠나 아무쪼록 뵈닉스에 가서 겨울을 지내자(행27:12)"고 하는데서 알 수가 있습니다. 미항은 긴 겨울을 지내기에는 좋은 시설도 없는 곳이지만 뵈닉스는 즐겁게 지낼 수 있는 시설들이 많은 향락의 도시였기 때문이라는 것입니다.

그래서 약간의 위험이 있지만 선장은 자신의 항해술을 자랑하는 교만함에서 떠나자고 한 것입니다. 선주 역시 자신의 재산을 자랑하는 교만과 향락 중심으로 떠나자고 한 것입니다.

백부장은 바울에게 물어보았습니다. 바울은 누굽니까? 선장과 비교가 될 수 없는 항해에 무지한 사람일 뿐 아니라 죄수입니다. 바울은 죄수이기 때문에 별로 관심을 가지지 않습니다. 그럼에도 백부장은 바울에게 어떻게 하면 좋겠느냐고 물어 보았습니다.

백부장은 바울이 죄수이지만 보통 죄수가 아니라는 것을 알았습니다. 이미 천부장으로 부터 바울이 죄 없다는 것을 인정했지만 가이사 황제에게 재판을 받기를 원해서 로마까지 이송되는 바울을 백부장은 잘 알고 있습니다. 바울은 죄수지만 다른 죄수와 같이 취급하지 않고 출항을 하느냐 마느냐 중요한 결정하는 것에 대한 것을 물어 본 것입니다.

그래서 바울은 하나님의 계시를 듣고 "여러분이여 내가 보니 이번 항해가 물과 배만 아니라 우리 생명에도 타격과 많은 손해를 끼치리라(행27:10)"고 말했습니다. 바울은 미항을 출항해서 뵈닉스까지 가는 것은 매우 위험한 일이라고 말했습니다. 바울이 이러한 말을 할 수 있었던 것은 하나님으로부터 어떤 계시를 받았는지 성경에 기록되지 않았지만 하나님의 특별계시입니다.

바울은 하나님께서 함께 하는 사람입니다. 하나님은 바울의 마음을 주관하십니다. 바울에게는 항해 기술도, 경험도 없지만 하나님께서 지식의 말씀과 지혜의 말씀을 주신 것입니다. 지식의 말씀이란 하나님만 아시는 지식을 순간 알게 하는 것입니다. 지혜의 말씀이란 당면한 문제를 해결할 수가 있는 지혜를 말하는 것입니다. 모두 성령으로 충만해야 알아낼 수가 있습니다.

바울이 하나님의 지식의 말씀과 지혜의 말씀을 듣고 선장과 선주와의 생각과 다른, 항해하는 것은 큰 손해를 끼치는 위험한 일이기 때문에 항해하지 않는 것이 좋다고 말한 것입니다. 성도는 누굽니까? 성령하나님이 주인으로 함께 하시는 사람들입니다. 어떤 일을 결정할 때 하나님은 성도들에게 지식의 말씀과 지혜의 말씀을 주셔서 바른 길을 따르도록 가르쳐 주십니다.

그리고 중요한 것은 떠나면 위험하다고 하는 사람이 바울 한 사람뿐이고 다수가 다 떠나자고 한 것입니다. 민주주의 원칙은 다수결입니다. 그러나 다수결이 다 좋은 것은 아닙니다. 기독교가 다수결을 중요시 하였다면 이 땅에 교회는 존재를 찾아 볼 수 없게 되었을 것입니다. 예수님 한 사람이 말씀하시는 것이라도 진리가 되기 때문에 기독교는 오늘에 이르기까지 성장할 수 있게 된 것입니다. 모두가 반대 한다 할지라도 한 사람의 주장이 옳을 때가 있습니다. 다수결에 원칙을 두면 진리는 빛을 잃게 됩니다.

백부장은 바울이 하나님의 계시를 듣고 권면하는 말을 무시하고 경험이 많는 선장과 선주의 말을 더 믿고 출항했습니다. 다행스럽게도 남풍이 순하게 불었습니다. 그래서 선장과 선주는 물론 백부장도 바울의 말을 듣지 않은 것을 잘했다고 생각하며 기뻐했습니다. 그런데 얼마가지 않아 '유라굴로'라는 광풍을 만나게 되었습니다. '유라굴라'는 요즘 태풍마다 이름이 있듯이 상당한 위력이 있는 강풍이였습니다. 배가 바람에 맞추어 갈 수 없어 강풍에 밀려 쫓겨 가게 되었습니다.

선장은 기술과 경험을 다 동원해도 아무 소용이 없었습니다. 그냥 쫓겨 가는 것입니다(행27:17). 짐을 바다에 다 풀어 버렸습니다(행27:18). 배의 기구를 다 내버렸습니다(행27:19). 그래도 구원의 여망마저 없어졌습니다(행27:20). 사람들은 며칠을 먹지 못했습니다. 이제 바울은 말합니다. "여러분이여 내 말을 듣고 그레데에서 떠나지 아니하여 이 타격과 손상을 면하였더라면 좋을 뻔하였느니라. 내가 너희를 권하노니 이제는 안심하라 너희 중 아무도 생명에는 아무런 손상이 없겠고 오직 배뿐이리라"(행27:21-22) 고 말했습니다.

이와 같이 자신들의 마음에 잘못 형성된 인간적인 지식이나 자아는 하나님의 말씀을 듣고 순종하지 못하게 하여 불필요한 재정적인 손해와 육체적인 고통과 환란과 풍파와 생명의 위험을 당하게 되는 것입니다. 그렇기 때문에 우리 성도들은 자신의 마음에 형성된 상처와 자아와 세상적인 지식을 진리의 말씀과 성령으로 정비하고 정화하고 완전 치유해야 합니다.

하나님은 이렇게 말씀하십니다. "새 사람을 입었으니 이는 자기를 창조하신 이의 형상을 따라 지식에까지 새롭게 하심을 입은 자니라."(골 3:10). 지식까지 새롭다 하심을 받아야 성령의 인도를 받으면서 인생을 하나님께서 원하시는 방향으로 살아갈 수가 있는 것입니다. 우리 모두 진리의 말씀과 성령으로 마음에 형성된 지식까지 새롭다 하심을 받아서 하나님을 기쁘시게 하고 인생을 성공하시기를 바랍니다. 지식까지 새롭다하심을 받는 것은 마음을 말씀과 성령으로 정비하고 정화하는 일입니다. 그러면 바울과 같이 폭풍 속에서도 안심하도록 하나님께서 앞길을 안내하여 주십니다. 마음의 상처가 치유되어 안정한 심령이 되어야 하나님의 깊은 계시가 떠오르는 것입니다.

바울과 함께 하시는 하나님께서 지난밤에 말씀해 주셨습니다. "바울아 두려워하지 말라 네가 가이사 앞에 서야 하겠고 또 하나님께서 너와 함께 항해하는 자를 다 네게 주셨다 하였으니 그러므로 여러분이여 안심하라 나는 내게 말씀하신 그대로 되리라고 하나님을 믿노라"(행27:24-25)고 외쳤습니다. 그래서 바울은 풍랑에 그대로 떠내려가는 배가 반드시 한 섬에 걸리리라고 믿고 말할 수 있었습니다(행27:26). 하나님과 함께 하는 바울의 말을 듣지 아니하던 백부장이 이제 바울의 말을 듣게 되었습니다. 자신의 지식이 틀렸다는 것을 깨달았기 때문입니다.

오늘에 많은 사람들이 하나님이 함께 하는 사람의 말을 잘 듣지 않습니다. 이것은 자신들의 마음에 형성된 상처와 자아와 세상 지식 때문입니다. 자신이 예수님을 믿을 때 십자가에서 죽지 않고 그대로 살아있기 때문입니다. 그러나 한번 두 번 자신의 상처와 자아가 이끄는 대로 따라가다가 고통을 당하고 손해를 당하면 그때야 하나님의 말씀에 귀를 기울립니다. 이는 많은 성도들과 목회자들이 고통을 당하면서 살아가는 이유입니다.

하나님의 말씀과 하나님이 함께 하는 사람의 말을 들으면 손해 볼 것이 없습니다. 하나님의 사람의 말을 들으면 복이 되는데도 들으려고 하지 않습니다. 그래서 많은 손해를 보고서야 비로소 듣는 귀가 열리게 됩니다. 그래서 기독교는 체험의 종교라고 하는 것입니다. 체험하고 고통해야 믿게 되기 때문입니다.

성도들이 자신의 마음을 정비하고 정화한 다음에 하나님께서 주인되어 하나님의 말씀을 듣는 것은 큰 복입니다. 그런데 예배에 참석하고서도 하나님의 말씀을 잘 듣지 않습니다. 귀를 막고 들으려고도 하지 않습니다. 귀를 막은 것이 아니라 아예 귀가 막혀서 듣지를 못합니다. 마음의 상처가 잡념에 휩싸이게 하기 때문입니다. 마음의 상처와 자아를 정비하고 정화하여 막힌 귀를 열고 하나님의 말씀에 집중하고 들어야 합니다.

그러나 막힌 귀를 여는 것은 쉽지 않습니다. 하나님의 말씀에 귀가 열리기까지는 엄청난 손해와 고통을 당한 후에 비로소 하나님의 말씀을 듣는 귀를 엽니다. 체험해야 믿기 때문입니다. 엄청난 손해와 죽을 정도의 고통을 당하고서야 귀가 열리고 하나님의 말씀이 들려지게 되는 것을 봅니다. 본인이 인정하고 받아들여야 성령으로 마음이 정비되고 정화되기 때문입니다.

백부장이 바울의 말을 듣기까지는 '유라굴로'의 광풍에 밀려 수일을 바다에 떠다니며 배 안에 모든 것을 다 버리고 배까지도 파선 될 위기를 당해야만 했습니다. 하나님의 말씀을 듣지 않고 막힌 귀가 열리는 것은 그만큼 어렵습니다. 생명의 위기와 많은 손해를 보아야 한다는 것을 가르쳐 줍니다.

일찍 하나님께서 바울을 통하여 말씀하시는 계시의 말씀을 들었더라면 그 많은 물질적인 손해도 보지 않았을 것이며 죽을 위기도 없었을 것입니다. 그런데 바울의 말을 듣지 않으므로 엄청난 손해와 죽을 고생을 당한 것입니다. 이렇게 위기를 당한 후에 비로소 귀가 열려 바울의 말을 듣게 된 것입니다.

책을 읽는 분들도 지난날에 하나님의 말씀이 들려지지 않을 때가 있었을 것입니다. 이는 마음이 말씀과 성령으로 정비되고 정화되지 않았기 때문입니다. 마음의 정비와 정화는 참으로 중요합니다. 마음의 상처와 자아로 말미암아 하나님의 말씀을 듣지 않으므로 많은 손해와 고생을 당하고 비로소 귀가 열려 이제 말씀이 잘 들려지는 경험을 하신 분들이 있을 것입니다.

아직도 귀가 열리지 않았다면 속히 귀가 열려져서 하나님의 말씀이 들려지도록 하는 것이 지혜입니다. 말씀과 성령으로 마음의 세계에 형성된 상처와 세상을 살아오면서 쌓아둔 자아를 정비하고 정화해 보시기를 바랍니다. 우리는 미련하게 귀를 막고 하나님의 말씀을 듣지 않으므로 물질적인 손해와, 앞이 보이지 않을 정도의 어려움과 위기를 당하지 않아야 합니다.

왜 하나님의 말씀이 들려지지 않습니까? 마음의 상처와 자아와 교만으로 역사하는 귀신이 하나님의 말씀을 듣지 못하게 귀를 막고 잡 생각으로 산만하게 하기 때문입니다. 하나님 말씀을 무시하는 것입니다. 설교 말씀을 무시하기 때문에 듣지 않는 것입니다. 자신의 기술과 지혜와 경험을 자랑하는 자만심이 강하기 때문에 말씀을 들어야 할 필요를 느끼지 못합니다.

하나님의 말씀을 듣지 못하도록 귀를 막는 것입니다. 그리고 물질을 믿기 때문입니다. 물질이 아쉽지 않기 때문에 하나님의 축복을 바라지 않습니다. 이렇게 자기 교만에 하나님의 말씀을 듣지 않고 귀를 막으면 '유라굴로'가 앞에 있다는 것을 명심해야 합니다. 그래서 부자보다는 가난한 자가 말씀을 잘 듣습니다. 권세 있는 자보다 나약한 사람이 하나님의 말씀을 잘 듣습니다. 건강한 사람보다 병든 사람이 말씀을 잘 듣습니다. 성공한 사람보다 실패한 사람이 말씀을 잘 듣습니다.

하나님 말씀을 무시하고 듣지 않다가 많은 사람들이 재산과 건강을 다 잃고 그때 비로소 하나님의 말씀이 잘 들려지게 되는 경험을 많이 합니다. 많은 어려움을 당하고서 비로소 하나님의 말씀이 귀에 속속 들어오는 것입니다. 죽을 고비를 당하고서 하나님의 말씀이 꿀맛처럼 달다는 것을 알게 됩니다.

바울이 이렇게 책망합니다. "……바울이 가운데 서서 말하되 여러분이여 내 말을 듣고 그레데에서 떠나지 아니하여 이 타격과 손상을 면하였더라면 좋을 뻔하였느니라(행 27:21)"는 말씀처럼 예수를 믿고 교회에 들어와 일찍 마음을 말씀과 성령으로 정비하고 정화하여 성령으로 기도하며 성령으로 하나님의 말씀 듣는 것이 지혜요 축복입니다.

타격과 손상을 면하는 것은 일찍 말씀을 듣는 것입니다. 아직도 귀가 열리지 않아 하나님의 말씀이 들려지지 않는다면 타격과 손상을 당하기 전에 귀가 열려 하나님의 말씀을 들어야만 합니다. 하나님의 말씀에 귀를 막고 듣지 않는 것은 매우 미련한 것입니다. 속히 마음을 진리의 말씀과 성령으로 정비하고 정화하여 마음을 정복하여 성령하나님으로 채워서 성령으로 귀를 열어 하나님의 말씀을 듣고 말씀이 주는 복을 받아 누리는 성도들이 되시기를 부탁합니다.

5장 마음의 투시 치유는 인생을 행복으로

(롬 12:2)"너희는 이 세대를 본받지 말고 오직 마음을
새롭게 함으로 변화를 받아 하나님의 선하시고 기뻐하
시고 온전하신 뜻이 무엇인지 분별하도록 하라"

마음(심령)을 치유하고 정화하려면 자신을 정확하게 투시하
고 성찰하는 능력이 있어야 합니다. 자신을 투시하는 능력은
성령께서 자신의 주인으로 계실 때 가능합니다. 자신은 예수를
믿을 때 죽었고 지금 사는 것은 예수님께서 사신다는 믿음이
있어야 합니다. 여기에다가 자신의 마음에도 상처와 영적인 문
제가 쌓여있을 수 있다는 것을 인정하는 것이 중요합니다. 인
정했으면 마음을 열고 정비하고 정화하려는 노력이 중요합니
다. 많은 분들이 자신은 아무 문제가 없는 줄로 알고 살아갑니
다. 그러다가 영-혼-육체에 문제가 하는 일이 잘 되지 않고 환
경의 문제가 하나씩 발생하게 되면 그 때서야 자신의 마음에
관심을 갖는 것이 보통입니다. 평소에 자신의 마음을 성찰하는
노력이 있어야 인생을 행복하며 평안하게 살아갈 수가 있습니
다. 마음이 정화되어야 하나님과 관계가 열려서 진리의 말씀과
성령의 역사로 지배와 장악이 되어 성령의 인도를 받을 수가
있기 때문입니다. 하나님은 성령의 인도를 받아야 하나님의 자
녀라고 말씀하십니다(롬8:14). 우리가 알아야 할 것은 잠재의
식에 형성된 상처는 모두 출동준비를 하고 대기하고 있다는 것

입니다. 책꽂이에 책이 꽂이 있는 것과 같이 모두 서있는 것입니다. 그래서 동일한 상황이 전개되면 순간 '안 된다'하면서 반대하게 하는 것입니다. 잠재의식의 상처가 자신의 감정을 자극하여 순간 이성을 잃게 하는 경우도 있습니다.

첫째, 마음에 쌓여만 가는 영-혼-육의 독소들. 하나님은 우리를 마음으로부터 새롭게 시작하게 하십니다. 실패를 넘어 성공을 향해 새롭게 도전하게 하십니다. 이렇게 함으로 하나님을 닮은 우리자신의 가치를 높이게 하십니다. 아무것도 하지 않는 것은 스스로 쓸모없는 존재, 무가치한 존재로 전락하는 것입니다. 구원받은 인간은 계속 가치가 올라가다가 마지막에는 천국까지 가는 것입니다. 이를 위해서는 과거가 주는 실패 감, 부정적인 감정에서 벗어나야 합니다.

그리고 자꾸 생명의 말씀과 성령의 역사로 마음을 정비하고 정화하며 자신을 가꾸어야 합니다. 마음을 가꾸어야 합니다. 과거를 가꾸어야 합니다. 영적 성품을 가꾸어야 합니다. 그래야 하나님이 쓰십니다. 새로운 것에 대한 도전은 과거를 정리해야 가능합니다. 마음에 형성된 과거가 정돈되지 못하면, 새로운 도전을 할 수 없고, 결국 하나님께서 원하시는 행복하고 성공적인 삶을 살지 못하게 됩니다. 마음을 정비하고 정화해야 합니다.

크리스천이 알아야 할 것은 인간의 마음속에 머무르면서 그 사람의 마음의 세계를 관리하는 심리기제인 현재의식과 잠재의식은 서로 맡은 바 역할이 다릅니다. **현재의식은 사람의 생각을**

만들어 내는 일을 하고, 잠재의식은 그 사람의 느낌을 만들어
내는 일을 합니다. 사람의 생각과 느낌은 서로 다른 마음의 영
역에서 만들어지는 것으로서, 그 사람의 인간된 모습을 외부에
있는 사람들에게 전달해 주는 역할을 합니다.

   현재의식에서 만들어지는 생각이 사람의 의지에 의해서 만
들어지는 것이라면 잠재의식에서 만들어 지는 느낌은 사람의
의지와는 전혀 상관없는 잠재의식이 만들어냅니다. 생각과 느
낌은 정신분석학에서 주로 다루는 심리분야입니다. 정신분석은
오랜 연구의 역사적 과정 속에서 인간이 조정할 수 없는 잠재의
식에 대한 본질을 알아보고자 했습니다. 잠재의식의 본질을 한
마디로 줄여서 말한다면 인간이 인지하고 이해하고 종용할 수
없는 의식으로 알지 못하는 심리(영혼)영역입니다. 보이지 않는
심령세계의 영-혼-몸의 상태로 사람의 현재와 미래의 생사화복
을 결정하는 것입니다. 현재의식의 밑바닥에 있는 잠재의식은
인간이 태어난 이후 모든 행복하고 불행하고 기쁘고 슬프고 잘
하고 못하고 등의 모든 인생 경험이 컴퓨터에 입력되듯 기록되
고 있습니다. 잠재의식은 의식의 내부에 깊숙이 숨겨진 엄청난
능력입니다. 어린아이가 태어나면 무엇이 선하고 악한지 옳고
틀린지를 모릅니다. 그의 가장 가까이에서 말하고 행동하는 사
람이 누구냐에 따라 그의 잠재의식은 형성됩니다. 무의식 잠재
의식은 3가지 형태로 자신에게 영향을 미치게 됩니다.

   **첫째로 태아기와 유아기에 일어나는 현상으로 무조건 잠재
의식이 현재의식을 받아들이는 것입니다.** 유아들은 현재의식에

서 안 되는 방향으로 생각하고 못하는 방향으로 느끼고 말해도, 잠재의식은 현재의식의 명령을 받고 그대로 받아들입니다. 마음이 비어있어 잠재의식은 자신이 내리는 생각의 명령이 좋은 것이든 나쁜 것이든 구분을 못하고 그대로 받아들입니다. 유아 시절에는 분별력이 없기 때문에 자신의 주변사람에게 들은 단점만 생각하고, 못하고 열등적인 면만 생각하여 자신을 열등적인 인간이라고 현재의식에서 생각의 명령을 내리면 잠재의식은 그것을 여과 없이 그대로 받아들입니다. 현재의식을 따르다가 상처를 받으면 상처가 잠재의식에 형성이 되기도 합니다.

유아기의 잠재의식은 자신이 생각하는 대로 움직이고 형성됩니다. 자신이 아주 적극적이고 자신 있는 생각만 하면 자신 있고 멋있다는 그림이 형성되어 그렇게 생각되어지고 행동하게 됩니다. 그런데 부모가 자신의 요구를 들어주지 않으면 상처가 잠재의식에 형성됩니다. 유아시기에는 자기위주로 생각하기 때문에 이런 경우가 보통입니다. 유아시절에는 성공과 행복을 생각하면 성공과 행복한 쪽으로 잠재의식이 형성되고, 실패와 불행만 생각하면 실패와 불행 쪽으로 잠재의식이 형성됩니다. 유아기에 보고 듣고 생각하고 느끼고 것은 모두 잠재의식의 깊은 곳에 저장됩니다.

둘째로 잠재의식이 자신의 주인 역할을 하는 것입니다. 유아기를 지나서 소년기에 접어든 사람들이 이런 경우가 나타나는 것이 보통입니다. 유아기에 형성된 영육의 상처와 정신적인 상처가 잠재의식에 형성된 대로 행동에 옮기도록 역사하는 것입니다. 잠재의식이 감정을 건드려서 순간 판단을 잘못하도록 역사하는 것입니다. 예를 든다면 우울증, 조울증, 공황장애, 조현병(정신분열증)이 여기에 해당이 됩니다. 혈기가 심한 사람도 여기에 해당이 됩니다. 사람은 본래 혈기가 심하게 창조되지 않았습니다. 현재의식은 잠재의식에 눌려서 제대로 발휘하지 못합니다. 그래서 정상적인 사람들이 이해하지 못하는 살인 사건도 저지르는 것입니다. 얼마 전에 강남역에서 일어난 여성 살인 사건이 여기에 해당이 되는 것입니다. 잠재의식의 사기 덩어리를 정화하지 않으면 인생을 성공할 수가 없습니다.

셋째로 저장된 잠재의식이 마음 속의 능력을 이끌어내는데 방해요소로 작용합니다. 잘못 형성된 잠재의식은 의식에서 어떤 일을 시도하려고 하면 과거 실패나 상처가 생각이 나도록 합니다. 그래서 안 된다고 생각하게 하여 새로운 일을 추진하지 못하도록 합니다. 잘못 형성된 잠재의식은 능력을 이끌어내는데 결정적으로 악영향을 미치는 것입니다.

그래서 잠재의식을 한 살이라도 적을 때 생명의 말씀과 성령으로 성화시켜 정복해야 한다는 것입니다. 인간의 기교로는 절대로 잠재의식을 정리할 수가 없습니다. 자신의 생사화복을 주장하시는 5차원의 성령하나님만 잠재의식을 정화하실 수가 있습니다. 반드시 성령의 역사가 일어나야 잠재의식에 형성된 상처가 해결이 되는 것입니다. 잠재의식을 정리하면 인생을 성공할 수가 있고, 정리하지 못하면 인생이 꼬이는 것입니다. 이렇게 잠재의식은 자신의 인생에 중차대한 영향을 끼치는 것입니다.

둘째, 마음에 쌓인 상처가 정체를 드러내는 시기. 자신의 마음에 잠재하여 있던 요소들이 상처가 포화하여 취약한 상태가 되면 드러내어 영-혼-육체의 상황을 악화시킵니다. 마음에 숨어있던 좋지 못한 것들이 드러난 것입니다. 마음상처로 불면증이나 우울증이나 조울병이나 공황장애나 조현병 등으로 고생하는 유형의 사람들의 가계력을 조사해 보면 조상 중에 무당이 있다든지, 남묘호랭객교를 믿었든지, 절에 스님이 있다든지, 우상을 지독하게 섬겼다든지, 사찰에 재물을 많이 시주 했다든지, 영적이고 정신적인 질병으로 고생하다가 돌아간 사람이 있다든지, 등등의 원인이 반드시 있었습니다. 이런 사람들은 태아시절에 귀신이 침입을 하기도 합니다. 유아시기에도 침입을 합니다. 그러니까, 영적-정신적-육체적인 문제 보균자들입니다. 사전에 자신의 심령의 상태를 바르게 깨닫고 예방을 철저하게 해야 합니다.

이렇게 잠재하여 있던 영적이고 정신적이고 상처와 스트레스로 형성된 문제들이 사업 파산, 결혼실패, 직장해고, 학교공부 스트레스, 충격적인 상처, 놀람 등 자신이 감당할 수없는 충격을 받거나 장기간 스트레스를 받아 체력이 급속이 저하되었을 때 밖으로 나타납니다. 그리고 잠재의식에 상처와 스트레스가 쌓이면 체력소모가 배가하여 더 스트레스를 받아 체력이 급속도로 약해지는 것입니다. 그래서 저는 영-혼-육체의 균형 잡힌 영성이 되어야 한다는 말을 많이 합니다. 영-혼-육이 균형이 잡혀야 정상적인 생활을 할 수가 있다는 말입니다. 어느 한쪽이 약해지면 문제가 발생하기 때문입니다.

우리가 상처와 스트레스를 받으면 체력의 소모가 많이 됩니다. 체력이 떨어지니 자신 속에 잠재하여 있던 영육의 문제가 드러나는 것입니다. 정상적으로 지내던 사람이 갑자기 불안하고, 초조하고, 두려워서 잠을 자지 못하고, 가위눌림을 당하고, 헛것이 보이기도 하고, 간질을 하고 발작을 하면서 괴성을 지릅니다. 머리가 깨질 것과 같이 아프기도 합니다. 정상적인 생활을 할 수 없는 지경에 이르게 됩니다. 그래서 영적인 문제라고 단정하고 귀신만 쫓아내려고 합니다. 유명하다는 목사를 찾아가 안수를 받기도 합니다. 한 번에 쉽게 해결을 받기 위해서 돌아다닙니다. 이렇게 이리저리 돌아다니다가 치유의 시기를 놓치는 경우가 허다합니다.

그러다가 영적인 분야를 잘 알지 못하는 사역자를 만나 금식도 합니다. 금식은 금물입니다. 열왕기상 19장의 우울증에 빠져서 로뎀 나무 아래에 누워있던 엘리야와 같이 먹고 마시고 어루만지고(안수) 하여 기력을 회복해야 합니다. 체력이 소진되어 문제가 발생했는데 금식을 하면은 기름 탱크에 불을 붙이는 것과 마찬가지입니다. 더 악화된다는 것입니다. 이때에는 당황하지 말고 환자를 안정을 시키고 우선 체력을 보강해야 합니다. 빠른 시간에 체력을 보강할 수 있는 보약이나 다른 보양 식품을 먹여야 합니다. 그래서 체력을 회복시켜야 합니다. 그러면서 정신적인 문제를 바르게 전문으로 치유하는 사역자에게 가서 말씀과 성령으로 치유를 받으면 바로 정상이 됩니다. 안수를 받아 안정을 해야 합니다. 물론 환자 스스로 기도를 해야 하지만 성령님이 함께하는 사역자의 안수를 받는 것이 좋습니다. 정신과 마음의 치유는 무조건 축귀만 한다고 치유가 절대로 되지 않습니다. 비전문가의 축귀는 오히려 더 악화될 수가 있습니다.

주의해야 합니다. 영적, 정신적인 문제 치유가 그렇게 쉽고, 단순하지 않습니다. 환자 스스로 말씀 듣고 성령으로 기도를 하도록 해야 합니다. 본인의 심령에서 성령의 역사가 일어나야 합니다. 자신의 영의 힘으로 일어서게 해야 합니다. 환자가 영적 자립을 해야 하므로 시간이 걸립니다. 급하게 생각한다고 빨리 치유되는 것이 절대로 아닙니다. 축사만 하면 당시에는 치유가 된 것 같은데 시간이 지나면 재발을 합니다. 영-혼-육체에 영적 자립능력이 없기 때문입니다. 그런데 이와 같은 전문적인 치유를 일반 성도들이나 목회자는 잘 이해하지 못합니다.

그래서 영적치유를 받겠다고 1년 이상 돌아다니면서 이 사람 저 사람에게 안수와 축귀만 받으면서 돌아다니게 됩니다. 이러다가 치유의 시기를 놓쳐서 환자가 사람 노릇을 못할 정도로 심각해 질수가 있으니 주의 하지 않으면 안 됩니다. 제일 좋은 것은 사전에 예방하는 것입니다. 이런 가계력이 있다면 미리 성령이 충만한 교회에 가셔서 전문적인 치유사역자의 도움을 받아가며, 성령의 역사로 문제의 잠복된 요소들을 배출하는 것입니다. 아무 교회나 다닌다고 예방되는 것은 절대로 아닙니다. 살아계신 성령의 역사가 있고, 생명의 말씀이 증거 되는 교회라야 사전에 영적인 진단을 하여 치유될 수가 있습니다. 성령이 강하게 역사하는 교회라야 정체를 폭로합니다.

침입한 귀신은 나이에 상관없이 정체를 드러냅니다. 중학교 2학년(중2병), 고등학교 1-2학년 17살(고1)에 제일 많이 드러냅니다. 학업에 스트레스가 심하기 때문입니다. 20살에 드러냅니다. 24살에 드러냅니다. 결혼하여 잦은 부부불화가 있을 때 드러냅니다. 27살, 32살, 36살, 38살 43살 등등 한번 침입한 귀신은 인내하며 기다리다가 취약한 시기가 되면 반드시 정체를 드러냅니다. 체력소모가 많으면 드러냅니다. 말씀과 성령의 역사로 정기적인 영적 진단과 내적치유와 축귀하는 예방 신앙이 중요합니다. 상처가 있고 영적으로 깔끔하지 못한 가계력을 가진 분들은 교회를 잘 정해야 합니다. 성령의 역사가 강한 교회에서 신앙생활을 하면서 미리 영적 진단하여 치유해야 하기 때문입니다. 예방신앙이 중요합니다. 숨어있던 귀신은 자신들이 원하는 시기가 되면 반드시 정체를 드러내기 때문입니다.

셋째, 마음을 정비 정화 치유하고 주의해야할 일. 마음의 정비 정화 치유는 영적인 치유와 의학적인 치유를 병행해야 합니다. 본인이 치유 받겠다는 의지만 있다면 얼마든지 정상적인 사람으로 바뀔 수가 있습니다. 상당기간 집중적인 치유를 해야 합니다. 필자가 **"가계저주와 영원히 이별하는 길"**이라는 책에서 설명했지만 집중적인 치유가 아니면 치유가 되지 않습니다. 이런 환자는 보호자와 함께 집중적인 치유를 해야 합니다.

하루 이틀이 아니고 여러 날을 생명의 말씀과 성령의 역사를 체험하며 기도하고 안수를 받으면서 잠재의식(무의식)을 정화해야 합니다. 스스로 성령으로 기도하며 하나님의 나라가 되도록 집중적인 관리를 해야 합니다. 전인격이 살아계신 하나님의 성전이 되어 성령의 역사가 영-혼-육을 지배해야 완치되는 것입니다. 그래서 치유하는데 시간이 걸립니다. 태아시절이나 유아시절에 형성된 잠재의식에 형성된 상처를 치유하려면 생명의 말씀과 성령의 역사로 깊은 차원에 내적치유를 해야 합니다. 크리스천이 왜 잠재의식의 상처로 고통을 당합니까?

첫째로 영적으로 무지하여 당합니다. 많은 성도들이 영적이나 육적인 문제로 고통을 당하다가 하나님의 은혜로 치유를 받습니다. 그 후 얼마동안을 예배를 잘 참석하면서 진리를 깨달아가면서 영성을 유지하는 것이 보통입니다. 그런데 시간이 지나면 고통당하던 시절을 잊어버립니다. 이만하면 되겠지 하면서 예배와 기도를 등한히 하게 됩니다.

예를 든다면 주일예배뿐만이 아니라, 주중 저녁예배에도 열심히 참석하여 영성을 유지하다가 어느 날부터 슬슬 저녁예배를 나오지 않습니다. 그러다가 덤터기를 만납니다. 알아야 할 것은 치유 받을 당시의 영성을 유지하지 못하면 육이 슬슬 강화되어 덤터기를 만나는 것이 보통입니다. 사람은 육체가 있으므로 치유 받을 당시 영성을 유지하지 못하면 육이 강화되어 하나님과 관계가 벌어지기 때문에 벌어진 사이로 귀신이 침입을 합니다.

그렇게 되면 종전에 고통당할 때보다 더 심하게 고생하는 것입니다(마12:43-45). 그런데도 사람이기에 대비하지 못하고 당하는 경우가 많습니다. 당하고 나면 후회하다가 치유되면 다시는 그렇게 믿음 생활을 등한히 하지 않게 됩니다. 기독교는 체험의 종교이고 살아계신 하나님은 인내하시는 것입니다.

알아야할 것은 자신이 잠재의식의 상처로 고통을 당한 다음에 성령의 역사로 치유를 받았다면 100% 치유된 것이 아니라는 것을 알아야 합니다. 성령님이 함께 하시는 목회자를 통하여 치유 받는 경우 영육의 문제의 70%가 치유되는 것입니다.

그래도 완전치유된 것과 같이 느끼게 됩니다. 나머지 30%는 신앙생활을 하면서 깨닫는 만큼씩 치유가 되는 것입니다. 말씀을 성령으로 깨달아 성령으로 회개하고 용서하는 만큼씩 성령님이 지배하여 하나님의 영역이 되어가면서 성령의 지배와 인도를 받는 성도가 되는 것입니다. 그래서 영적으로 깨닫고 보면 하나님의 형상으로 바꾸려는 하나님의 섭리라고 할 수가 있습니다.

둘째로 가정이 하나 되지 못하여 당합니다. 예수를 믿어도 한쪽은 율법주의로 열심히 하고 많이 알면 된다는 관념적인 믿음 생활을 합니다. 한쪽은 성령으로 충만하고 성령의 인도를 받는 복음주의 신앙이라면 예수를 믿는 다고 하더라도 영적으로 하나 되지 못할 수가 있습니다. 유대인은 육의 사람입니다. 귀신이 그대로 역사합니다. 성령의 역사가 일어나야 귀신이 떠나면서 성령의 사람으로 바뀌는 것입니다. 예수를 믿었다고 하나님의 사람으로 바뀌지 않습니다. 성령님이 지배해야 바뀝니다.

이때 일어날 수 있는 영육의 문제는 남편이 영육으로 충만하면, 부인이 영육의 문제가 발생합니다. 스트레스로 체력이 떨어진 쪽에서 일어납니다. 약한 쪽에서 당하는 것이 보통입니다.

분명하게 영과 육의 균형을 유지해야 합니다. 영력도 강해야 되고, 체력도 강해야 합니다. 그렇기 때문에 부부는 영-혼-육으로 하나가 되어야 합니다. 부부는 교회도 같은 교회를 다니는 것이 영-혼-육의 건강을 위하여 중요합니다. 부부모두 성령으로 충만하면 영육의 문제는 사전에 예방이 가능합니다.

셋째로 영-혼-육의 문제가 언제 다시 재발할까요? 마음을 생명의 말씀과 성령으로 정화하여 정상적인 마음상태를 유지한다면 문제는 재발하지 않습니다. 미리 성령으로 세례 받고 성령으로 기도하며 성령 충만하게 하여 마음을 정화(내적치유)하는 신앙생활의 습관이 되면 영-혼-육의 문제는 사전에 예방할 수가 있습니다. 그러나 나는 그런 일이 일어나지 않는다, 예수를 믿고 열심히 신앙생활하기 때문에 해당이 없다고 하면서 방심하며 관념적인 믿음 생활을 하면 언젠가 당할 수가 있는 것입니다.

마음이 강하게 되는 것은 자신도 그런 일이 있을 수 있다고 받아들여서 미리 해결하는 것입니다. 영원한 천국에 갈 때까지 마음에 관심을 갖는 것입니다. 자신도 그런 문제가 발생할 소지를 가지고 있다고 인정하고 예방하는 것이 중요합니다. 그러나 나는 예수를 믿고 성령으로 충만한 신앙생활을 하기 때문에 그런 일이 생길 이유가 없다고 하면서 방심하면 영락없이 당할 수가 있습니다. 언제 당하는가, 스트레스를 받고, 충격을 받고, 갱년기를 맞이하여 영-혼-육의 기능에 불균형이 일어날 때 잠재의식에 숨었던 영-혼-육에 문제가 꼬리를 들고 일어나 귀신의 일을 시작합니다. 이를 이해하려면 대상포진을 생각하면 쉽게 이해할 수 있을 것입니다.

대상포진은 자신의 마음에 잠재하여 있던 요인이 육체의 기능이 떨어질 때 밖으로 나타나는 현상이 대상포진입니다. 마찬가지로 잠재의식에 숨어있던 영-혼-육의 저해요소가 영력과 체력이 떨어지니 밖으로 나타나는 것입니다. 그렇기 때문에 사전에 성령으로 세례를 받고 성령으로 내적 치유하여 마음을 정화하는 예방신앙이 중요한 것입니다. 모두가 영-혼-육의 문제가 일어날 소지를 가지고 있습니다. 교만하면 당합니다. 발생하면 때는 늦습니다. 사전에 예방해야 합니다.

넷째로 영-혼-육에 문제가 생길 때 일어나는 현상은 이렇습니다. 영적인 문제 환경의 문제 귀신역사가 일어납니다. 귀신의 영향으로 정상적인 생활을 하지 못합니다. 정신적인 문제가 발생합니다. 멀쩡하던 사람이 불안과 두려움으로 정신을 차리지 못합니다. 우울증이나 조울증, 공황장애가 생기기도 합니다. 증상은 늦은 밤에 더 심하게 일어납니다. 이는 귀신의 영적인 공격이 밤에 더 강하게 일어나기 때문입니다. 그리고 잠을 자려고 하면 영-혼-육의 기능(뇌파)이 안정되기 때문에 귀신의 역사가 더 강하게 일어나는 것이 보통입니다.

이는 이렇게 이해하면 쉽습니다. 아기가 저녁 11시만 되면 우는 아기가 있습니다. 이는 영적인 공격이 심하여 불안하기 때문에 우는 것입니다. 영적인 세계(마음세계)가 불안정하기 때문에 불안과 두려움에 우는 것입니다. 마음의 상처가 발작하여 내장기관에 통증이 있어서 울기도 합니다. 필자가 이런 아이들을 안수하면 배에서 꿈틀꿈틀하면서 악한 것이 올라와 기침이나 울음으로 떠나가는 것을 많이 체험합니다.

영적인 세계가 안정(천국)이 되면 울지 않습니다. 악한영이 역사(지옥)가 강하기 때문에 체력이 감당하지 못하기 때문에 일어나는 현상입니다. 그래서 영적, 정신적으로 고생하는 분들이 늦은 밤부터 두려움과 이명 등으로 고생하다가 새벽이 되어서 잠이 드는 것입니다. 이는 다른 정상적인 건강을 유지하는 사람은 모르는 현상입니다. 영-혼-육의 기능이 저하된 사람에게만 일어납니다. 공황장애가 그렇습니다. 그래서 정상적인 사람들이 환자가 꾀병을 앓는다고 할 수가 있는 것입니다. 겉으로 보기에는 멀쩡한데 가슴을 움켜쥐고 괴롭다고 하기 때문입니다.

환자는 머리가 어지럽거나 아프고 이명이 심하고 가슴이 두근거리고 가슴이 답답하여 숨을 제대로 쉴 수 없어 죽는 것과 같은 고통을 당하는데 겉보기에는 아무렇지도 않기 때문입니다. 그런데 정신병원에 가서 진단하면 불안장애나 공황장애, 우울증, 조울증, 불면증 등으로 진단합니다. 정신과 약을 먹어도 효과가 미미하고 환자가 힘이 없고 머리가 멍하다고 고통을 호소하며 죽을 때까지 정신과 약을 먹어야 합니다.

문제는 건강한 사람의 영향으로 환자가 고생하는 경우가 있다는 것입니다. 남편은 부인의 영향으로, 부인은 남편의 영향으로(심하게 말한다면 상대방에서 역사하는 귀신의 영향으로), 일어나는 영적인 문제이기 때문에, 관념적인 믿음생활로 영적세계를 알지 못하고, 깨닫지 못하여 영의 눈이 열지지 않아, 보이지 않는 영의 세계를 깨닫지 못하면 해결이 불가능합니다.

더 심하게 말한다면 부인이나 남편이나 자녀들에게 역사하는 귀신의 역사가 약한 사람을 공격하는 것입니다. 강한 사람을 공격하여 폭군이 되게 하기도 합니다. 그렇기 때문에 환자만 치유하면 해결되는데 시간이 많이 걸립니다. 이는 보이지 않는 마음의 세계에 관련된 일이라 가족 중에 정상적인 사람이 환자가 왜 아픈지 이해하지 못하기 때문입니다. 가족이 함께 생명의 말씀과 성령으로 치유한다면 시간이 단축이 됩니다. 성령님이 가정을 장악하시기 때문입니다.

다섯째로 어떻게 해야 치유가 될까요? 사전에 성령으로 세례받고 성령으로 치유하여 예방하는 것이 최고입니다. 모든 분들에게 일어날 수 있는 문제라고 이해하고 대처해야 예방이 가능합니다. 누구나 영력과 체력이 떨어지면 나타날 수가 있는 상황입니다. 건강하던 사람도 갱년기에 일어납니다. 누구나 예외는 없습니다. 그렇기 때문에 자신도 일어날 수가 있다고 생각하고 사전에 예방하는 것입니다.

사선예방은 성령으로 잠재의식을 치유하는 것입니다. 이런 증상의 가계력(처가 본가할 것 없이 부모가 영-혼-육의 질병으로 고생한 가문)이 있는 가정은 미리 예방하는 것이 좋습니다. 어릴 때 해결하는 것이 중요합니다. 반드시 진리의 말씀과 성령으로만 해결이 가능합니다. 부모가 그런 경우를 당하면서 고통을 당했다면 자녀도 동일하게 고통을 당할 수가 있습니다. 확률은 90%이상입니다. 문제는 건강할 때는 나타나지 않습니다.

상처와 스트레스를 받아 영-혼-육의 기능이 떨어졌을 때 나타나기 때문입니다. 자기의 대에서 처음 예수님을 믿는 가정이라면 부부와 가족이 실제적인 성령의 역사가 일어나는 교회에 같이 다니는 것이 유익합니다. 3년 이상을 성령으로 충만하게 유지하면서 무의식을 치유해야 안심할 수가 있습니다.

결론적으로 마음의 정비정화는 성령의 인도와 역사로 자신의 정확한 성찰에서 시작이 되는 것입니다. 자신의 노력으로 자신을 변화시키지 못합니다. 자신이 없어져야 가능한 것입니다. 하나님은 "그리스도의 사랑이 우리를 강권하시는도다 우리가 생각하건대 한 사람이 모든 사람을 대신하여 죽었은즉 모든 사람이 죽은 것이라 (15) 그가 모든 사람을 대신하여 죽으심은 살아 있는 자들로 하여금 다시는 그들 자신을 위하여 살지 않고 오직 그들을 대신하여 죽었다가 다시 살아나신 이를 위하여 살게 하려 함이라"(고후 5:14-15).

우리는 예수를 믿을 때 십자가에서 죽었습니다. 다시 예수님으로 부활하였습니다. 이제 예수님의 인생을 사는 사람들입니다. 예수님의 인생을 살아가기 위하여 마음 속을 성령으로 투시하여 밝히 깨달아야 합니다. 그래서 마음의 정비정화는 성령으로 되는 것입니다. 우리 모두 진리의 말씀과 성령으로 자신의 마음의 실태를 정확하게 투시(감찰)하시고, 날마다 정비하고 정화하여 성령의 인도로 세상에서 하나님의 살아계심을 증명하는 우리가 되시기를 바랍니다. 그리하여 하나님께서 주신 권능과 아브라함의 복을 사용하며 살기를 바랍니다.

2부 마음을 투시하며 치유하는 길

6장 마음이 투시되어 치유돼야 행복

(히 12:14-16) "모든 사람과 더불어 화평함과 거룩함을 따르라 이것이 없이는 아무도 주를 보지 못하리라 (15) 너희는 하나님의 은혜에 이르지 못하는 자가 없도록 하고 또 쓴 뿌리가 나서 괴롭게 하여 많은 사람이 이로 말미암아 더럽게 되지 않게 하며 (16) 음행하는 자와 혹 한 그릇 음식을 위하여 장자의 명분을 판 에서와 같이 망령된 자가 없도록 살피라."

우리의 마음이 정비되고 정화되지 못한 상태에 있을 때 우리들의 삶이 평안하고 행복하지 못합니다. 우리가 평안하고 행복한 삶을 살지 못할 때 우리를 사랑하시는 하나님께서 성령으로 말씀하시고 성령으로 마음을 정비하고 정화하도록 인도하십니다. 우리가 마음을 열고 성령의 인도에 순종하면, 우리의 마음은 정비되고 정화되어 성령으로 충만한 예수님 마음이 되어서 성령으로 충만한 삶을 살 수 있게 됩니다. 성령 충만한 삶이란 평안하고 행복하고 아브라함의 복을 누리면서 살아가는 삶입니다. 그러므로 우리가 추구하는 마음의 정비 정화는 성령의 인도를 받는 영성훈련입니다.

철저하게 성령 하나님께서 하나님의 말씀으로 우리의 마음을 정비하고 정화하여 주시기 때문입니다. 다시 말하면 우리가 하나님의 말씀을 붙잡는 삶이 아니라, 하나님의 성령이 말씀으로 우리를 붙잡아가는 삶입니다.

우리는 날마다 우리의 생각과 마음을 바꾸어야 합니다. 오직 심령으로 새롭게 되고자 우리의 마음을 지켜야 합니다. "오직 너희의 심령이 새롭게 되어 (24) 하나님을 따라 의와 진리의 거룩함으로 지으심을 받은 새 사람을 입으라(엡 4:23-24)" 오직 우리의 마음과 생각을 주님으로 충만하게 채웠으면 좋겠습니다. 우리의 마음과 생각을 주님으로 충만하게 채우는 것은 성령으로 하는 기도뿐입니다. 우리의 가치관이 주님의 가치관과 같았으면 좋겠습니다. 그렇게 되어야만 하나님께서 성령으로 날마다 우리를 인도해주실 때에 우리가 즉각적으로 바르게 순종할 수 있기 때문입니다.

구원은 얼마나 기쁜 사건입니까? 우리는 구원받은 사실이 살아서 가슴속에서 늘 불붙어 있어야 합니다. 구원의 기쁨, 확신, 사실이 나의 삶을 구석구석 지배해야합니다. 어려움을 당해도 이 기쁨으로 이길 수 있어야 합니다. 이것이 살아 있는 구원입니다. 이렇게 구원받은 자는 그 다음에 마음을 정비하고 정화가 되어야 믿음이 성숙되어 풍성한 생명을 누리게 됩니다. 구원받은 것으로 머물러서는 안 됩니다. 그런데 그렇지 못함으로 구원이 흔들립니다. 구원의 확신이 점점 약해집니다. 소망의 삶, 민음의 삶, 능력 있는 삶을 살지 못하게 됩니다.

이유는 마음 속의 세계가 진리의 말씀과 성령으로 정비되고 정화되지 못하고 있기 때문입니다. 마음의 눌림이 영적 기쁨, 영적 능력, 영적 생명력을 누르고 있기 때문입니다. 이 때문에 크리스천이 세상에 밀리고, 하나님의 세력, 하나님의 나라가 세상의 세력, 세상나라에 밀리고 있는 것입니다. 우리의 마음 속의 세계 속에 흑암의 세력, 어두움의 세력이 밀려 들어와 우리 속에 있는 구원의 기쁨, 하나님 나라를 밀어내고 있는 것입니다. 우리가 밀린다는 것은 하나님의 나라, 하나님의 세력이 밀린다고 하는 것입니다. 본인 나 때문에 하나님의 세력이 밀리고 있습니다. 우리 속에 있는 마음의 눌림 때문입니다.

구원은 받았으나 기쁨이 없는 내 마음, 생명력이 없는 내 마음, 하루하루 적당히 살아가는 내 마음, 풍랑만난 내 마음을 가지고 살고 있는 것은 마음을 정비하고 정화를 통하여 지속적으로 내 마음에 하나님의 은혜를 채우지 못하고 있기 때문입니다. 구원은 은혜생활의 시작, 승리하는 생활, 풍성한 생활의 시작이어야 하는데, 그렇지 못하고 있습니다. 구원은 은혜의 시작입니다. 매일매일 더 큰 은혜, 더 풍성한 은혜로 나아가야 합니다. 이것이 더 풍성한 생명을 주님으로부터 얻는 것입니다. 이 풍성한 생명을 주시기 위해서 주님이 오셨기 때문입니다. "도둑이 오는 것은 도둑질하고 죽이고 멸망시키려는 것뿐이요 내가 온 것은 양으로 생명을 얻게 하고 더 풍성히 얻게 하려는 것이라

(요 10:10)"

그런데 우리는 생명을 얻었지만, 거기서 머물고 있습니다. 더 풍성한 생명을 누리지 못하고 있습니다. 성령으로 마음을 정비하고 정화 되지 못하고 있기 때문입니다. 그렇기 때문에 믿음의 열매, 구원의 열매를 맺지 못하고 있습니다. 구원받았다고 해서 저절로 풍성한 생명이라는 열매가 맺히는 것은 아닙니다. 구원받음은 풍성한 생명이라는 열매를 맺을 수 있는 조건을 갖추게 된 것이나, 진리의 말씀과 성령으로 마음을 정비하고 정화되지 못한 상태로는 열매를 맺지 못합니다.

주님이 우리에게 성령으로 주신 생명력에는 부요, 강건, 기쁨을 주는 힘, 뛰어나게 하는 힘, 축복을 받게 하는 생명력, 세상을 이기는 능력, 변화시키는 힘, 등등 무한한 생명력이 들어 있습니다. 그런데 우리는 이것을 받아 누리지 못하고 있습니다. 이러한 생명력이 우리에게서 나타나지 못하고 있습니다. 우리 안이 상처와 자아로 막혀 있기 때문입니다. 이것을 누리지 못하는 원인을 찾아내어 정비하고 정화해야 합니다. 이것이 하나님의 축복을 누리면서 살아가는 적극적인 활동입니다.

돌이 날아와 맞으면 나는 상처를 입는 것처럼 우리 마음에도 감정의 돌이 날아와 상처를 입힙니다. 또 돌이 호수에 빠지면 돌은 밑으로 가라앉고, 파도는 사방으로 퍼져나가게 됩니다. 이처럼 상처는 우리의 모든 부분에 영향을 미치면서 마음 밑에 가라 앉아서 계속 우리에게 나쁜 영향을 끼치게 됩니다.

외부의 상처는 쉽게 치유되나 마음에 받은 상처는 쉽게 치유되지 않습니다. 사라지지 않고 깊은 곳에 남아서 계속 나에게 영향을 주며, 나의 삶을 좋지 못한 쪽으로, 파괴적인 쪽으로 이끌어갑니다. 나이가 들어도 사라지는 것이 아니라, 오히려 절제력이 약해짐으로 더욱 강하게 나의 삶에 역사 합니다. 그래서 노인들이 더 섭섭해 하고 마음을 정비하고 정화하기가 어려운 것입니다. 나이가 많을수록 마음을 정비하고 정화에 많은 의지와 노력과 시간이 필요합니다.

마음에 숨어있는 상처는 잠복기간이 지나면 꼬리를 들고 일어납니다. 상처는 상처를 주는 상대방보다, 쉽게 상처를 받는 나에게 문제가 있는 것입니다. 이 사실을 인정해야 자신의 마음을 정비하고 정화할 수 있습니다. 평안과 행복은 환경이 이를 주거나, 느끼는 것이 아니라, 내가 그렇게 느끼는 것입니다. 주체는 나입니다. 나의 마음입니다. 나의 마음이 치유되어 있으면 늘 평안과 행복을 느낄 수 있게 됩니다.

그리고 더 나가서 남에게 상처주지 않도록 주의하고, 또 다른 상처받은 이들을 치유할 수 있게 됩니다. 이것이 복음의 화평케 하는 의미입니다. "모든 것이 하나님께로서 났으며 그가 그리스도로 말미암아 우리를 자기와 화목하게 하시고 또 우리에게 화목하게 하는 직분을 주셨으니 (19) 곧 하나님께서 그리스도 안에 계시사 세상을 자기와 화목하게 하시며 그들의 죄를 그들에게 돌리지 아니하시고 화목하게 하는 말씀을 우리에게 부탁하셨느니라(고후 5:18-19)"

우리는 누구나 무한하게 발전할 수 있는 가능성을 가지고 있습니다. 우리의 삶이 모든 면에서 풍성해 지기를 하나님은 원하십니다. 우리는 마음을 정비하고 정화를 통하여 믿음이 성숙하여 풍성한 삶을 누릴 수 있습니다. 평안함과 행복과 아브라함의 축복을 누려야 합니다. 이것이 우리를 향한 주님의 뜻입니다. 마음에 형성된 상처와 자아와 세상 스트레스는 다음과 같이 인생을 파괴하는 쪽으로 역사합니다.

첫째로 하나님과의 친밀한 관계에 악 영향을 미칩니다. 인간은 대개의 경우 아버지로부터 상처를 가장 많이 받습니다. 근엄하고 권위를 내세우는 가부장적인 아버지로 말미암아 어릴 적부터 많은 상처를 입고 삶을 배웁니다. 그리고 스스로도 이러한 상처를 주며, 자신도 그러한 아버지가 되어갑니다. 아버지로부터 자연스럽게 배우고 터득하는 것입니다.

이러한 아버지의 개념으로 말미암아 하나님 아버지에 대한 개념이 왜곡됩니다. 근엄하기만 하고 책망과 형벌을 주관하는 아버지의 개념이 하나님에 대한 개념에 강하게 반영되고, 또 후손에게도 대물림되어 대대로 전달됩니다. 이러한 잘못된 아버지의 개념이 유아기로부터의 계속되는 교육으로 말미암아 참 사랑의 하나님 아버지에 대한 개념을 갖지 못하게 합니다. 사랑이 빠진 신앙인, 막연한 종교인이 되어 버리고 맙니다. 말씀에 대한 불신, 죄에 대한 불감, 도덕 감과 윤리 감을 상실한 종교인이 되어버립니다. 신앙의 성장이 없게 됩니다.

성령의 역사하심으로 마음을 정비하고 정화를 통하여 참 사랑의 하나님 아버지를 인격적으로 만나야합니다. 체험적으로 하나님을 만나서 하나님 아버지의 사랑을 받아야 합니다. 사랑을 체험해야 합니다. 인격체로 그분의 사랑을 느끼고 사랑을 받아야 합니다. 그래야 우리의 신앙이 성장하게 됩니다.

우리를 용서하시고 사랑하시고 축복해주시는 하나님의 사랑을 늘 받아야 합니다. 지금도 우리를 사랑하시는 하나님 아버지의 사랑으로 우리를 채워야 합니다. 그래야 하나님을 제대로 의식하게 됩니다. 하나님의 사랑으로 두려움과 염려를 내어 쫓게 됩니다. 하나님의 사랑은 진리의 말씀과 성령으로 나타나십니다. "사랑 안에 두려움이 없고 온전한 사랑이 두려움을 내쫓나니 두려움에는 형벌이 있음이라 두려워하는 자는 사랑 안에서 온전히 이루지 못하였느니라(요일4:18)"

그래서 하나님께서 예수님을 십자가에서 죽게 하시고 믿는 우리를 다시 태어나게 하신 것입니다. "이는 혈통으로나 육정으로나 사람의 뜻으로 나지 아니하고 오직 하나님께로부터 난 자들이니라(요1:13)" 하나님께로 난자마다 세상을 이기는 것입니다. 어찌하여 하나님께서 난자마다 세상을 이기게 되는 것입니까? 하나님의 자녀 되는 권세가 있기 때문입니다. "영접하는 자 곧 그 이름을 믿는 자들에게는 하나님의 자녀가 되는 권세를 주셨으니(요 1:12)" 예수를 믿는 우리는 하나님께서 가지신 권세와 능력이 있습니다. 이를 순수하게 믿어야 합니다.

그래서 하나님은 "하나님께로서 난 자마다 세상을 이기느니라." 하시는 것입니다. "무릇 하나님께로부터 난 자마다 세상을 이기느니라. 세상을 이기는 승리는 이것이니 우리의 믿음이니라(요일 5:4)" 하나님의 자녀는 세상(마귀/귀신)을 이기는 자들입니다. 귀신들도 하나님을 알고 믿고 떤다고 말씀하십니다. "네가 하나님은 한 분이신 줄을 믿느냐 잘하는 도다 귀신들도 믿고 떠느니라(약 2:19)"

하나님의 사랑으로 성령의 권능으로 우리의 마음을 채워놓지 못하게 되면 세상의 염려와 걱정과 근심이 우리의 마음을 채우게 됩니다. 마음이 너무 허약함으로, 쉽게 두려움을 느끼게 되고, 아무것도 하지 못하는 허약한 종교인이 됩니다. 우리가 진정 두려워해야 할 것은 바로 이러한 두려움입니다. 물질이나 건강이 없음으로 인한 두려움이 아니라, 우리의 마음에 하나님의 사랑이 없음을 두려워해야 합니다. 하나님의 사랑만 마음에 채워져 있으면 넉넉히 세상을 이길 수 있습니다.

이를 위해서 성령님이 오셔서 우리 마음에 하나님의 사랑을 부어주십니다. "소망이 우리를 부끄럽게 하지 아니함은 우리에게 주신 성령으로 말미암아 하나님의 사랑이 우리 마음에 부은 바 됨이니(롬 5:5)" 이것이 바로 마음의 정비하고 정화입니다. 마음을 정비하고 정화와 함께 하나님의 사랑과 성령으로 마음이 채워지고, 풍성한 삶이 시작되는 것입니다.

둘째로 자신의 전인 건강과 성공 실패에 영향을 미칩니다. 마음의 상처는 심리적(영혼)으로 육체적으로 영향을 끼칩니다. 마음에 상처가 많으면 자기 자신을 이겨내지 못합니다. 자기 자신을 심하게 비하시키거나, 무가치하게 여기게 됩니다. 또는 자신에 대하여 거부감, 증오감, 혐오감, 용서 못함, 열등감을 가지거나, 반대로 극도의 자기사랑, 이기주의, 배타주의를 가지게 되기도 합니다. 심한 우울증이나 공황장애나 의존 감을 가지기도 합니다. 이러한 것은 성장기의 상처로 인하여 자기도 모르게 자신의 가치를 잘못 평가한 것입니다. 부모가 어릴 적에 자신을 그렇게 대했기 때문입니다.

크리스천은 새로운 아버지, 참 아버지를 가집니다. "이는 혈통으로나 육정으로나 사람의 뜻으로 나지 아니하고 오직 하나님께로부터 난 자들이니라(요1:13)" 그러므로 하나님 아버지에게서 새롭게 자신의 가치에 대하여 배워야 합니다. 마귀는 어릴 적 부모로부터 들은 "너는 왜 이렇게 못하느냐. 너는 못난 놈이다" "너는 아무것도 할 수 있는 것이 없다."라는 책망의 말을 자꾸 반복하여 내 마음에 들려줍니다. 참 사랑의 하나님 아버지는 우리가 실수하더라도 책망보다는 새롭게 나서도록 늘 위로와 용기와 격려를 주시는 분입니다. "너는 할 수 있다. 한번 다시 해보자" "다시 일어서라." "도전하라."고 하시는 분입니다.

산제물이 되어 영과 진리로 예배를 드리면서 성령으로 기도하며 마음을 정비하고 정화하여 이러한 마음의 소리를 들어야 합니다. 어릴 적 상처의 기억에서 되풀이 되는 사단의 비난의 말이 아니라, 마음에서 새롭게 울려나오는 위로하시는 하나님의 소리를 듣게 하는 것이 바로 마음의 정비하고 정화입니다.

기억이나 감정에서 나오는 소리는 욕심과 이성과 감정에서 나오는 것입니다. 하나님의 말씀은 이보다 더 깊은 안에서 조용히 울려나옵니다. 마음을 정비하고 정화하여 마음 안에 주인으로 계시는 성령하나님으로부터 이 위로의 소리를 들어야 합니다. 책망하고 비난하고 좌절하게 하는 소리가 들려오더라도 이 소리를 붙잡지 말고 계속 기도하여 안에서 울리는 위로의 소리를 붙잡고, '하나님, 도와주세요." 라고 외치며 나서야 합니다.

상처에 기억되어 있는 두려움, 아픔을 기본으로 하여 삶을 살아가서는 안 됩니다. 새롭게 마음으로부터 솟아오르는 하나님의 힘, 하나님의 생명력을 기본으로 하여 삶을 살아가야 합니다. 성령으로 기도하며 상처에서 올라오는 것들을 빼내어 버리고 깊은 곳에서 들려오는 하나님 아버지의 위로와 격려의 소리를 듣는 훈련을 해야 합니다. 지속적으로 해야 합니다. 하나님이 깊은 속에서 밀어 올려 주시는 생명력을 부여잡는 훈련을 해야 합니다. 그리고 자기를 건전하게 사랑하는 자가 되어야 합니다. 자기를 건전하게 사랑하는 자는 승리, 발전할 수 있고, 이러한 사람은 하나님의 도움을 누리게 됩니다.

셋째로 타인과의 관계에 영향을 미칩니다. 마음에 숨은 상처는 세상을 살아갈 때에 비정상적으로 역사하여 행복하고 평안하고 성공적인 삶을 살지 못하도록 방해합니다.

자기를 무가치하게 여기는 사람은 남도 무가치하게 여깁니다. 하나님의 말씀의 총 강령(마22:37-40)은 하나님을 사랑해야 자신을 진정으로 사랑할 수 있고, 자신을 건전하게 사랑해야 다른 사람도 제대로 사랑할 수 있다는 것입니다. 부부관계, 사회의 모든 인간관계에서 나타나는 모든 문제들 즉 반사회적이고 적대시함, 시기와 질투와 분쟁, 고압적 지배와 피지배적 근성, 믿지 못함, 불쾌하게 함과 같은 것들은 모두 하나님과 나, 그리고 이웃에 대한 수직적 관계의 개념에서 파생되는 것입니다. 위에서부터 내리 누르는 수직적 사회에서 생깁니다.

하나님은 우리를 그렇게 대하지 않으십니다. 내리 누르고 억압하시는 분이 아닙니다. 묶어놓고 뿌리시는 분이 아닙니다. 예수님은 제자들과 같이 걸어 다니고, 인정하시고, 사랑하셨습니다. 수평적으로 대하셨습니다. 모든 사람을 끌어안고 용납하셨습니다. 그런데 세상은 그렇지 않습니다. 모든 것을 수직적으로 생각합니다. 경쟁합니다. 누르고 눌립니다. 억압하고 지배하고 지배당합니다. 교회에서조차 그렇습니다. 세상에서 일어나는 일들이 교회 안에서도 똑같이 일어납니다.

성도들은 그렇게 하면 안 됩니다. 우리는 우리 안에 거하시는 하나님과 함께 새로운 삶을 만들어야 합니다. 수평적 삶을 만들고, 수평적 사회, 사랑의 사회를 만들 수 있습니다. 그럴 수 있는 능력이 있습니다. 크리스천이 되고, 풍성한 삶을 누린다는 것은 이러한 관계를 새롭게 창조해나가는 삶을 살아간다는 것입니다. 자신을 변화시키고, 가정을 변화시키고, 이웃을 변화시키는 것입니다. 이것이 마음을 정비하고 정화입니다.

사람들은 많은 칭찬은 쉽게 잊어버리는 반면에 단 한마디의 상처를 주는 비평은 잊지 않고 기억합니다. 자신이 행한 일보다는 자신의 인간성에 대한 긍정적, 또는 부정적 말을 훨씬 더 깊게 받아드립니다. 인간성을 깎아 내리는 말은 자존감에 심각한 영향을 줍니다. 무의식에 상처가 쌓이게 합니다.

사람들은 상처를 당할 때에 자기의 감정을 억누르고 상처를 빨리 싸매어 버리기 때문에 아무도 눈치 채지 못합니다. 그러나 그 상처는 소독을 하지 않았기 때문에 곪게 되고, 시간이 흐르면 싸맨 곳을 통하여 고름이 새어나오기 시작합니다.

이것이 오래 전의 상처가 현재 삶에 영향을 미치는 것입니다. 상처를 받지 않고 살 수는 없지만, 치유는 하면서 살 수 있습니다. 상처는 일단 받으면 다른 사람에게 상처를 주게 되어있습니다. 상처의 악순환, 빈곤한 삶의 악순환입니다.

상처를 받지 않을 수는 없지만, 상처를 치유할 수는 있습니다. 마음의 상처를 치유해야 이 악순환에서 벗어날 수 있게 됩니다. 상처 권에서 벗어날 수 있게 됩니다. 드디어 풍성한 삶으로 나아갈 수 있게 됩니다. 상처가 별로 나에게 영향을 주지 않게 되고, 남에게도 상처를 주지 않는 부드러운 성품이 되며, 상처가 주는 감정에 휩쓸리지 않는 든든한 삶을 살게 됩니다.

크리스천들끼리 주고받는 상처는 특히 크고 깊습니다. 마음을 열고 받는 영적 상처이기 때문입니다. 악한 영이 강하게 역사함으로 크리스천들이 받는 상처는 깊이 들어가기가 쉽습니다. 마음에 형성된 상처와 자아 속에 숨어사는 악한 영은 우리의 상처를 그냥 두지 않습니다. 더 강하게 역사합니다. 그러므로 우리는 자신도 모르게 마음에 형성된 상처를 진리의 말씀과 성령의 역사로 치유 받아야 하는 것입니다. 하나님의 역사하심으로 세상 사람들이 찾는 것과 같은 그런 감정의 치유가 아니라, 깊은 마음의 치유, 온전한 치유를 받을 수 있습니다. 마음을 열고 인정하고 성령으로 마음을 정비하고 정화해야 합니다.

온전한 치유란 말씀과 성령으로 마음을 정비하고 정화하는 것입니다. 우리의 주인이 예수님으로 바뀌어야 합니다. 주인이 바뀌려면 본인이 마음의 상처의 심각성을 본인이 인정하고 자신 안의 성령님을 주인으로 인정하고 성령께서 마음을 정비하고 정화하시게 마음을 열고 받아들여야 가능합니다.

결론적으로 마음을 정비하고 정화하지 못하여 마음을 지키지 못하면 스트레스가 쌓입니다. 모든 질병의 원인이 마음에 쌓이게 됩니다. 사고의 원인이 마음에 쌓이게 됩니다. 가정과 육신의 건강과 모든 것에 대한 강건함이 마음에서 시작됩니다. 하나님의 축복도 마음에서 시작됩니다. 마음이 굳어지면 하늘과 막히고, 사람과도 막히고, 나 자신과도 막힙니다. 그러면서 서서히 죽어갑니다. 자기도 모르게 마귀의 밥이 되어갑니다.

우리는 마음에 무엇을 담고 있는가? 상처에서 나오는 쓴 물을 담는가, 아니면 하나님께서 부어주시는 사랑과 생명을 담는가? 마음을 부드럽게 해야 합니다. 평안함이 있게 해야 합니다. 자 유함이 있게 해야 합니다. 마음이 굳어지면 마음을 느끼지 못함으로 마음을 지키는 방법도 모르고 관심도 없게 됩니다.

우리는 영적인 존재이므로 하나님을 느낄 수 있습니다. 마음에 하나님의 은혜를 담고, 하나님의 평강을 담고 하나님의 사랑을 담고 생명을 담으면 하나님을 느낄 수 있습니다. 마음은 생명의 근원인 영을 담고 있는 그릇입니다. "또 새 영을 너희 속에 두고 새 마음을 너희에게 주되 너희 육신에서 굳은 마음을 제거하고 부드러운 마음을 줄 것이며(겔36:26)"

그래서 하나님은 우리에게 새 마음을 주시기를 원하십니다. 새 마음을 주시려고 우리 속에, 우리 마음속에 임마누엘의 하나님으로 들어 오셨습니다. 우리를 떠나지 않고 영원히 거기에 거하시면서 우리의 마음을 새롭게, 부드럽게 변화시키려고 하십니다. 마음을 부드럽게 함으로 우리 속에서 역사하시는 이 하나님을 느껴야 합니다. 육신은 날로 후패해져가지만 마음은 늘 새로워져야합니다. 육은 내려가고 쇠해지지만, 마음은 늘 새로워지고, 늘 위로 올라가야 합니다. 성령의 역사로 마음의 정비와 정화와 치유를 통하여 새로운 삶을 살아가시기를 바랍니다.

7장 자신의 마음을 투시하는 여러 방법

(롬 8:27)"마음을 살피시는 이가 성령의 생각을 아시
나니 이는 성령이 하나님의 뜻대로 성도를 위하여 간구
하심이니라"

자신의 마음(심령)을 투시하고 싶은 분들은 이장을 정독하시
면 터득하게 될 것입니다. 앞에서 마음의 투시는 자신의 주인이
신 성령께서 하시는 것이라고 강조했습니다. 마음(심령)을 투시
하려면 성령께서 주인 되시는 것이 중요합니다. 자신도 알지 못
하고 보이지 않는 마음의 상처로 인하여 나타나는 일반적 증상
은 정서적인 발달의 부진입니다. 정서란 외부에서 생기는 일에
대하여 감정적으로 반응을 일으키는 나의 무의식중에 들어있는
기관, 기능입니다. 이것이 밖으로 드러나는 것이 성품입니다.
정서는 무의식에 쌓여있는 것들의 반응입니다. 마음의 상처가
이러한 정서, 습관, 성품에 중대한 영향을 미치게 됩니다.

상처를 주고받는 것은 모태에서부터 시작하여 무덤에 가기
까지 계속됩니다. 자신도 모르는 사이에 받고 주는 것입니다.
성장기의 발달 중 가장 심각하게 인생에 영향을 주는 것이 바로
마음세계의 상처로 말미암은 정서의 미성숙입니다. 정서의 미
성숙은 인생에 중대한 영향을 줍니다. 정서의 미성숙은 정서적
불안, 배타심, 시기, 질투, 우울증, 불만족, 고집, 근시안적 성격,
이기주의 등으로 나타납니다. 미숙한 정서를 가지게 되면 나이,

직위, 학력에 관계없이 아이와 같이 행동하게 됩니다. 감정을 절제하지 못하는 것이 정서의 불안입니다. 좋지 못한 것으로 마음에 쌓여 있기 때문에 생기는 현상입니다.

하나님은 오래 참으시는데 인간은 참지 못하고 감정을 폭발시킵니다. 광고에 민감해지는 것은 스스로 물질의 노예로 자신을 만들어가고 있는 것입니다. 성령님의 도우심으로 마음을 자꾸 강하게 하십시오. 그래야 이러한 유혹을 이깁니다. 세상을 이깁니다. 정서의 미성숙은 사회적, 가정적 문제의 중요한 근원입니다. 정서의 미성숙은 자기중심적인 사람이 됩니다. 오로지 자기만 알아 달라고 하는 이기주의자가 되기 쉽습니다.

정서의 미성숙은 스트레스에 대응하는 능력의 결여로 나타납니다. 장기적 계획을 세우거나, 근본적 대응책을 강구하기보다는 짜증, 원망, 도피하는 반응을 나타내며, 그러므로 더욱더 스트레스 가운데 빠지게 합니다. 스트레스는 누구에게나 오게 되어 있습니다. 세상은 자꾸 우리를 조이고 있습니다. 이것이 스트레스입니다. 앞으로의 시대는 더욱더 스트레스가 몰려오는 시대입니다. 그리고 인간은 점점 더 스트레스에 예민한 시대가 됩니다. 스트레스야말로 모든 질병의 원인이 됩니다.

스트레스를 심하게 받는 것은 스트레스가 오는 것이 문제가 아니라, 그것을 처리할 능력이 자신의 마음에 없기 때문에 자꾸 그것을 쌓아놓는 것이 문제입니다. 스트레스 처리 능력의 결여가 문제입니다. 상처는 스트레스를 주며, 처리되지 못한 스트레스는 쌓이게 되고, 쌓인 스트레스는 조그마한 자극에도 다시 스트레스를 받게 됩니다. 문제는 스트레스처리능력의 결여입니다.

스트레스가 많은 것도 문제이지만, 그것을 처리하는 능력이 우리에게 부족한 것이 더 큰 문제입니다. 살아계신 하나님을 나타 내시면서 살아가려면 스트레스를 처리할 수 있어야 합니다. 이것을 처리할 수 없는 사람은 하나님께 쓰임을 받을 수가 없습니다. 스트레스 처리 능력은 성령으로 세례를 받고 성령으로 기도하며 성령으로 충만한 것입니다. 마음에 성령하나님으로 채워지면 스트레스 처리능력이 배가 됩니다.

인간에게는 근본적으로 스트레스 처리능력이 없습니다. 성령으로 충만한 영적 차원에서만 온전한 처리가 가능합니다. 성령으로 세례 받고 성령으로 충만 받아 성령의 도우심이 있어야만 스트레스를 쌓아놓지 않고 온전하게 처리할 수 있습니다. 성령님을 주인으로 모셔야 합니다. 성령님과 친하십시오. 주일날 성령으로 충만 받는 예배에 참석하시기를 바랍니다. 요즈음은 의식주 문제를 해결하기가 어려워서 주일날 하루 밖에 교회에 나올 수 없는 분들이 많습니다.

주일날 교회에 나오셔서 성령으로 충만한 예배를 드리면서 성령님에게 모든 스트레스를 털어놓으시기를 바랍니다. 이렇기 때문에 우리 충만한교회는 주일 오전에 오후에 40분-50분간씩 성령 충만 받는 기도를 합니다. 필자가 일일이 2번씩 안수를 해드립니다. 주일날 성령으로 충만 받아 하루 일을 마치고 매일 밤마다 30분에서 1시간을 성령님과 함께 보내는 습관을 들이시기를 바랍니다. 성령님과 함께 시간을 보내는 것을 어렵게 생각하시지 말기 바랍니다. 숨을 깊게 쉬면서 마음으로 성령하나님을 찾으면 됩니다.

스트레스를 받는 것이 문제가 아니라 거기서 생기는 감정, 차곡차곡 쌓이는 감정, 스트레스가 과거의 상처를 건드림으로 생기는 감정이 문제입니다. 자신에게 스트레스를 주는 밖에 있는 불을 끄려고 하지 말고, 그것을 처리하는 내안에 있는 마음의 능력을 키워야 합니다. 내안에 스트레스를 처리하는 능력은 마음을 정비하고 정화하고 성령으로 충만한 삶을 사는 것입니다.

마음이 약한 것은 과거의 상처 때문입니다. 과거의 상처를 과거차원에 내버려두지 말고, 성령하나님과 함께 현재차원으로 끌고 나오셔서 정비하고 정화를 하십시오. 하나님에게는 시간의 벽이 없습니다. 과거로 돌아가서 얼마든지 과거를 돌이킬 수 있는 분이십니다.

스트레스를 걱정하지 말고, 스트레스를 주는 불을 끄려고 하지 말고, 그것을 처리할 수 있는 능력을 위해 성령으로 기도하십시오. 성령으로 충만한 삶을 살아가라는 것입니다. 항상 마음으로 하나님을 찾으라는 것입니다. 마음의 평안이야말로 안에 생기는 감정의 불을 끄는 것입니다. 이 감정의 불을 끄지 못하면 여러 가지 내장, 기관이 상처를 입습니다. 마음이 화상을 입습니다. 악한 영은 마음의 상처 밑에 숨어서 그 부분을 약화시키고 사용하지 못하게 하는데, 이것이 바로 질병입니다. 그만큼 또 다른 부분이 무리를 하게 되어 결국 점점 질병이 퍼져나가게 됩니다. 감정의 상처가 우리를 골병들게 만드는 것입니다.

감정의 상처는 시간이 지나면 덮여지나, 결코 없어지는 것이 아닙니다. 악한 세력들은 덮여진 상처의 밑에 숨어 있다가 기회만 되면 뛰쳐나와서 상처를 아프게 합니다. 감정의 상처의 기억은 이성의 기억보다 더 강하고 더 오래갑니다. 그리고 비슷한 상황이나, 조건으로 감정을 자극하게 되면 그 아픔이 다시 살아나게 됩니다. 잠재의식의 감정의 기억이 살아나게 됩니다.

그리고 감정은 지각이 없으므로 이것을 실제상황으로 인식하여 실제적인 아픔을 느끼며, 이 아픔이 다시 새로운 상처를 만듭니다. 그리고 이 상처 때문에 또다시 새로운 스트레스가 쌓이게 됩니다. 스트레스와 상처의 악순환입니다.

마음을 정비하고 정화하는 것은 마음속에 쌓여있는 좋지 못한 것들, 가득하게 쌓인 스트레스를 청소해내고, 상처받은 감정도 정화하는 것입니다. 마음 안에 계신 성령님의 도우심으로, 실제상황에 접근하여 거기 있는 상처와 스트레스와 염려와 두려움과 좋지 못한 감정을 씻어내는 것입니다.

일상생활 중에 예배생활 중에 기도하는 중에 이러한 마음을 정비하고 정화를 계속하는 이러한 마음을 관리하는 일에 시간을 투자하시고 관심을 갖아야 합니다. 관심과 열정을 쏟으세요. 성령님이 사용하실 수 있는 마음을 가져야합니다. 이것이 영적 생명을 충만하게 하는 훈련입니다. 찬양을 들으면서 하나님과 보내는 시간을 가져야합니다. 예수님의 광야에서의 묵상은 하나님과의 교제의 시간이었습니다.

자연 속에서의 묵상은 자연을 통한 하나님과의 만남입니다.

이러한 시간을 가져야합니다. 신앙의 길을 걷는 것에는 투자가 있어야 보상이 있습니다. 구원은 공짜이지만, 성화에는 투자가 있어야 합니다. 구원은 공짜지만 축복은 노력과 훈련이 있어야 합니다. 하나님과의 교제, 만남을 통하여, 우리의 마음, 잠재의식, 정서를 거룩하게, 정결하게, 깨끗하게 만드세요. 시간을 투자해서 이렇게 만드시기를 바랍니다.

우리의 마음, 심령을 성령의 도우심으로 자꾸 더러운 것, 두려운 것, 미움, 분노, 시기, 부정적인 감정 등을 씻어내는 것이 마음의 정비 정화입니다. 이를 위하여 성령님을 주인으로 모셔야 합니다. 성령으로 세례받고, 성령의 불세례와 충만을 받아야 합니다. 성령으로 기도해야 합니다. 성령님의 도우심을 간절히 간구하십시오. 성령님에게 매어 달려야 합니다. 친한 친구에게 모든 것을 털어놓듯 성령님에게 모든 것을 털어놓으세요. 마음을 열고 성령님이 강하게 역사하시도록 하십시오.

성령님과 어울리세요. 성령님을 찾으면서 뒹구세요. 이 일에 시간을 사용하기 위하여 다른데 쓰는 시간을 아끼세요. 그 아까운 시간을 아껴서 마음을 성령으로 충만하게 채우세요. "나에게 시간을 내어다오, 내가 치유할 수 있게 해다오" 하시는 성령님의 간구를 무시하지 마시기를 바랍니다.

자신 안에 주인으로 계시는 하나님과의 관계 개선에, 하나님과의 관계가 온전해 지는 일에 집중하십시오. 여기에 쏟는 시간에는 엄청난 보상이 따르는 것입니다. 인생에서 가장 유익한 시간은 하나님과 함께 마음을 치유하는 시간입니다. 불완전에서 완전으로, 평안과 행복 쪽으로 나아가는데 사용된 시간, 성령님과의 교통을 위해서 보낸 시간입니다.

첫째로 마음을 정비하고 정화가 필요함을 나타내는 상처의 증상은 이렇습니다. 다른 사람을 생각하시지 마시고 자신을 투시(감찰)하며 진단하여 보시기를 바랍니다. 마음에 상처가 있으면 특별하게 화를 낼 일이 아닌 경우에도 화를 심하게 냅니다. 아무것도 아닌 일에 심하게 두려워하는 증상이 나타납니다.

자신의 감정을 절제하고 정화하지 못하고 다른 사람에게 폭발함으로 불쾌하게 만드는 증상이 심합니다. 하나님은 다른 사람에게 자신의 감정을 폭발하는 것을 정말로 증오하십니다. 마음의 상처가 쌓여 있으면 대인관계에 어려움이 있거나, 새로 친구를 사귀거나 친구와 좋은 관계를 유지하기가 어려운 증상이 심합니다. 마음의 상처로 인하여 상처받던 감정이 살아나면 모든 일에 의욕을 잃고 무감각해지는 증상이 일어납니다. 상처를 받게 되면 마음의 기능이 떨어져서 3일씩 아무것도 못하는 일이 자주 생깁니다. 예를 든다면 남자(친정아버지)에게 상처를 받은 여성이라면 남편하고 다투면 힘이 없어서 3일씩 누워있게 됩니다. 필자가 병원에 능력전도를 다닐 때 이런 분들에게 안수를 해주려고 하면, 목사님! 괜찮습니다. "저 3일만 지나면 정상으로 돌아옵니다." 하는 분들입니다.

스트레스를 받으면 감정의 변화와 함께 신체적인 반응이 심하게 오는 증상입니다. 가슴이 답답하고 가슴이 두근거리며 머리가 아파서 꼼짝을 할 수가 없습니다. 위장장애가 생겨서 소화가 안 됩니다. 변비가 생깁니다. 생리통이 심해집니다.

마음에 상처와 스트레스가 쌓인 사람들의 대표적인 현상이 자기중심적입니다. 자기 위주로 말하고 생각하기 때문에 대인관계가 안 됩니다. 배타적입니다. 배타적이란 한 개인이나 집단의 입장에 서서 그 외의 사람이나 집단을 제외하거나 배척하는 것을 말합니다. 자기 밖에 모른 다는 것입니다.

의존적인 태도입니다. 자녀가 장성하면 자립을 해야 하는데 자립하지 못하고 부모에게 의지합니다. 가장이 가장 노릇을 못하고 아내에게 의존합니다. 자녀에게 의존합니다.

심한 열등감이 있습니다. 열등감이란 자신의 부족을 가리는 행위입니다. 예를 든다면 얼굴에 열등감이 있는 사람은 화장을 진하게 합니다. 부끄러움이 많습니다. 자신의 모든 면을 부끄럽게 생각합니다. 그래서 사람들 앞에 나서지를 못하고 집안에서 은둔 형 외톨이가 되기도 합니다. 두려움이 많아서 새로운 일을 시도하지 못합니다. 우울증이 있습니다. 조그마한 스트레스도 이기지 못하고 우울해 합니다. 도피증상이 있어서 가정에서나 직장에서 어려운 일이 생기면 회피해 버립니다. 직장에서 어려운 일이 있다고 예견되면 휴가를 내어 피해버리기도 합니다.

매사에 부정적인 자세가 있습니다. 무조건 해보지도 않고 안된다고 합니다. 이런 사람이 할 수 있고 된다고 말하는 것은 하루 세 번 밥 먹은 것입니다. 되는 것이 하나도 없습니다. 하나님은 창조의 하나님이십니다. 예수를 믿는 성도들은 도전해야 잠재력이 개발되고 발전합니다. 자신의 주변이 무질서합니다. 자신의 외모를 단정하게 하지 않고 잠자고 나온 사람같이 하고 살아갑니다. 산만한 태도를 고치지 못합니다. 산만한 사람은 무엇인가를 하고자 하려고 할 때 본인이 작업하려는 것을 널려놓고 작업하고 일을 끝내지 못합니다. 이것 했다가 저것 했다가 하는데 하나도 종결을 짓지 못합니다.

도덕관념의 상실입니다. 도덕관념이란 세상을 보는 틀 혹은 고착화된 사고방식을 관념이라고 합니다. 어느 사회에나 도덕, 윤리 등의 이름으로 주입되는 각종 관계에 대한 수많은 관념들이 있습니다.

부부간의 관계, 부자간의 관계, 친구간의 관계, 이웃 간의 관계, 직장 상사 및 부하직원과의 관계 등 인간 사회의 모든 관계에 대하여 무엇이 바람직하고 무엇이 그렇지 않은지에 대한 판단기준을 말합니다. 뿐만 아니라, 성(性)에 대한 관념, 미(美)에 대한 관념 등도 주로 어릴 적부터 형성되거나 강제로 주입되고, 특정 종교를 가진 부모나 성직자들에 의하여 주입되는 종교적 관념은 인생에서 막강한 영향력을 발휘하기도 합니다.

이들 대부분의 관념들은 어릴 적부터 학교교육 및 가정교육을 통하여 형성되는데, 한 사람을 보다 훌륭한 학생, 보다 성공한 직장인, 혹은 보다 존경받는 사회인으로 만들겠다는 주위 사람들의 욕심에 의하여 강제적으로 주입되는 것이 보통입니다.

마음에 상처가 있으면 신앙생활이 무미건조하며, 영적인 일보다 세속적인 일에 관심을 가지는 증상이 나타납니다. 신앙생활이 무미건조한 이유는 마음에 형성된 상처가 복음을 받아들이지 못하도록 역사하기 때문입니다. 쉽게 말한다면 영이 깨어 있지 못하여 영적인 말씀이 들리지 않고 이해가 안 되기 때문에 복음을 받아들이지 못하고, 성령의 역사를 받아들이지 못하고 거부하기 때문입니다. 마음에 상처가 많은 분들의 특성이 영의 만족을 찾지 못하는데 있습니다. 그래서 교회를 다녀도 한 교회에 만족하지 못하고 이 교회 저 교회로 방황하는 교인이 되다가 나중에는 안 나가 교인이 되기도 합니다.

이런 분들은 본인이 자신의 심각성을 느껴야 해결이 될 수가 있습니다. 치유는 먼저 성령으로 세례를 받고 성령으로 기도하며 성령충만하여 마음을 정비하고 정화해서 진리의 말씀이 들려야 합니다. 본인이 인정하지 않으면 해결이 불가능합니다.

둘째로 마음의 상처를 정비하고 정화하는 비결. 우리는 과거에 경험했던 어떤 고통스러운 기억으로 말미암아 인간관계가 좋지 않고, 과거의 실패감에 사로잡혀 있으므로 무엇인가를 시도해도 잘되지 않는 경우가 있습니다. 오늘을 잘 살고 행복한 미래가 되기 위해서는 과거의 부정적인 기억을 치유해야 합니다. 과거를 잘 정리해야 합니다. 무의식을 정리해야 합니다.

실패는 교훈입니다. 실패하지 않고 성공하는 사람이 없습니다. 문제는 실패가 아니라, 우리에게 남아서 늘 부정적인 영향을 주는 실패감입니다. 과거가 주는 실패 감을 잘 정리해야합니다. 하나님은 언제나 우리에게 꿈을 주고 새로운 시도를 통하여 창조적인 삶을 살게 하지만, 마귀는 실패 감을 부여잡고 쓰러져 있게 만듭니다. 아무런 시도도 하지 못하게 만듭니다. 실패감에 사로잡혀 환경에 이끌려 다니게 만듭니다.

하나님은 우리를 마음으로부터 새롭게 시작하게 하십니다. 실패를 넘어 성공을 향해 새롭게 도전하게 하십니다. 이렇게 함으로 하나님을 닮은 우리자신의 가치를 높이게 하십니다. 아무것도 하지 않는 것은 스스로 쓸모없는 존재, 무가치한 존재로 전락하는 것입니다. 구원받은 인간은 계속 가치가 올라가다가 마지막에는 영원한 천국까지 가는 것입니다.

이를 위해서는 과거가 주는 실패 감, 부정적인 감정에서 벗어나야 합니다. 그리고 자꾸 자신을 가꾸어야 합니다. 마음을 가꾸시기 바랍니다. 과거를 가꾸시기 바랍니다. 영성을 가꾸시기 바랍니다. 그래야 하나님이 쓰십니다. 새로운 것에 대한 도전은 과거를 정리해야 가능합니다. 과거가 정돈되지 못하면, 새로운 도전을 할 수 없고, 결국 하나님께서 원하시는 행복하고 성공적인 삶을 살지 못하게 됩니다.

성령으로 마음을 정비하고 정화하는 것은 자신을 투시(감찰)하여 삶에 부정적인 영향을 주는 것들을 새롭게 정리함으로써 현재에 나타나는 나쁜 영향을 좋은 영향으로 바꾸어주는 것입니다. 과거의 사건이 심령에 견고한 진을 형성하여 현재의 삶에 계속해서 수치심, 죄의식, 실패 감, 좌절감과 같은 나쁜 영향을 주는 것으로부터 자유 함을 얻게 하는 것입니다.

미움의 감정이 있으면 다른 사람에 대한 사랑의 감정이 약화

됩니다. 미워하는 사람이 있는 사람은 가족들을 제대로 사랑하지 못합니다. 하나님과 사람에 대한 사랑의 감정이 자꾸 막히는 것은 누군가를 미워하고 있는 것입니다. 이 미움의 감정을 정리하십시오. 미워하는 사람을 용서해야 사랑하는 사람에게 사랑이 흐르게 됩니다. 사람을 용서해야 하나님을 사랑하게 됩니다. 어려운 환경, 실패한 과거를 수용하십시오. 그래야 하나님과 친밀하게 지낼 수 있게 됩니다. 그래야 환경을 이기게 됩니다.

하나님을 찾고 하나님과 가까이 하는 것이 이미 치유가 시작되는 것입니다. 하나님을 용서하십시오. 하나님에게 섭섭하고, 하나님에게 상처받은 것을 용서하십시오. '왜 하나님이 내 인생을 이렇게 어렵게 만드시는가?' 이런 부정적인 마음을 씻어내야 합니다. 하나님의 마음은 어디에 계시는가? 세리와 죄인, 낮고 고통이 있는 곳입니다. 아픔이 있습니까? 하나님의 마음이 오고 있음을 깨달으세요.

힘든 내 환경, 내 삶을 통하여 하나님이 주인으로 내 안에 계시고, 나와 하나가 되십니다. 그러므로 힘든 환경을 받아들이시기를 바랍니다. 그리함으로 그곳으로 임하시고, 그 속에서 역사하는 하나님의 사랑의 손길을 깨달으세요. 그리고 내 안에, 나와 함께 하시는 하나님을 믿음으로 담대함을 가져야합니다. 모든 부정적인 것을 마음에서, 잠재의식에서 쏟아버리세요. 청소해버리세요. 실패는 성공의 어머니입니다. 사람은 용서하고, 실패는 감사하고 수용하십시오. 그리고 겸손하게 실패를 감사함으로 수용하는 낮은 마음에 함께 하시는 하나님의 도우심으로 그 실패를 딛고 일어서려고 결단을 해야 합니다. 실패에서 성공의 조건을 찾아내는 것이 마음의 정비와 정화입니다.

마음을 정비하고 정화하는 것은 과거의 사건자체를 바꾸는 것이 아닙니다. 우리는 과거를 바꿀 수 없습니다. 하나님의 은혜와 성령의 능력을 통하여 과거의 사건이 품고 있는 부정적이고 칙칙한 감정을 제거하고, 그 대신 진취적이며, 소망적이고, 밝고 맑은 감정을 가지는 것입니다. 부정적인 것들을 하나님에게 드리고, 대신 하나님이 주시는 밝은 것을 가지는 것입니다. 어린 시절의 감정, 습관, 꿈은 성인이 되어도 계속 영향을 미칩니다. 이런 것들이 좋은 것이라면 괜찮으나 좋지 않은 영향을 주고 있다면 정비되고 정화되어 배출해야 합니다.

마음을 정비하고 정화하는 것은 현재와 미래를 위하여 하는 작업입니다. 아프고 부끄러운 상처일수록 깊이 묻혀 있고, 스스로 파내어서 치료받으려고 하지 않습니다. 상처가 크고 부끄러울수록 깊이 묻혀 있고, 깊이 묻혀 있는 만큼 인생에 깊이 영향을 미칩니다. 인간의 자아방어를 위한 심리적인 본능으로 이처럼 아픈 감정을 기억에서 잊게 하고 깊이 파묻게 하는 것은 우리의 자아를 상처로부터 보호하려는 하나님의 은총이십니다.

만일 인간이 아픈 감정을 모두 생생히 기억한다면 괴로워서 스스로 삶을 포기하게 됩니다. 인간은 고통의 기억보다 좋은 기억을 하게 되어 있습니다. 그러나 상처와 감정을 깊이 묻게 하는 것은 억제, 방어의 기능이지 치료의 기능은 아닙니다. 치료는 그리스도의 십자가의 보혈의 공로와 성령님의 도우심으로 과거의 상처를 억제된 부분에서 현실로 가지고 와서 치유하는 것입니다. 본인이 인정하고 드러내야 마음 속이 정비되고 정화되는 것입니다.

마음을 정비하고 정화하는 것은 성령께서 하시는 것입니다. 자신 스스로 정비하거나 정화하거나 변화될 수 없고, 다른 사람도 정비하거나 정화하고 변화시킬 수 없습니다. 마음을 열고 성령의 역사에 순종하면 성령께서 쓰레기를 청산하십니다. 자신의 집안 청소는 누가 하며 집에서 나온 쓰레기를 누가 치웁니까? 그 집의 주인인 집안에 사는 사람이 청소하고 치웁니다. 그렇다면 자신 안에 자신도 모르게 쌓여있는 쓰레기는 누가 청소하고 치우겠습니까? 자신 안에 주인으로 계시는 성령하나님께서 청소하고 치우십니다. 자신이 청소하고 치우려고 하니까, 청소되지 않고 치워지지 않는 것입니다. 자신 안의 쓰레기는 자신의 주인이신 성령님이 청소하시고 치우시는 것입니다. 자신은 마음을 열고 성령께서 인도하시는 대로 순종할 때 청소되고 치워질 수 있는 것입니다. 마음을 열고 성령의 역사에 순종하세요.

마음에 감동을 주려고 하십시오. 마음을 정비하고 정화하는 사역은 마음의 감동을 통한 사역입니다. 모든 일에 대하여 감동을 달라고 성령님에게 간구하십시오. 마음의 상처치유를 위한 기도에 성령님의 감동이 임하시게 하십시오. 그런 기도가 되게 하십시오. 자꾸 이러한 기도를 하십시오.

이러한 기도의 훈련을 하십시오. 머리에 손을 얹고 기도하고, 가슴에 손을 얹고 기도하십시오. 아랫배에 손을 얹고 기도하세요. 입술로 기도하고, 마음으로 기도하십시오. 성령의 감동이 임하시게 하십시오. 성령님이 앞서시게 하십시오. 내 감정이 앞서지 않게 하십시오. 나를 낮추면 성령님이 역사하십니다. 내가 높아지고 강해지면 성령님은 뒤로 물러가시고 들어가십니다.

결론적으로 자신의 마음을 진단할 수가 있는 영적식견을 길러야 합니다. 왜냐하면 마음을 정비하고 정화하는 것은 자신이 자신의 마음에 문제가 있다는 것을 인정하고 마음을 정비하고 정화하려고 마음을 단단하게 먹어야 가능하기 때문입니다. 절대로 자신에게 문제가 없다고 자만하는 성도는 자신의 마음을 정비하고 정화하는 것은 불가능합니다.

쉽게 자신을 투시(감찰)하며 진단해 보시기를 바랍니다. 먼저 자신의 말하는 것을 생각하여 보시기를 바랍니다. 긍정적인가 부정적인가 자신 중심적인가 타인을 생각하며 말하는 가입니다. 행동을 생각하여 보시기를 바랍니다. 자신의 행동이 안정적인가 산만한가 보는 것입니다.

자신의 주변 환경을 생각하여 보시기를 바랍니다. 환경이 대소사 문제로 산만 한가 안정적인 가입니다. 마음이 정비되고 정화된 분들은 대체적으로 환경이 안정적입니다. 자신의 건강상태를 보시기를 바랍니다. 이는 영적, 정신적, 심리적 등 모든 부분입니다. 이렇게 진단하시어 자신의 마음에 문제가 있다고 깨달아지면 마음을 정비하고 정화하려고 노력해야 합니다. 그래야 안정된 성도가 되어 하나님의 복을 받으면서 살아갈 수가 있는 것입니다.

8장 마음을 투시하면 영적세계가 보인다.

(엡6:12)"우리의 씨름은 혈과 육을 상대하는 것이 아니요 통치자들과 권세들과 이 어둠의 세상 주관자들과 하늘에 있는 악의 영들을 상대함이라."

하나님은 예수를 믿고 성령으로 거듭난 성도가 영안이 열려 영적인 세계를 알고 영적전쟁을 하여 이 땅에 하나님의 나라를 이루기를 원하십니다. 영적인 세계는 자신의 마음 안에도 있고, 외면에도 있습니다. 이는 보이지 않습니다. 성령으로 영안이나 믿음의 눈이 열려야 보이기 시작을 하는 것입니다. 영적인 세계에는 성령이 계시고, 마귀가 있고, 하나님을 시중드는 천사가 있고, 성령으로 거듭난 성도가 거합니다. 성령은 예수를 영접한 사람의 마음 안에만 주인으로 지배하며 거하십니다.

그러나 마귀는 들어오라고 초청하지 않아도 혈과 육을 통하여 들어와 좌정하고 있습니다. 그것은 아담의 죄악으로 옛 사람, 육은 마귀의 종이기 때문입니다. 그래서 마귀는 저같이 나름대로 성령으로 충만하고 능력이 있다는 사람도 생각이 세상으로 향하다가 육신적으로 행동을 하게 되면 가차 없이 들어옵니다. 그러므로 영적인 세계는 한 마디로 영적 투쟁의 세계입니다. 그래서 우리는 영적인 세계를 알고 대비하여 자신의 귀중한 영을 지켜야 하는 것입니다.

예수를 믿고 성령으로 거듭난 우리는 우리의 대적 마귀의 전술을 알아야 하는 것입니다. 손자병법에도 지피지기(知彼知己)이면 백전무퇴(百戰無退)라고 했습니다. 여기서 '피'는 상대, '기'는 자신을 뜻합니다. '알지'자를 붙이면, '상대를 알고 나를 안다'라는 뜻이 되겠고, 일백 백, 싸울 전, 없을 무, 물러날 퇴입니다. 여기서 '무'는 없다는 뜻 보다는 아니한다는 뜻에 가깝습니다. '백번 싸워서 물러나지 않는 다'입니다. '상대를 알고 나를 알면 백번 싸워서 물러나지 않는 다' 우리도 우리의 대적인 마귀의 능력을 알아야 하고, 자신의 권세를 알아야 하나님의 군사로서 백전백승할 수가 있습니다.

예수를 믿어 성령으로 거듭나 하나님의 영으로 인도함을 받는 성도는 하나님의 군사입니다. 하나님의 군사라면 하나님이 자신에게 주신 권세(카리스마)를 알아야 합니다. 그리고 주신 카리스마를 사용할 줄 알아야 군사로서 임무를 제대로 감당할 수가 있습니다. 저는 원래 군인이었습니다. 그래서 군대 여러 보수교육 과정에서 전략과 전술에 대하여 많이 배우고 실습을 했습니다. 그래서 인지는 몰라도 목회자가 되어서도 하나님이 저에게 주신 권세(카리스마)도 알고 싶었습니다. 또, 저의 적인 사단에 대하여도 알고 싶었습니다. 그리고 하나님이 주신 권세(카리스마)를 어떻게 사용하는 지도 알고 싶어서 많이 노력을 했습니다. 그래서 제가 지금까지 성령치유 사역을 하면서 경험한 영적세계에 대하여 이론을 적립하여 책을 쓰게 되었습니다.

크리스천에게 하나님께서 주신 텍스트 성경은 영적 존재와 영적 세계에 대해 적난하게 설명하는 책입니다. 세상에 그 많은 책들 중에 보이지 않는 영적 존재와 영적 세계를 체계적으로 다루는 책은 성경뿐입니다. 분명하게 다시 말하면 영적세계는 자신의 마음에도 있고 외면에도 있습니다. 성령으로 눈이 열려야 믿게 되고 보이는 것입니다. 하나님은 보이지 않는 분이시나, 그가 보내신 예수 그리스도를 통해 하나님의 실존을 보여주셨고, 천사는 눈에 보이지 않으나, 그들의 활동을 통해 천사의 위치와 그 사역을 보여주셨습니다.

또한 인간의 영혼은 눈에 보이지 않으나 성령의 감동을 혼에 전달하여 순종하게 하는 일들을 통하여 그 실존을 알게 하셨습니다. 이 모든 것을 때로는 비유로 때로는 실상으로 우리에게 그 영적실상들을 보여주는 것이 성경입니다.

성경은 우리에게 하나님, 천사, 인간, 이 세 영적 존재의 위치와 역할 및 상호관계를 말해줍니다. 사람들은 하나님과 하늘을 동일시하여 하늘을 바라보며 막연히 머릿속에 어떤 신을 떠올리기도 합니다. 또 흰옷을 입고 날개 짓을 하고 있는 아름다운 아기 천사를 떠올리기도 합니다. 그러면서도 하나님이나 천사에 대해 영적 존재라고는 생각지 않습니다.

아직도 많은 그리스도인들이 여전히 하나님을 관념적 존재로 여기고 있고, 천사를 숭배할 대상으로 생각하고 있는 것입니다. 결국 영적으로 분명해야 할 하나님과의 관계가 불분명하고, 적극적으로 부리고 사용해야 할 종인 천사들의 도움을 받지 못하다보니, 신앙생활 자체가 관념적이고 무능력할 수밖에 없습니다. 하나님의 자녀가 마귀에게 당하면서 살아가는데 정작 자신은 이유를 알지 못한다는 것입니다.

영적세계를 모르면 눈은 떠있으나 소경이나 마찬가지입니다. 마음을 정비하고 정화하고 치유하려는 분들이 영적인 세계를 모르면 자기 관리가 힘들어집니다. 마음의 정비정화는 성령께서 직접 하시는 일이기 때문입니다. 성령의 임재와 역사를 알지 못하고 목회를 할 수가 없습니다. 성령의 역사를 보지 못하고 모르면 살아계신 하나님을 증명할 수가 없습니다. 교회예배당이나 성도들의 가정도 마찬가지입니다. 살아계신 하나님의 역사가 일어나야 가정이 천국을 누리며 영육의 축복을 받으면서 살아갈 수가 있는 것입니다. 가정에 살아계신 하나님의 역사가 일어나지 않으니 가정에 우환과 환란과 풍파와 부부불화가 일어나는 것입니다. 크리스천은 무엇보다도 생명의 말씀과 성령으로 영적세계를 보고 지배하는 눈이 열려야 합니다.

영원하신 하나님은 우리가 성령으로 영안을 열어 영적인 세계에 대하여 바르게 알고 분별하여 대처하기를 소원하십니다. 유일하신 하나님은 우리가 영적 세계를 알고 실제로 체험하고 5차원의 성령의 권능으로 4차원의 사단마귀세계와 3차원의 인간세계와 물질세계를 지배하기를 원하십니다. 5차원의 영적 세계에는 두 가지 형태의 영이 존재합니다. 하나님의 성령과 성령으로 거듭난 사람입니다. 4차원의 세계에는 타락한 마귀의 영이 거합니다. 하나님의 일반 은총으로 누구나 사용하면서 살아가는 인간세계, 물질세계는 3차원에 속합니다. 3차원은 보이는 세계입니다. 인간계 물질계입니다. 그렇다면 3차원의 인간세계와 물질세계를 지배하는 것은 무엇입니까? 5차원의 성령의 세계와 4차원에 속한 사단마귀의 세계입니다.

저는 이 장에서 편의상 물질세계와 인간세계를 3차원이라고 지정하여 부르고, 영적인 세계를 5차원의 성령의 세계와 4차원의 시단마귀의 세계라고 지정하여 부르겠습니다. 필자가 지정한 1차원, 2차원, 3차원, 4차원, 5차원을 좀 더 세부적으로 자세하게 설명하겠습니다. 1차원은 식물세계를 말합니다. 2차원은 동물세계를 말합니다. 3차원을 인간세계와 물질세계를 말합니다. 영적인 세계는 보이지 않는 세계로서 4차원인 사단마귀의 세계와 5차원인 성령의 초자연적인 세계를 말하는 것입니다.

다른 표현으로는 사람(3차원)입니다. 마귀와 귀신인 초인적인(4차원) 존재가 있습니다. 하나님=성령님은 초자연적인(5차원)입니다. 이렇게 두 가지로 이해하시고 글을 읽어 가시기를 바랍니다. 그래서 1차원인 식물은 2차원인 동물이 지배하고 살아갑니다. 2차원인 동물세계는 3차원인 인간이 지배하고 다스리며 살아갑니다. 그리고 3차원의 인간세계와 물질세계는 4차원인 타락한 마귀의 세계에 지배를 당하고 살아가는 것입니다.

4차원의 타락한 사단마귀의 세계는 5차원인 성령님과 성령으로 거듭난 크리스천에게 지배당하고 살아가는 것입니다. 그래서 3차원의 세계에 속한 예수님을 주인으로 영접하지 않아 성령으로 거듭나지 못한 인간(자연인)이 4차원의 사단마귀의 세계를 지배할 수가 없는 것입니다. 왜 그렇습니까, 아담이 마귀의 미혹에 속아서 선악과를 먹음으로 사람의 영적인 지위가 마귀 아래로 내려갔기 때문입니다. 그래서 예수를 믿지 않는 인간은 4차원에 속한 사단마귀를 이길 수가 없고, 마귀의 종이 되어 마귀의 지배를 당하며 살아가는 것입니다.

그래서 예수를 믿지 않는 세상 사람들은 모두 마귀의 종으로 살아가는 것입니다. 세상 사람들은 마치 이스라엘 백성들이 애굽에서 바로왕의 수하에 속해서 종살이를 하면서 살아가는 것 같이 마귀의 종으로 살아가는 것입니다.

그래서 세상 사람들이 환란과 풍파를 당하면 인간 스스로 해결할 수가 없다는 것을 알고 무당이나 신접한 잡신들을 찾아가는 것입니다. 그래서 그들에게 무엇을 얻어서 환란과 풍파를 면해보려고 하지만 할 수가 없고 물질과 재산을 빼앗기면서 고통만 더 당하면서 살아가는 것을 신문 지면과 매스컴을 통하여 우리는 잘 알 수가 있는 것입니다.

그러나 인간이 예수를 믿고 성령으로 세례 받으면 영적인 권위가 5차원으로 상승되는 것입니다. 그래서 성령으로 거듭난 크리스천이 4차원의 사단 마귀 귀신을 지배하고 살아갈 수가 있는 것입니다. 마음이 성령으로 정비되고 정화되고 치유되면 5차원의 성령의 역사가 자신을 지배하게 되는 것입니다. 그러면 자신 안에 역사하던 세상신이 떠나감으로 평안하고 행복하며 아브라함의 축복을 누리면서 살아가는 것입니다.

우리 크리스천이 마귀와 귀신으로부터 자유 함을 누리려면 성령으로 세례를 받아야 합니다. 그리고 성령의 인도와 지배를 받으며 마음을 정비하고 정화해야 합니다. 그래야 영육의 자유

함을 누리며 살아갈 수가 있는 것입니다.

그러면 영의 세계는 어떤 세계입니까? 보이지 않는 영의 세계입니다. 그러나 실존하는 세계입니다. 살아서 역사하는 세계입니다. 영적세계가 인간세계(3차원)를 지배합니다. 하나님의 성령과 마귀와 성령으로 거듭난 사람의 영이 거하는 보이지 않는 영적인 세계입니다. 이 보이지 않는 영의 세계가 보이는 인간세계와 물질세계를 지배하는 것입니다. 좀 더 깊이 있게 설명하면 우리가 성령을 요청할 때 어떻게 기도합니까? 성령이여 임하소서라고 기도합니다. 이는 성령이 임해야 보이는 세계가 지배되기 때문입니다. 다시 말해서 인간세계의 문제나 환란과 풍파가 성령에게 장악을 당해야 해결되는 것입니다. 왜냐하면 보이는 세계에 일어나는 악의 문제의 배후에는 4차원의 영적존재인 사단마귀가 있기 때문입니다.

그래서 마귀보다 강한 5차원의 성령이 임하여 장악해야 성령의 역사로 문제나 환란과 풍파가 떠나가고 사람의 눈에 보이는 하나님의 창조물이 생겨나는 것입니다. 이것은 성경에 잘 기록되어있습니다. 창세기 1장2절부터 3절만 읽어보면 이해가 되는 것입니다. "땅이 혼돈하고 공허하며 흑암이 깊음 위에 있고 하나님의 영은 수면 위에 운행하시니라. 하나님이 이르시되 빛이 있으라 하시니 빛이 있었고(창1:2-3)" 땅이 공허하며 흑암이 깊음 위에 있었는데 하나님의 영(성령)은 수면에 운행을 했다고 했습니다. 이는 하나님의 영(성령)이 공허하고 흑암이 깊은 곳을 장악하니 하나님의 말씀대로 빛이 있으라 하시니 빛이 생겨났다고 말씀하고 있습니다.

이는 성령이 혼동하고 공허한 세상을 장악하고 하나님의 말씀이 떨어지면 하나님의 말씀대로 창조물이 생겨난다는 것입니다. 영의 세계는 말로서 보이는 형상이 나타나는 것입니다. 그러므로 성도는 말을 잘해야 합니다. 말이 씨가 되는 것입니다. 성령으로 거듭난 성도가 말한 그대로 이루어지는 것입니다. 그래서 하나님이 천지를 창조하실 때 성령으로 천지를 장악하시고 말씀으로 천지를 창조하신 것입니다. 그리고 성령으로 거듭난 성도가 아니더라도 영의 세계의 영향을 받아 우상을 숭배하는 신비종교들도 말로서 보이는 형상을 이루어내는 것입니다.

이는 애굽의 현인들과 마술사들을 보면 잘 알 수가 있는 것입니다. "모세와 아론이 바로에게 가서 여호와께서 명령하신 대로 행하여 아론이 바로와 그의 신하 앞에 지팡이를 던지니 뱀이 된지라. 바로도 현인들과 마술사들을 부르매 그 애굽 요술사들도 그들의 요술로 그와 같이 행하되 각 사람이 지팡이를 던지매 뱀이 되었으나 아론의 지팡이가 그들의 지팡이를 삼키니라(출 7:10-12)" 이렇게 마술사들도 지팡이로 뱀을 만듭니다.

그러나 아론의 지팡이가 그들의 지팡이를 삼켰다고 했습니다. 그러므로 마술사들이 만들어내는 형상은 미혹하는 허구에 불과한 것입니다. 그러므로 우리는 영안을 열어 영적인 세계를 분별해야 합니다. 성령으로 영적인 세계를 지배해야 합니다.

그럼 원래 사람이 마귀의 지배아래 있었습니까? 아닙니다. 하나님은 아담보고 에덴동산을 지키고 가꾸라고 했는데 아담이

에덴동산을 지키지 아니했었습니다. 왜냐하면 마귀가 마음대로 출입하도록 내버려 두었습니다. 마귀는 에덴동산에 조그마한 제재도 없이 마음대로 들락날락 했습니다. 하나님이 아담에게 에덴동산을 지키라고 했는데 지키지 않았습니다. **"여호와 하나님이 그 사람을 이끌어 에덴동산에 두어 그것을 경작하며 지키게 하시고(창2:15)"** 분명히 하나님이 지키라고 하셨습니다. 우리들도 성령의 지배와 인도가운데 하나님의 축복을 지켜야 합니다. 그런데 안 지킨 것은 아담의 잘못인 것입니다. 그리고 마귀의 유혹에 찬 말에 귀를 기우렸습니다. 마귀가 나쁜 것을 알면서도 마귀와 대화를 하고 마귀의 유혹에 귀를 기우렸다는 이 자체가 대단히 잘못된 것입니다.

창세기 3장 4절로 5절에 "뱀이 여자에게 이르되 너희가 결코 죽지 아니하리라. 너희가 그것을 먹는 날에는 너희 눈이 밝아져 하나님과 같이 되어 선악을 알 줄 하나님이 아심이니라"고 선악과를 따먹으라고 유혹해서 하와가 따먹고 아담에게도 주어서 아담도 먹고 하나님을 반역하고 그들은 마귀의 종이 돼 버리고 말은 것입니다. 그러므로 사람은 성령을 힘입지 않고는 4차원의 마귀를 지배할 수가 없습니다. 그리고 마귀는 하나님으로부터 창조된 피조물이므로 초자연적으로 역사하는 5차원인 성령을 지배할 수가 없습니다. 왜 그렇습니까? 성령은 하나님이십니다. 성령은 세상에 초자연적으로 역사하는 삼위일체 3위 하나님이십니다. 고로 성령 하나님이 이 천지 만물을 지배합니다.

창세기 1장 2절에 "땅이 혼돈하고 공허하며 흑암이 깊음 위에 있고 하나님의 영은 수면 위에 운행하시니라.”고 말씀하시므로 성령께서 보이는 세계를 장악하시는 것으로 묘사되어 있습니다. 그러므로 성령께서는 하나님의 모든 능력을 실제로 행하시고 역사하시는 영원한 차원의 세계에 속한 분입니다. 그러나 성령은 예수를 영접한 사람에게만 내주 하십니다. 절대로 강압적으로 인간의 영을 지배하지 않습니다.

반드시 예수를 주인으로 영접한 사람의 영 안에 내주하십니다. 그러나 마귀는 그렇지 않습니다. 옛 사람(예수를 영접하지 않은 아담 안에 있는 사람)은 마귀의 종이었기 때문에 마음대로 인간을 점령하는 것입니다. 그리고 사탄에 의해 지배되는 악령의 세계인 흑암도 사람보다 강한 초인적인 힘으로 영적인 세계에 능력을 행사하지만, 그것은 진정한 의미의 영적인 세계가 아닙니다. 이는 성령의 세계와는 전적으로 다른 것입니다.

그래서 5차원인 성령의 역사가 일어나면 떠나가야 하는 것입니다. 우리가 성령으로 충만하면 떠나가야 합니다. 그러나 애굽의 마술사들이 하나님의 능력을 모방한 것과 같이 악령의 세계에도 일시적이고 허위 적인 치료와 기적들이 일어나기도 합니다. 사탄은 이러한 허위적이고 특이한 기적의 사건들을 일으키면서 이에 속아 현혹되고 미혹된 사람들을 끌어들입니다. 사탄은 예수 그리스도 안에서 성령으로 거듭나지 않더라도 영적인 체험을 할 수 있다고 사람들을 속이고 미혹합니다.

그러나 우리가 여기서 똑바로 기억해야 할 점은 사탄이 사람들을 미혹하기 위해 아무리 하나님의 능력을 모방한다 하더라도, 그 능력은 역시 하나님의 권세 아래 제한되어 있다는 점입니다. 사람을 변화시키고 살리는 진정한 능력과 권세는 전능하신 하나님께 속한 것입니다. 영원한 삶의 변화를 일으키는 성령의 영원한 세계에 사탄의 제한된 능력이 절대로 관여할 수 없습니다.

첫째, 영안을 열어 영적인 세계를 보라. 그래서 우리는 성령의 능력을 받아 영안을 열어 영적인 세계를 보고 마귀와 영적인 전쟁을 하여 지금까지 빼앗겼던 모든 것을 되 찾아와야 합니다. 그래서 베드로가 요엘 선지자의 글을 인용하여 설교한 것입니다. "이는 곧 선지자 요엘을 통하여 말씀하신 것이니 일렀으되 하나님이 말씀하시기를 말세에 내가 내 영을 모든 육체에 부어 주리니 너희의 자녀들은 예언할 것이요 너희의 젊은이들은 환상을 보고 너희의 늙은이들은 꿈을 꾸리라 (행2:16-17)" '너희의 자녀들은 예언할 것이요.'란 성령으로 하나님 말씀을 읽고 깨달아 알아듣는 것을 말합니다. 너희의 젊은이들은 환상을 보고란 하나님이 자신에게 예비해 놓은 축복을 성령이 열어준 환상으로 바라보니 마귀가 가지고 있습니다.

그래서 성령의 권세를 가지고 마귀를 대적하여 몰아내고 지금까지 마귀에게 빼앗겼던 것을 마귀에게 빼앗아 오는 것을 말합니다. 성령으로 환상이 열린 성도는 마귀와 영적인 전쟁을 해서 지금까지 마귀에게 빼앗겼던 모든 것을 되 찾아와야 되는 것입니다. 너희의 늙은이들은 꿈을 꾸리라는 말씀의 영적인 뜻은 믿음으로 하나님이 나에게 주시기로 작정한 축복, 즉, 아브라함, 야곱, 요셉 등이 꿈에 본 것이 이루어지는 것을 보고 마음으로 누리는 것을 말하는 것입니다. 하나님이 보여주신 것이 이루어진 것을 바라보고 달려가는 믿음입니다. 그래서 성령으로 열린 환상으로 마귀와 영적인 전쟁을 해서 승리해야 평안한 하나님의 나라가 이루어지는 것입니다.

그러나 성령으로 환상이 열린 성도는 마귀와 수많은 영적인 전쟁을 해야 되는 것입니다. 이것은 누구나 피할 수 없는 일전입니다. 그러나 우리는 성령님이 도우시면서 함께하시기 때문에 승리하는 것입니다. 진리의 말씀과 성령으로 환상으로 열어 마귀와의 영적인 전쟁에서 승리하여 지금까지 마귀에게 빼앗겼던 모든 것을 되찾아 회복하시기를 바랍니다.

여기서 마귀와의 영적인 전쟁에 대하여 우리가 바로 알아야 할 것은 사단은 아담으로부터 물질세계에 대한 권리를 넘겨받았습니다. 사단은 세상의 부귀와 권세를 가지고 있습니다. 그러기 때문에 성령의 권세로 빼앗아 와야 한다는 것입니다. "이르되 이 모든 권위와 그 영광을 내가 네게 주리라 이것은 내게 넘겨 준 것이므로 내가 원하는 자에게 주노라(눅 4:6)" "또 아는 것은 우리는 하나님께 속하고 온 세상은 악한 자 안에 처한 것이며(요일 5:19)" 그러므로 성도들의 이 세상의 삶은 영적인 전쟁터인 것입니다. 성령으로 거듭나야 영적전쟁에 승리합니다.

그래서 우리가 광야같은 세상을 살아가려면 영적인 세계를 알고 확실하게 대처해야 하나님께서 원하시는 인생을 살아가며 성공한다는 것입니다. 그런데 우리 성도가 세상을 살아가면서 마귀와 전쟁을 끝없이 해야 하는데 우리 인간의 힘으로는 마귀를 이길 수가 없으므로 항상 성령으로 기도하며 성령으로 충만하고 깨어있어야 하는 것입니다. "술 취하지 말라 이는 방탕한 것이니 오직 성령으로 충만함을 받으라(엡 5:18)"

둘째, 영적인 세계는 인간영역과 밀접한 관계가 있다. 아담이 죄를 짓자, 죄는 인간 영역에서 발생했지만, 죄의 파급은 영적인 세계와 연결되어, 하나님과의 관계, 계약이 파괴되고, 인간 세계와 영적 세계와의 질서가 파괴됩니다. 원래 인간은 자연계와 영계의 지배 권한을 가지고 있었으나, 타락으로 인하여 하나님께서 떠나시므로 영성(카리스마)을 소멸하여 영적 세계의 지배권을 마귀에게 양도 당하게 되었습니다. 그래서 우리는 문제를 해결할 때 한 차원 더 깊은 수준으로 영적인 배후를 분별하여 문제의 원인을 찾아 해결해 하는 것입니다.

그러므로 우리가 문제를 해결하려면 하나님의 권능이 나와야 문제의 배후에 역사하는 마귀를 이길 수가 있는 것입니다. 이는 모세가 손을 들고 기도할 때, 아말렉 군대와의 전쟁에서 승리했습니다. 하나님의 힘을 받으니 이스라엘이 이긴 것입니다. "여호수아가 모세의 말대로 행하여 아말렉과 싸우고 모세와 아론과 훌은 산꼭대기에 올라가서 모세가 손을 들면 이스라엘이 이기고 손을 내리면 아말렉이 이기더니 모세의 팔이 피곤하매 그들이 돌을 가져다가 모세의 아래에 놓아 그가 그 위에 앉게 하고 아론과 훌이 한 사람은 이쪽에서, 한 사람은 저쪽에서 모세의 손을 붙들어 올렸더니 그 손이 해가 지도록 내려오지 아니한지라. 여호수아가 칼날로 아말렉과 그 백성을 쳐서 무찌르니라(출17:10-13)" 하나님이 자신의 주인으로 오셔서 도와야 우리가 마귀와 싸워 이길 수가 있습니다. 하나님을 주인으로 모셔들이고 하나님과 인격적인 관계가 되시기를 바랍니다.

성경에 보면 이스라엘의 불순종이 전쟁과 기근과 온역으로 연결되었습니다. "여호와께서 네 재앙과 네 자손의 재앙을 극렬하게 하시리니 그 재앙이 크고 오래고 그 질병이 중하고 오랠 것이라. 여호와께서 네가 두려워하던 애굽의 모든 질병을 네게로 가져다가 네 몸에 들어붙게 하실 것이며(신28:59-60)" 사울이 하나님께 불순종하자 사울에게 악귀가 들어왔습니다. "사울이 그 말에 불쾌하여 심히 노하여 이르되 다윗에게는 만만을 돌리고 내게는 천천만 돌리니 그가 더 얻을 것이 나라 말고 무엇이냐 하고 그 날 후로 사울이 다윗을 주목하였더라. 그 이튿날 하나님께서 부리시는 악령이 사울에게 힘 있게 내리매 그가 집 안에서 정신없이 떠들어대므로 다윗이 평일과 같이 손으로 수금을 타는데 그 때에 사울의 손에 창이 있는지라. 그가 스스로 이르기를 내가 다윗을 벽에 박으리라 하고 사울이 그 창을 던졌으나 다윗이 그의 앞에서 두 번 피하였더라. 여호와께서 사울을 떠나 다윗과 함께 계시므로 사울이 그를 두려워한지라(삼상 18:8-12)" 무엇이든지 땅에서 풀면 하늘에서 풀리며, 땅에서 묶으면 하늘에서도 묶입니다. "진실로 너희에게 이르노니 무엇이든지 너희가 땅에서 매면 하늘에서도 매일 것이요 무엇이든지 땅에서 풀면 하늘에서도 풀리리라(마18:18)"

우리는 하나님을 주인으로 모시고 의지해야 합니다. 하나님의 도움이 없이는 문제를 해결할 장사가 없고 문제에 눌려서 마귀의 종으로 살아가게 되는 것입니다. 성령으로 기도합시다. 영적인 세계가 열리게 해달라고 기도합시다. 하나님은 우리의 기도에 응답하십니다. "진실로 다시 너희에게 이르노니 너희 중의 두 사람이 땅에서 합심하여 무엇이든지 구하면 하늘에 계신 내 아버지께서 그들을 위하여 이루게 하시리라(마18:19)" "우리 하나님 여호와께서 우리가 그에게 기도할 때마다 우리에게 가까이 하심과 같이 그 신이 가까이 함을 얻은 큰 나라가 어디 있느냐(신 4:7)" 영적인 세계를 보고 알아서 마귀에게 속지 말아야합니다. 마귀의 미혹에 속지 말고 하나님의 축복을 보존하는 크리스천이 되어야 합니다. 영적인 권세(카리스마)를 회복하여 마귀를 나와 나의 가정 교회 세상에서 몰아냅시다.

결론적으로 성도들은 마음을 성령하나님께서 지배하시고 장악하시면 권능 있고 강건한 삶을 살아갈 수가 있습니다. 반대로 마음을 세상(아담의 주인이던 마귀)이 지배하고 장악하면 하나님과 원수가 되어 마귀의 종으로 삶을 살아가다가 멸망을 받게 되는 것입니다. 마음을 성령으로 정화합시다. 마음이 성령으로 정화 되어야 외면도 정화되어 능력있는 삶을 살아가게 되는 것입니다. 성령으로 전인격이 지배와 장악된 삶으로 하나님께서 부여하신 복을 누리면서 살아가시기를 소원합니다.

9장 마음의 투시 치유는 말씀과 성령으로

(요 2:13-22) "유대인의 유월절이 가까운지라 예수께서 예루살렘으로 올라가셨더니 (14) 성전 안에서 소와 양과 비둘기 파는 사람들과 돈 바꾸는 사람들이 앉아 있는 것을 보시고 (15) 노끈으로 채찍을 만드사 양이나 소를 다 성전에서 내쫓으시고 돈 바꾸는 사람들의 돈을 쏟으시며 상을 엎으시고 (16) 비둘기파는 사람들에게 이르시되 이것을 여기서 가져가라 내 아버지의 집으로 장사하는 집을 만들지 말라 하시니 (17) 제자들이 성경 말씀에 주의 전을 사모하는 열심이 나를 삼키리라 한 것을 기억하더라 (18) 이에 유대인들이 대답하여 예수께 말하기를 네가 이런 일을 행하니 무슨 표적을 우리에게 보이겠느냐 (19) 예수께서 대답하여 이르시되 너희가 이 성전을 헐라 내가 사흘 동안에 일으키리라 (20) 유대인들이 이르되 이 성전은 사십육 년 동안에 지었거늘 네가 삼 일 동안에 일으키겠느냐 하더라 (21) 그러나 예수는 성전된 자기 육체를 가리켜 말씀하신 것이라 (22) 죽은 자 가운데서 살아나신 후에야 제자들이 이 말씀하신 것을 기억하고 성경과 예수께서 하신 말씀을 믿었더라."

마음(심령)을 정화하고 강화하는 일은 인간적인 노력이나 열심으로 되지 않습니다. 마음에 대한 이론을 많이 안다고 마음을 정비하고 정화하지 못합니다. 마음 속의 세계에 대한 외국의 유명한 분의 책을 읽었다고 마음이 정비되고 정화되지 못합니다.

우리가 바르게 알아야 할 것은 자신이 성전이라는 성전의식을 가져야 한다는 것입니다. 자신이 성전의식을 가지고 있지 않거나 이해되지 않으면 절대로 마음이 정비되고 정화되지 못합니다. 마음이 정비되고 정화되는 것은 진리의 말씀과 성령으로 되는 것이기 때문에 사람의 능력이나 지식으로 되지 않습니다.

반드시 성령의 역사가 일어나야 합니다. 성령의 역사가 일어나려면 자신이 주님의 성전이라는 성전의식이 이해되고 믿어져야 합니다. 그래야 하나님의 성령께서 자신 안에서 역사하시어 자신 안에 마음에 형성된 세상 것(아담으로 인한 것)들과 세상을 살아오면서 받은 상처와 스트레스와 자아(배우고 터득한 것)가 정비되고 정화되어 마음이 강하고 평안하게 되는 것입니다.

앞에 8장에서 영적세계에 대하여 읽으셔서 깨달으셨을 것입니다. 자신 안에 마음에 형성된 세상 것(아담으로 인한 것)들과 세상을 살아오면서 받은 상처와 스트레스와 자아(배우고 터득한 것) 뒤에 역사하는 4차원의 악령들이 좌정하고 있을 수가 있는 것입니다. 마음의 상처 뒤에 숨어있는 4차원의 악령들은 반드시 5차원의 성령의 역사가 일어나야 물러가는 것입니다. 자연스럽게 알게 되는 것이 자신의 마음이 정비되고 정화되는 것은 진리의 말씀과 성령의 역사로 되는 것이라는 말입니다.

오늘 본문에 나오는 "예수께서 성전이라고 하신 것은 자기 몸(육체)을 두고 하신 말씀이었습니다."(요 2:21). 이 예수님이 성전이라는 것이 성령으로 깨달아지고 믿어지고 자신이 성전으로 살아가야 마음이 정비되고 정화되기 시작하는 것입니다. 그래야 진리의 말씀과 성령으로 만이 마음이 정비되고 정화된다는 것을 믿고 행할 수가 있는 것입니다.

마음을 정비하고 정화하려면 먼저 해야 할 것이 있습니다. 예수님을 주인으로 영접해야 합니다. 예수님을 주인으로 영접했다면 교회예배당에 나가 예배를 드리면서 뜨겁게 기도해야 합니다. 기도하다가 성령으로 세례를 체험해야 합니다. 성령세례에 대하여는 뒷면에서 설명이 될 것입니다. 성령으로 세례를 받은 다음에 성령으로 불세례를 받고 성령 충만받아 성령께서 자신의 전인격을 장악하면서 마음에 형성된 아담의 죄악과 상처와 스트레스와 필요에 따라서 혈통에 역사하던 영육의 문제들과 자아(배우고 터득한 것)을 정화하고 강화하는 것입니다.

자신이 해야 할 일은 자신 안에서 성령님이 역사하실 수 있도록 마음을 열고 기도하는 일입니다. 또한 자신의 마음에 문제가 있을 수가 있다고 인정해야 합니다. 우리는 복음과 율법과 샤머니즘을 구별할 줄 알아야합니다. 이는 예수를 믿고 성령의 인도를 받으면서 마음을 정비하고 정화하여 성령의 인도를 받으면서 평안하고 행복하게 살아가려는 성도들의 기본입니다.

오늘의 본문에 나오는 복음은 예수님의 성전정화 사건을 다룹니다. 성전을 교회예배당으로(건물로 지어진 교회로) 생각하면 말씀의 비밀을 깨달을 수가 없습니다. 성전은 분명하게 예수님의 몸입니다. 지금은 예수를 믿고 성령으로 거듭난 우리들의 전인격 영-혼-육체입니다. 분명하게 하나님은 **"너희는 너희가 하나님의 성전인 것과 하나님의 성령이 너희 안에 계시는 것을 알지 못하느냐"**(고전 3:16). 말씀하셨기 때문입니다.

예수님은 소와 양과 비둘기를 파는 상인들과 돈 바꿔주는 환전상들을 성전에서 쫓아내십니다. 우리들의 마음을 진리의 말씀과 성령으로 정비하고 정화하신다고 깨닫고 믿으면 족합니다. 돈 바꿔주는 사람들의 돈을 쏟아버리고, 상을 뒤엎으십니다. 노끈으로 만든 채찍을 휘두르면서 노기어린 목소리로 상인들에게 일갈하십니다. "이것을 걷어치워라. 내 아버지의 집을 장사하는 집으로 만들지 말아라."(요2:16절). 아버지의 집은 성전 된 예수님의 몸, 즉 성령으로 거듭난 우리의 몸을 말하는 것입니다.

그 광경을 보고 있던 유대 사람들이 예수님께 묻습니다. "당신이 이런 일을 하다니, 무슨 표징을 보여주겠소?" 표징은 눈에 보이는 기적을 뜻합니다. 바울의 말대로 유대인들은 기적을 구합니다(고전 1:22). 종교인들의 전형적인 욕망입니다. 예수는 사흘 만에 다시 세우겠으니 성전을 허물라고 말씀하십니다. 아~ 그럴 수만 있다면 그것처럼 놀라운 기적이 또 있을까. 유대 사람들은 기막혀하면서도 기대감을 품고 반문합니다.

46년 걸려 지은 성전을 사흘 만에 다시 세우겠다고? 독자들도 같은 물음을 제기하리라고 짐작했는지 복음서 저자는 재빨리 이런 설명을 덧붙입니다. **"예수께서 성전이라고 하신 것은 예수님 자신의 몸을 두고 하신 말씀이었습니다."**(요2:21). 지금은 성령충만한 우리들의 몸을 가리킵니다. 독자들이 이것이 깨달아지고 믿어져야 마음을 정비하고 정화할 수가 있습니다.

예수님은 성전과 자신을 동일시하십니다. 그래서 **성전을 허무는 것은 자신이 죽는 것을 상징하며, 성전을 다시 세우는 것은 자신이 부활하는 것을 상징합니다.** 오늘 복음의 핵심인 성전정화의 바탕에는 이러한 예수님의 "성전-의식"(temple-consciousness)이 깔려 있습니다. **성전은 하나님이 현존하시는 곳입니다. 하나님은 우리 영-혼-육 안에 주인으로 계십니다.**

세례요한도 증언하듯이 성전인 예수 안에는 하나님이 현존하셨습니다. "나는 성령이 비둘기 같이 하늘에서 내려와서 이분 위에 머무는 것을 보았습니다."(요 1:32). 그런데 유대인들이 46년 걸려 지었다고 자랑하는 예루살렘 성전은 하나님 현존의 장소가 아니라, 여과되지 않은 인간의 욕망이 난무하는 "장사하는 집"이 되어있었습니다. 그래서 주님의 집을 생각하는 열정이 예수를 삼켰고, 예수님은 성전정화의 채찍을 휘두르시지 않을 수 없었던 것입니다.

분명하게 사도행전 7장 48-50절에 보면 "그러나 지극히 높으신 이는 **손으로 지은 곳에 계시지 아니하시나니** 선지자가 말한 바 (49) 주께서 이르시되 하늘은 나의 보좌요 땅은 나의 발등상이니 **너희가 나를 위하여 무슨 집을 짓겠으며 나의 안식할 처**

소가 어디냐 (50) 이 모든 것이 다 내 손으로 지은 것이 아니냐 함과 같으니라." 라고 말씀하고 계십니다. 다시 한번 강조합니다. 예수를 믿고 성령으로 거듭난 우리들이 하나님 성전입니다. 마음을 정비하고 정화하는 것은 우리들의 몸 된 성전을 정화하고 강화하는 것입니다. 예수님은 "성전"이라는 단어의 의미를 변형시키셨습니다. 유대인들에게 성전은 46년 걸려 지은 건물인 반면, 예수님에게 성전은 자기 몸입니다. 유대인들에게 성전은 사물임에 반해, 예수님께서 말씀하시는 성전은 인격입니다. 사물에서 인격으로의 의미 변형, 놀라운 변화입니다. 이뿐 아닙니다. 유대인들은 사실의 세계에서 단조롭게 사고하지만, 예수님은 은유의 세계에서 풍요롭게 살아가십니다.

따라서 예수님을 이해하려면 사실의 세계를 벗어나 은유의 세계로 들어가야 합니다. 이는 성령의 인도를 받으며 성령으로 진리를 깨달아야만 이해가 가능한 것입니다. 사실(fact)의 덫에 갇히는 순간 종교는 생명과 신비를 잃게 됩니다. 예수님을 이해하려면 이러한 시적 의미 변형에 익숙해져야 합니다. 예수님은 의미 변형의 대가로서 시인이나 다름없기 때문입니다.

요한복음에는 의미 변형의 또 다른 예가 나옵니다. 예수님께서 사마리아 여자에게 물을 달라고 청했을 때, 여자가, 유대인 남자로서 어떻게 개 인 사마리아 여자에게 물을 달라고 할 수 있느냐고 묻자, 예수는 뜬금없이 "너에게 물을 달라는 사람이 누구인지를 알았더라면, 그는 너에게 생수를 주었을 것이다"

(요 4:7-10)라고 대답합니다. 여자가 예수님께서 누구인지 모른다는 말씀입니다. 예수님이 계속 설명합니다. 여기서 "물"의 의미가 "생수"로 변형됩니다. 하지만 이게 끝은 아닙니다. 여자와의 대화가 더욱 깊어지는 동안, "내가 주는 물은 영생에 이르게 하는 샘물이 될 것이다"(요 4:14)라고 말함으로써 예수님은 물의 의미를 또 한 번 변형시키십니다. 생수로 의미가 확장된 물은 이제 "영생에 이르게 하는 샘물"로 의미가 심화됩니다.

예수님은 "떡"이라는 말의 의미도 변형시키십니다. "내 아버지께서 너희에게 하늘로부터 참 떡을 주신다."(요 6:32). 허기를 달래주는 물질로서의 떡이 "참 떡"으로 의미가 확장됩니다. 하지만 "참 떡"은 또 다른 의미 변형의 과정을 거치게 됩니다. "내가 생명의 떡이다. 내게로 오는 사람은 결코 주리지 않을 것이다."(요 6:35). "떡"은 "참 떡"으로 의미가 확장되고, "참 떡"은 "생명의 떡"으로 의미가 심화됩니다.

그리고 이 "생명의 떡"이 바로 예수이십니다. 하지만 여기서도 끝난 게 아닙니다. 예수는 이렇게 말합니다. "나는 하늘에서 내려온 살아있는 떡이다. 이 떡을 먹는 사람은 누구나 영원히 살 것이다. 내가 줄 떡은 나의 살이다."(요 6:51). 이제 "생명의 떡"은 "예수의 살"이라는 새로운 의미로 비약합니다.

예수님이 이렇게 의미를 변형시키는 이유는 무엇일까요? 간단합니다. 예수님은 하나의 사물이나 물질의 의미를 변형시킴으로써 사람들을 피상적인 세계에서 더 깊은 영적인 세계로 이끌어 가십니다. 보이는 세계에서 보이지 않는 영의 세계로, 물질적인 세계에서 영적인 세계로, 현상적인 세계에서 본질의 세계(영의 세계)로 이끌어 가시는 것입니다. 보이는 세계에 머무르지 않고 보이지 않은 영적인 세계로 이끌어 가시는 것입니다.

예수님은 보이는 사람을 의식하지 않도록 이렇게 경고하십니다. "예수께서 대답하여 이르시되 **너희가 사람의 미혹을 받지 않도록 주의하라 (5) 많은 사람이 내 이름으로 와서 이르되 나는 그리스도라 하여 많은 사람을 미혹하리라**"(마 24:4-5). 보이지 않는 하나님께 집중하고 보이지 않는 하나님을 살아계신 하나님으로 믿으라는 진리이십니다. 보이는 사람의 미혹에 대하여는 뒷면에서 상세하게 설명이 될 것입니다.

그런데 주목해야 할 또 하나의 사실이 있습니다. 이러한 의미 변형의 과정에서 예수님은 최종 의미와 자신을 동일시하십니다. 물에서 시작하여, 생수를 거쳐, 영생에 이르게 하는 샘물로 의미가 변형되는 과정에서, 예수님은 최종 의미인 "영생에 이르게 하는 샘물"과 자신을 동일시하십니다. 마찬가지로, 떡에서 시작하여, 참 떡을 거쳐 생명의 떡으로 의미가 변형되는데, 이 과정에서도 예수님은 최종 의미인 "생명의 떡"과 자신을 동일시하십니다.

물이든 떡이든 이렇게 의미를 확장시키고, 심화시키고, 비약시키는 것은 말장난이 아닙니다. 다시 말하지만 그런 복잡한 과정을 통해 우리의 주의를 물질세계에서 보이지 않는 영적 세계로 돌리게 하고, 우리의 관심을 현상 세계에서 본질적인 보이지 않는 영적인 세계로 이끌어가는 것입니다. 보이지 않으나 살아 계신 하나님께로 인도하시는 것입니다.

그리고 예수님이 최종 의미와 자신을 동일시하는 이유는 영적 차원과 본질적인 차원에 대한 갈망이 있는 사람만이 예수님을 제대로 만날 수 있다는 것을 암시하십니다. 그렇습니다. 예수님은 삶의 본질과 관계된 분이지 세속의 허영과 관련된 분이 아닙니다. 예수님은 진리를 추구하는 사람의 벗이지, 부귀영화와 무병장수를 약속하고 길흉화복을 점치는 무당이 아닙니다.

예수님은 성전이라는 말의 의미를 변형시키심으로써 성전을 자신과 동일시하셨습니다. 그런데 성경은 성전의 의미를 한 번 더 변형시킵니다. 짐작하겠지만, 사도 바울이 성전이라는 말에 새로운 의미를 부여한 것입니다. **"너희는 너희가 하나님의 성전인 것과 하나님의 성령이 너희 안에 계시는 것을 알지 못하느냐"**(고전 3:16).

위의 고린도전서 3장 16절에 의하면 예수님만 성전이 아닙니다. **우리 한 사람 한 사람이 "하나님의 성령이 거하는" 성전이라는 단호한 선언입니다.** 이제 예루살렘에 있었던 건물로서의 성전은, 예수님이라는 인격을 거쳐, 예수를 따르는 그리스도인을 일컫는 상징이 되고 있습니다. **이것이 깨달아지고 믿어져야 마음이 열려서 마음을 진리의 말씀과 성령으로 정비하고 정화하고 치유할 수가 있는 것입니다.**

예수님의 말씀이 맞습니다. 옳습니다. 그리스도인들, 우리가 바로 성전입니다. 하므로 독자 여러분 또한 성전입니다. 무슨 뜻입니까? 우리들이 그토록 고귀한 존재라는 말입니다. 우리는 악의 소굴이 아닙니다. 우리는 장사하는 상가도 아닙니다. 우리는 음란의 밀실도 아닙니다. 우리는 소통이 단절된 감옥도 아닙니다. 상처에서 흐르는 고름 냄새 진동하는 병동도 아닙니다. 우리는 성령하나님께서 주인으로 계시는 성전입니다. 하나님 현존의 장소입니다. 임마누엘의 처소입니다. 성령이 거하시는 성소입니다. 가정에 들어가면 가정이 성전입니다. 직장에 가면 직장이 성전입니다. 별처럼 반짝이는 영감으로 가득한 신비의 사원입니다. 진실과 사랑에 대한 동경으로 지어져가는 새로운 교회입니다. 이것이 믿어지고 행해져야 성전이 됩니다.

하지만 여기에서 끝이 아닙니다. 사도 바울은 그리스도의 후예답게 성전의 의미를 또 한 번 확장시킵니다. 예수님이 성전인 것만큼 내가 성전이라면, 그 예수님을 믿는 또 다른 "성도들", 내가 "너"라고 부르는 다른 성도들 또한 성전입니다. 내가 하나님의 성전이라면 예수님을 믿는 다른 사람들도 성전인 것입니다. 그리스도인의 교제는 성전인 나와 성전인 너의 만남입니다. 그렇게 한 성전으로 지어져 갑니다. 이런 생각을 사도 바울은 다음과 같이 아름답게 노래합니다.

"그리스도는 우리의 평화이십니다. …그분은 유대인과 이방인을 자기 안에서 하나의 새 사람으로 만들어서 평화를 이루시고 원수된 것을 십자가로 소멸하셨습니다. … 여러분은 사도들과 예언자들이 놓은 기초 위에 세워진 건물이며, 그리스도 예수가 그 모퉁잇돌이 되십니다. 그리스도 안에서 건물 전체가 서로 연결되어서, 주님 안에서 자라서 하나님의 성전이 됩니다. 그리스도 안에서 여러분도 함께 세워져서 하나님이 성령으로 거하실 처소, 성전이 됩니다."(엡2:14,16,20-22).

우리는 잊어서는 안 됩니다. 예수를 믿고 교회에 나오는 아이들이 성전임을! 이미 이 아이들 안에는 하나님이 현존하십니다. 하므로 세속의 정신으로 이 아이들의 영혼을 훼손해서는 안 됩니다. 모든 어린이는 성전으로서 존중되어야 합니다. 그래서 예수님은 "삼가 이 작은 자 중의 하나도 업신여기지 말라 너희에게 말하노니 그들의 천사들이 하늘에서 하늘에 계신 내 아버지의 얼굴을 항상 뵈옵느니라"(마 18:10). 말씀하시는 것입니다.

하나님의 성전의식을 갖고 살아가는 것과 함께 중요한 것은 성전을 정화하는 것입니다. 그래서 성전을 성전답게 하지 못하는 요소들을 쫓아내고 성령이 거하시는 곳, 하나님 현존의 장소로 만들어야 하는데, 성령으로 깊은 영의기도가 하는 일이 정확하게 그것입니다. 성령으로 깊은 영의기도를 하여 자신의 전인격이 성전 되도록 정화하는 것은 뒤에 상세하게 설명이 됩니다.

이렇게 성령으로 깊은 영의기도를 하는 동안 우리는 정확하게 예수님이 성전에서 하신 일을 재현합니다. 재현한다는 것은 성전을 청소한다는 말입니다. 성전인 우리 자신 안에서 상인들과 환전상들 즉 온갖 "생각들" "상처들" "아담으로부터 온 것들" "혈통으로부터 흘러들어온 것들"을 쫓아냄으로써 우리 자신을 하나님 현존의 장소가 되게 합니다. 성령으로 깊은 영의기도는 정화에 대해 말만하지 않고, 이론만 알지 말고, 마음의 정화를 실제로 경험하게 합니다. 그럼으로써 "장사하는 집"인 우리가 실제로 "예수님이 주인된 성전"이 되게 하는 것입니다.

하지만 마음을 비우기만 해서는 안 됩니다. 성령으로 귀신을 쫓아내고 그곳을 말씀과 성령의 거룩한 것으로 채우지 않으면 더 악한 귀신 일곱이 들어옵니다(마12:43-45). 그래서 성령으로 깊은 영의기도와 함께 거룩한 진리를 묵상하는 것입니다. 물론 성령으로 깊은 영의기도 만으로도 성전으로 지어지지만, 거룩한 진리를 묵상함으로 성전의 기초와 뼈대를 더욱 튼튼하게 만들어줍니다. 반드시 진리의 말씀이 있어야 성전이 견고하게 지어지는 것입니다. 그것을 오늘의 시편은 이렇게 노래합니다.

"여호와의 율법은 완전하여 영혼을 소성시키며 여호와의 증거는 확실하여 우둔한 자를 지혜롭게 하며 (8) 여호와의 교훈은 정직하여 마음을 기쁘게 하고 여호와의 계명은 순결하여 눈을 밝게 하시도다 (9) 여호와를 경외하는 도는 정결하여 영원까지 이르고 여호와의 법도 진실하여 다 의로우니 (10) 금 곧 많은 순금보다 더 사모할 것이며 꿀과 송이꿀보다 더 달도다 (11) 또 주의 종이 이것으로 경고를 받고 이것을 지킴으로 상이 크니이다"(시 19:7-11).

독자들이여, 자신의 전인격이 성전으로 지어지기를 바라십니까? 성전으로 지어진다는 것, 성전으로 살아간다는 것, 성전으로서 교제한다는 것이 어떤 것인지 알기를 원하십니까? 말씀을 머리로 아는 것이 아니라 성령으로 진리를 깨달음으로 체험으로 깨닫기를 원하십니까? 기독교는 체험의 종교입니다. 눈에 보이지 않지만 살아계신 성령하나님께서 성도들을 통하여 나타나시는 것입니다. 자신의 전인격이 성전이라는 것을 깨닫고 하나님의 성전답게 살아가야 합니다. 그러기 위해서 마음을 진리의 말씀과 성령으로 정화하고 강화하는 것입니다. 하나님의 성전으로 살아가기 위해서 자신의 전인격을 정화하는 것입니다. 이 성전 된 삶, 마음의 중요성을 알고 행하고 살아가야 합니다.

사람들은 세상의 모든 것들을 소유하면 자기는 부자요 행복한 사람이라 하지만, 진정한 행복은 그곳에 없다는 것을 알면서도 그 일에 목숨을 걸고 있는 것은 자기 마음의 세계를 정확하게 깨달아 알지 못하기 때문입니다. 그것은 거짓 행복의 삶을 살고 있는 것입니다. 아무리 좋은 것을 손에 쥐었다 한들 보이는 것은 영원히 소유할 수 없는 것입니다.

사람들은 본성이 짐승의 야성을 벗어나지 못하고 먹을 것을 찾아 세상 끝까지 찾아다니다가 결국 빈손으로 돌아와서 절망과 좌절 속에 빠지게 되면 그때에야 자신들의 마음의 세계를 발견하게 됩니다. 그 마음의 세계로 들어가려 해도 길이 없어 엄두를 내지 못하고 결국 포기하고 마는 것은 깊은 흑암이라는 오랜 세월 동안 쌓아올린 거짓 생각들이 울창한 숲이 되어 견고한 진이 되어 가로 막고 있기 때문에 한 발자국도 옮길 수 없는 불모지를 보면서 자신들의 마음의 세계를 보지 못하고 있는 것입니다.

하지만 사람들마다 정복해야 할 곳은 사람들이 알지 못하는 자신들의 마음의 세계가 있습니다. 진리와 성령으로 자기 안에 있는 마음의 세계를 정복하게 되면 거기에는 행복도 있고 기쁨도 있으며, 천국도 있고 자신이 하나님이 계신 성전이라는 것을 체험하게 됩니다. 그러므로 사람들은 누구나 꼭 찾지 않으면 안 되는 곳이 자기 자신의 마음(심령)의 세계입니다. 그곳을 찾아야 행복과 기쁨이 있고 항상 언제나 부족함이 없으며 행복하고 예수님과 같이 살 수 있는 것입니다.

사람들은 누구나 예수님과 같이 되는 기이하고 놀라운 일이 일어나게 되는데 이 모든 것이 자기 안에 있는 마음의 세계를 정복한 사람들에게 주어지는 행복이라는 것입니다. 지구촌 그 어디에도 이런 곳은 없으며 오직 자기 안에 감추어져 있는 자기 마음의 성전 속으로 들어간 사람들에게만 주어지게 되어 있는 행복이요 천국입니다.

하지만 그곳을 정복하려면 많은 준비가 필요하고 진리의 말씀과 성령이 내안에 주인으로 계셔야 합니다. 그리고 성령의 인도를 받아야 합니다. 행복을 캐내고 천국이 되며 하나님들이 되려면 깊은 흑암을 뚫을 수 있고 벗어날 수 있는 진리의 말씀과 성령의 인도가 있어야 합니다. 이것을 성경에서는 예수의 계시라(계1:1)하였고, 하늘에서 내려온 펴 놓인 작은 책이라 하셨습니다(계10:1-2). 고로 성경은 성령으로 깨닫게 되는 것입니다.

펴 놓인 진리의 책을 가지고 있으면 길을 헤매지 않고 빛의 세계를 찾을 수 있으며 예수님이 걸어가셨던 길을 그대로 따라갈 수가 있기에(요14:6) 성령의 인도로 아주 쉽게 마음에 있는 성전에 들어가 자기의 소원들이 다 이루어지는 곳에 도달하게 되고, 하나님의 자녀들이 되는 것입니다. 거기에 도착한 사람들은 모두 의인들이 되고 예수님과 같은 사람들이 되는 기적을 체험하게 되어 있습니다. 예수를 믿는 사람들이라도 지금까지 너무나 무의식적인 삶을 살면서 외적이고 보이는 세계만을 여행하며 점령하면서 세상이 가져다주는 행복을 찾아 유리하며 방황하는 삶이었습니다. 가장 귀중하고 소중한 것들은 모두 방치해 두고 계속 쓰레기들만 모으며 살고 있었던 것입니다.

오래되고 낡은 폐품들을 모아 부자라며 큰소리를 치고 있었던 것이며 낡은 화폐들을 수집하여 중요한 보물이라 하고 이러한 재산을 소유하면 부자가 되고 행복한 사람들이라고 생각했습니다. 정작 그런 것에는 행복도, 기쁨도 없고 아무 것도 없습니다. 모두 가짜였고 거짓이었던 것입니다. 거짓 행복과 거짓 기쁨을 찾았고 가짜 천국과 가짜 하나님을 찾았으니 결국은 지옥의 삶이 아니었던가요? 그것들은 오늘 본문에 예수님의 말씀을 빌리면 모두 쓰레기들이요. 폐품들이며 장사꾼들의 소굴이요. 강도들의 굴혈이며 생지옥이었습니다. 선인가 했는데 악이 되어버리고 천국인가 하면 지옥이요. 행복인가 하면 불행이며 살만하면 죽음이 찾아왔던 것입니다. 이러한 세상이 계속되고 있는 것은 자신들의 마음의 세계를 알지 못한 사람들이 짐승과 같은 야성을 가지고 세상에 보이는 것이 전부가 되어 있기 때문이요. 자신들의 마음의 세계를 정비하고 정화하여 성전 된 사람들은 예수님의 마음을 가지고 하나님으로 살 수 있기에 선악이 없고 생과 사가 없는 영원한 천국의 삶을 살 수 있는 것입니다.

그러므로 찾을 만한 가치가 있는 유일한 보물은 자신 속에 숨어 있는 마음의 세계라는 것입니다. 본성을 찾아 자신이 성전이 되어버린 사람은 항상 웃을 수 있어 행복과 기쁨이 떠나지 않고 생명과 평화가 있으며 영원한 천국과 영생이 있습니다. 하나님과 하나가 되고 세상과 하나가 되셨던 예수님처럼 살면 됩니다.

내 것을 내 것이라 하지 않는 것입니다. 내 몸도 내 것이 아니기에 모든 것들이 내 몸처럼 소중하지 않습니까? 이 모든 것들은 자연 그대로 하나님의 것이니 성령하나님으로 살자는 것입니다. 그러므로 진정한 삶은 아직까지 미지의 세계로 남아있는 자신들의 마음의 세계를 정복하는 것입니다. 나는 나 자신을, 나의 본성을, 나의 존재를, 나의 자아를, 나의 하나님을 찾아 발견하는 일에 집중해야 합니다. 그러면 내가 기쁨의 사람이 되고 행복한 사람이 되며 내가 예수님처럼 되면 이것이 예수님이 걸었던 길이며 우리 모두가 걸어가야 할 길입니다.

10장 마음의 완전치유는 성령의 역사로

(엡 4:13-15) "우리가 다 하나님의 아들을 믿는 것과 아는 일에 하나가 되어 온전한 사람을 이루어 그리스도의 장성한 분량이 충만한 데까지 이르리니 (14) 이는 우리가 이제부터 어린 아이가 되지 아니하여 사람의 속임수와 간사한 유혹에 빠져 온갖 교훈의 풍조에 밀려 요동하지 않게 하려 함이라 (15) 오직 사랑 안에서 참된 것을 하여 범사에 그에게까지 자랄지라 그는 머리니 곧 그리스도라."

마음의 상처 치유는 자신의 노력으로 되지 아니하고 성령의 역사로 되는 것입니다. 마음의 상처 뒤에는 세상신이 역사하기 때문입니다. 마음의 상처 치유만으로 다 된 것으로 생각하면 안 됩니다. 마음의 상처를 치유했으면 이제 예수님의 성품이 나타나는 성숙한 성도가 되어야 합니다. 성숙한 그리스도인은 성령의 인도로 되어가는 것입니다. 자신의 의지가 있어야 하지만 자신의 노력으로는 하나님께서 원하시는 분량에 이르도록 성숙되는 것은 불가능합니다. 성령으로 충만해야 하나님께서 원하시는 장성한 분량에 이르도록 성숙하는 것입니다.

영적성숙의 삶은 무엇인가? 오늘 우리는 이러한 물음을 통해 우리들의 신앙의 삶을 돌아보려고 합니다. 그리스도를 아는 것이 귀하기에 우리들은 그분과의 끊임없는 교류를 위해 노력해야 합니다. 신앙의 성장을 위해 어떤 노력을 하고 계십니까? "성도들의 찬양이 힘이 없고, 기도가 힘이 없는데 목사 때문에 설교 때문에 부흥된다면 성도들은 영혼이 건강한 것은 아니다." 라고 어떤 목회자는 말하고 있습니다. 정확하고 맞습니다.

이것은 교회예배당은 숫적으로 성장할지 모르지만 성도는 곤고하다는 것입니다. 성도들 한 사람 한 사람이 성전되지 못하고 영혼에 만족을 누리지 못한다는 것입니다. 그러므로 온전한 교회의 부흥은 성도들의 영적 성숙이 원동력이 될 때 올바르게 이루어진다고 말할 수 있는 것입니다. 그렇다면 영적성숙은 무엇인가? 하나님을 영화롭게 하고 다른 사람을 사랑하며, 빛 된 삶을 사는 것을 말합니다. 이러한 성도들의 영적인 성숙의 방해하는 요인들이 있는데 대략 이런 것들이 있습니다.

먼저 성품의 문제입니다. 교만, 질투, 분노, 고집 등이 바로 그것입니다. 사람마다 성격, 기질이 다 다르지만 그리스도께 집중하고 전념하고 따르려는 노력으로 극복해야만 하는 것입니다. 마음을 열고 성령의 인도에 순종해야 합니다. 그 방법으로는 ① 부정적인 생각을 버리고 마음과 입술을 깨끗하게 해야 합니다. ②일어나는 모든 일에 대하여 감사해야 합니다. ③하나님께서 주시는 빛을 다른 사람과 나누어야 합니다. ④굴복하기 힘든 부분을 하나님께 맡기면 하나님께서 처리하십니다. 또한 하나님은 이해하실거야, 용서하실 거야라는 심각한 오해를 버려야합니다. ⑤ 모든 일에 절대 정직해야 합니다. 이는 반드시 성령님을 주인으로 모시고 성령으로 찾아서 정비하고 정화해야 합니다.

다음은 주님과의 관계의 문제입니다. 그리스도인이 많아지는 것은 중요합니다. 그러나 그것보다 더욱 중요한 것은 바로 예수님과 하나 됨과의 온전한 관계를 지니고 살아가는 참다운 신앙인들이 많아지는 것입니다. 그렇다면 어떻게 하는 것이 하나님과의 관계회복의 모습일 수 있겠습니까? ①예배를 회복해야 합니다. 즉, 영과 진리로 드려지는 예배의 기회를 놓치지 말라는 것입니다. 산제물이 되어 예배를 드려야 합니다. ②믿음을 시험해보라는 것입니다. 내가 정말 내 목숨까지도 라는 신앙을 지니고 있는지 자신을 테스트해봐야 한다는 것입니다. ③주님과 함께 사는 모습, 주님을 주인으로 모시는 모습을 보여야 합니다. 하나님과 단둘이 하는 시간이 얼마나 되는지를 따져보고 그 시간을 더욱 늘려가야만 한다는 것입니다.

오늘 본문은 '범사에 그에게까지 자랄지라.'고 말씀하고 있습니다. 스스로 자란다는 것이 아닙니다. '자랄지라' 자라게 하신다는 것입니다. 하나님은 자라게 하시는 분이십니다. 성장케 하십니다. 우리 그리스도인은 성령의 인도로 처음 예수 믿으면서부터 주님께서 부르시는 그 날까지 그리스도인으로 자라 갑니다. 엎치락뒤치락하지만 어쨌든 계속 성장해 가는 것입니다.

첫째로 세상에서 말하는 성숙한 사람의 특징입니다. 네온 사울이라고 하는 정신과 의사가 [정서적 성숙]이라는 책에서 성숙

한 인간의 생활 양심과 철학을 일곱 가지로 설명하였습니다. 그
것을 소개할까 합니다. 적어도 세상 심리학자가 보는 성숙이란
이런 것입니다.

1) 독립적이고 책임을 질 줄 안다는 것입니다. 남에게 의존
하는 게 아니요, 끌려가는 게 아니라 스스로 판단할 줄 아는 독
립적 판단을 가지는 것입니다. 특별히 책임을 진다는 것입니다.
내 책임은 내가 집니다. 남의 책임도 내가 집니다. 저는 설교를
할 때, 종종 이것을 강조하곤 합니다. 적어도 부부는 이래야 합
니다. 옛날 사람들은 열두 살짜리가 결혼을 했는데도 책임질 줄
을 알았습니다. 그래서 나이는 어리지만 아주 어른다운 데가 있
었습니다.

그런데 요새는 나이 30살이 넘어가지고도 정신적으로는 아
주 유치합니다. 그래서 자기 책임을 자기가 못 집니다. 그리고
자기 성격 나빠진 게 아내 때문이랍니다. 이런 멍청한 사람이
어디에 있습니까? 누가 누구 때문입니까? 내 책임은 내가 지고,
남의 잘못도 내가 책임져야지요. 자식이 잘못된 게 내 책임입니
다. 그런데 보십시오. 부부가 서로 책임 전가하느라고, 자식이
못된 점은 "너 닮았다"하며 싸우지 않습니까?

이렇게 한심하고 어린 것들이 모이니까 티격태격하는 것이
지요. 누구 하나라도 나아야겠는데 유치하기는 매일반입니다.
나이는 어디로 먹었는지 모르겠어요. 책임져야 합니다. 책임지
는 사람은 함부로 비판하지 않습니다. 비판 자체가 남에게 책임

전가하는 행위이기 때문입니다. 책임지는 사람은 최소한 침묵을 지킬 줄도 압니다. 이것이 성숙한 사람입니다.

2) 성숙한 사람은 남에게 나누어줄 줄 아는 사람이라고 말합니다. 소유의 공유성을 알고 있는 것입니다. 여기에도 그런 분이 많이 계시지만, 좀 용서하고 들으세요. 가끔 보면 그린벨트에 묶어진 땅이 자기 것이라고 생각하는 사람이 있습니다. 세상에 어리석은 사람입니다. 왜요? 그게 가만히 바라보는 땅이지 무슨 소용 있습니까? 거기에 가서 집을 지을 수 있습니까? 뭘 할 수 있습니까? 나뭇가지 하나라도 건드리지 못합니다.

그리고는 '내 것이거니'하고 앉자 있는 사람, 참 불쌍한 사람입니다. 생각해보세요. 소유라는 게 무엇입니까? 나 혼자 사용하라는 게 아닙니다. 무엇을 가졌든지, 이 소유에는 공유성이 있는 것입니다. 다 함께 누리고 다 함께 사용해야 되는 것입니다. 베풀 줄 아는 자가 바로 성숙한 사람입니다. 나 혼자의 것이 아니다, 라고 생각하는 마음이 있어야 합니다.

3) 협력할 줄 아는 사회성이 있어야 한다는 것입니다. 옳은 말입니다. 우리는 도움을 받을 줄도 알고, 도울 줄도 알아야 합니다. 도움을 받지도 않고, 주지도 않겠다는 사람, 그것은 유치한 것입니다. 어떻게 도움을 받지 않았습니까? 도움을 받지 않은 사람이 어디에 있으며, 어찌 주지 않고 살 수 있겠습니까? 나는 유아독존(唯我獨尊)이 아닙니다. 협력을 해야 되고, 협력을 받아야 됩니다. 그러한 사회성이 있어야 그게 바로 성숙한 인간

입니다.

4) 자기 양심과 조화하며, 느낌과 행동을 조절할 줄 알아야한다는 것입니다. 적어도 감정을 제어할 줄 알아야 합니다. 안해야 될 말을 불쑥 불쑥 해버리고, 거친 행동을 해버리고, 그것으로 인하여 일생을 두고 후회하는 사람이 있습니다. 미련한 인간이지요. 감정 조절을 못하는 사람은 어린아이다 그 말입니다. 그래서 '자기 마음을 다스리는 것은 성을 빼앗는 것보다 낫다'고 하지 않습니까? 아주 높이 성숙한 것이지요.

5) 분노와 적개심을 구분할 줄 아는 것입니다. 분노했다고 그것이 곧 미운 마음으로 바꾸어져서는 안 되는 것입니다. 적어도 의와 불의를 함께 생각할 줄 알아야 한다는 말입니다.

6) 현실을 파악하고, 그 미래적 의미를 알아야 한다고 합니다. 우리가 현재에 살고 있지만, 이 현재가 현재로 끝납니까? 그 다음 후속이 있지요. 뒷이야기가 있지 않습니까? 그러니 내가 하고 싶은 말을 마음대로 해버린다고 할 수 있는 것입니까? 그 다음에 저쪽에서 하는 말을 들을 생각도 해야지요. 반드시 후유증이 있게 마련입니다. 그런데 함부로 이야기하고 그 다음에 오는 것을 붙잡지 못하고… 이것이 얼마나 어리석고 유치한 것입니까? 적어도 어른이라면, 이렇게 행동하고 이렇게 말한 다음에, 즉 현재를 이렇게 파악하고 나면, 그 다음 일을 어떻게 될까, 하고 생각할 줄 알아야합니다. 이래야 어른이 아니겠습니까?

7) 성(性)을 진실하게 생각하며 그 조화를 생각하는 사람이

라고 합니다. 육체의 본능을 따라 살지만, 육체와 정신의 조화를 아는 그런 사람입니다. 그리고 융통성이 있고 적응성이 있는 사람이라고 합니다. 세상 심리(영혼)학자인 네온 사울은 성숙한 인간에 대하여 이렇게 일곱 가지로 설명하고 있습니다.

성숙한 사람은 먼저 기본적으로 생각할 것이 있습니다. 그것이 방향과 목적입니다. 성숙한 사람은 그것이 정해진 사람입니다. 질적 안정이 있고야 성장이 있습니다. 뿌리가 정해지고야 성장이 있습니다. 다시 말해서, 궤도 수정을 자주하는 사람은 성장하지 못합니다. 한번 심어놓았으면 기다려야지, 이것을 자꾸 뽑아서 옮기면 성장하지 못합니다. 잊지 말 것입니다. 목적을 변경해서는 안 됩니다.

비교적으로 성공했다는 사람들이 누구입니까? 외길 인생을 산 사람들입니다. 직업도 바꾸지 않고, 생각도 바꾸지 않고, 전공도 바꾸지 않고, 한번 시작한 것으로 일생을 사는 사람입니다. 그런 사람이 성공합니다. 그런데 궤도 수정을 자주 해서 이런 직업을 택했다가, 이런 전공을 택했다가, 이거 했다가 저거 했다가 몇 번 수정하고 나면 성숙할 겨를이 없습니다. 시간이 모자랍니다. 성장하지 못합니다. 10년이 되어야 성장합니다.

그것을 알아야 합니다. 그런고로 방향이 정해지고, 모델이 정해지고, 확실한 목표가 있어서 목적 변경 없이 그대로 인생을 사는 것, 거기에 성장이 있는 것입니다. 방황하는 생활에는 성장이 없습니다. 안정이 없는 생활에는 경제고 정치고 무엇이고 간에 어떤 성장도 있을 수 없습니다.

그런고로 오늘의 성경은 말씀합니다. "그리스도의 장성한 분량이 충만한 데까지(13절)" 목표가 분명합니다. 그리스도를 닮은 인간이라는, 그 목표를 분명히 하고 변함없이 직선적으로 살아야 비로소 성숙함이 있다 하시는 말씀입니다. 성숙은 결코 소유의 문제가 아닙니다. 지식의 문제도 아닙니다. 성숙이란 존재의 문제요 바로 그 인격의 문제입니다. 어떤 인격의 사람이 되느냐 그것에 대한 바른 목표를 세우고 나가야 한다는 말입니다.

좋은 열매를 원하십니까? 열매를 서두르지 마세요. 좋은 나무가 되세요. 좋은 나무가 되면 언젠가는 좋은 열매를 맺게 되어 있습니다. 우리가 공부하는 학생을 놓고도, 좋은 성적을 내라 하고 서두르지만 그래서 될 일이 아닙니다.

학생 스스로 공부하는 자세가 바로 되어야 합니다. 공부하는 자의 인격이 되어야 합니다. 그러면 자연히 공부하게 되어 있는 것입니다. 어떻게 말하자면, 기회도 얼마든지 옵니다. 그것을 잊지 말아야 합니다. 사람이 사는 자세, 그 인격 자체가 먼저라는 것입니다. 여기에 우리의 생각을 집중해야 된다는 말입니다.

둘째로 영적으로 성숙한 사람의 특징입니다. 영적성숙이란 어느 한 순간에 갑자기 이루어지는 것은 아닙니다. 그것은 오랜 시간의 마음의 정비와 정화와 치유를 통하여 성령의 인도를 받으면서 시행착오를 겪으면서 영적인 여행을 통해서 이루어집니다. 아브라함의 여정을 보면 이해가 갈 것입니다. 우리는 평생 동안 영적인 발전과 성숙을 사모하고 추구해야 하며 그것은 우리의 삶에 있어서 가장 중요한 목표입니다. 성숙된 사람이라고 해서 이마에 어떤 표시를 하고 다니는 것도 아닙니다.

그러므로 우리는 누가 어린아이로서 양육을 받아야 하며, 또한 누가 성숙된 사람으로서 주님의 분부를 감당할 수 있는 지, 분별하는데 어려움을 갖게 됩니다. 그러나 그럼에도 불구하고 어느 정도 영적으로 성숙된 사람에게는 몇 가지의 일반적인 특성이 나타나게 됩니다.

1) 그들은 사람들의 마음에 몹시 민감합니다. 기질적으로 그렇게 민감한 사람도 있기는 하지만 대체로 어린아이들은 일방적입니다. 그래서 상대방의 마음이나 느낌에는 몹시 둔감합니다. 그러므로 어린아이들은 다른 사람의 마음을 모르기 때문에 상처를 잘 주는 것입니다. 그들은 말하는 것을 좋아하지만 다른 사람들의 이야기를 듣는 것은 대체로 서투릅니다.

그들은 보통 눈치가 없으며 자기의 유익에만 민감하고 남을 섬길 줄 모릅니다. 남의 가슴을 다 뒤집어 놓고 '나는 뒤가 없어요.' '저는 워낙 솔직한 성격이라서…' '저는 남 듣기 좋은 말을 못해요' 하는 식의 말을 하는 분들이 많이 있는데 그런 분들이 이런 어린아이의 범주에 드는 사람들입니다.

어떤 사람은 '나는 다른 것은 몰라도 사랑 쪽에는 소질이 없어요' 라고 하는 사람이 있는데 이것은 '나는 주님과 상관이 없는 사람이며 신앙과도 관계가 없는 사람입니다' 라고 말하는 것과 똑같은 것입니다.

그러나 어느 정도 훈련과 환란을 통과하고 시행착오를 통과하고 어느 정도 성장하여 영혼이 눈을 뜨게 된 사람들은 사람의 마음을 쉽게 느낍니다. 그는 특별히 상대방의 이야기를 듣지 않아도 상대방의 상태를 간파해 냅니다. 그는 사람들을 섬기고 돕기 원하지만 어느 때 말을 해야 하는 지, 아니면 묵묵히 기다리고 있어야 하는지, 자연스럽게 느낍니다.

'경험자는 열변을 토하고 전문가는 웃는다' 하는 말도 있지만 그는 쉽사리 남을 설득하려고 자기의 편으로 끌어당기기 위해서 애를 쓰지 않습니다. 그는 조용히 묵묵히 기다리지만 사람의 영을 분별하고 느끼며 그의 영혼을 편안하게 해 줄 수 있습니다.

그러므로 왕왕 겉으로 보기에는 어느 정도 성장한 사람이 별로 지혜도 없이 단순한 사람으로 보이기도 하며 몹시 어린 사람의 열변과 예리함과 지혜가 몹시 멋지게 보이기도 합니다. 그러나 그 결과는 열매를 통해서 나타나는 것입니다.

모든 것이 자신이 넘치고 예리해 보이는 어린아이들의 말과 분석과 지혜는 왕왕 분쟁과 상처를 낳을 뿐입니다. 그것은 일시적으로 사람의 속을 시원하게 해주는 면도 있으나 대부분은 좋은 열매를 맺지 못합니다.

2) 그들은 성장해 갈수록 자신의 꿈과 야망에 대해서 자유로

워집니다. 어떤 아집이나 욕망에 별로 사로잡혀 있지를 않습니다. '주님! 이것이 아니면 나를 죽여주십시오. 차라리 나를 데려가세요.' 이런 식의 기도가 없어집니다. 그러한 자세는 믿음이 좋은 것이 아니고 억지이며 집착이기 때문입니다. 그들은 주님의 인도와 역사하심에 매우 유동적이며 자유롭게 됩니다. 이것은 그들이 꿈을 잃어버린 무기력한 사람이 되었다는 의미는 아닙니다.

물론 그들에게도 과거에 꿈이 있었고 현재도 가지고 있지만 그러한 이들은 이제 그것을 주님의 손에 올려놓았고 거기에 대해서 자유로운 상태인 것입니다. 그는 자기의 분량에 대해서 압니다. 그러므로 그는 주님께서 무엇인가를 명령하면 바로 달려가지만 주님께서 더 나아가지 않으면 그는 계속 나아가지 않습니다. 타고난 본능은 여태까지 달려온 그대로 계속 달려가기를 원하지만 그는 조용히 주님을 기다리게 됩니다. 그는 점차로 희생과 포기가 쉬워집니다. 사람들이 그를 알아주지 않고 심지어 오해와 비난이 난무한다고 해도 그에게는 그러한 것들이 대수로운 일이 아닙니다. 물론 그가 그곳까지 이르기까지 많은 눈물과 연단이 있어야 하는 것입니다.

3) 그는 점차로 편안한 사람이 됩니다. 사람들이 그의 옆에 있을 때, 그들은 왠지 마음이 편해지는 것을 느낍니다. 사람들은 자기들이 뭔가를 잘 못해도, 실수해도, 이 사람이 그들을 그대로 받아 줄 것 같은 편안함을 느낍니다. 어떤 투정을 해도 그

냥 웃으며 받아줄 것 같은 관용의 정신을 느끼게 됩니다.

그 이유는 성숙된 사람일수록 하나님의 아버지 된 마음을 느끼기 때문입니다. 하나님의 은혜를 구체적으로 알아가고 체험해 가기 때문입니다. 그는 아버지를 알아갈수록 자녀를 불쌍히, 긍휼히 여기시는 그분의 마음을 느끼기 때문에 그는 자연스럽게 그렇게 아버지의 마음을 가진 사람이 되어 가는 것입니다.

어린 사람일수록 남의 결점을 잘 봅니다. 그리고 억울한 것을 잊지 못합니다. 불의를 보고 참지 못합니다. 자기 속에 똑같은 죄가 있으면서도 그들은 상대방을 판단하고 미워하며 비난합니다.

그러나 영이 자라갈수록 사람들은 악에 대하여 용납하는 것이 아니라 그 악에 대하여 슬퍼하고 아파하며 자신이 그 악의 대가를 지불하기 원하면서도 그 악인은 불쌍하게 여기고 관대하게 대해주는 것입니다.

4) 그는 점차로 주님을 사모하며 그분과 연합하게 됩니다. 이제 그의 소원은 그의 개인적이고 인간적인 소원이 아닙니다. 그의 기쁨은 곧 주님의 기쁨이며 그의 소원은 곧 주님의 소원입니다. 그는 자기의 기쁨보다 주님의 기쁨을 원하며 주님의 뜻이 이루어지기를 원합니다. 그는 오직 주님의 뜻을 구하고 사모하며 그분의 뜻이 이루어지도록 간절한 소원과 열망을 갖게 되는 것입니다.

점차로 주님께서는 그에게 자신의 마음을 보여주십니다. 어린 아기에게는 그저 안아주시고 사랑으로 어루만져주실 뿐이지만 영혼이 어느 정도 자라고 맘이 통하게 되면 주님은 자신의 심장을 보여 주십니다. 그는 차츰 주님의 슬픔, 주님의 고독, 주님의 아픔, 주님의 안타까움에 대해서 알게 됩니다. 그는 점차로 대다수의 그리스도인들이 기뻐하고 즐거워할 때 주님께서도 기뻐하는 것이 아니며 대다수 그리스도인들이 절망하고 한숨짓는 일이 사실은 그렇게 나쁜 것이 아님을 알게 됩니다.

이제 그의 소원은 주님이 기뻐하시는 일을 행하는 것이므로, 그는 이제 주님의 가장 큰 소원이 영혼을 얻는 것임을 알게 됩니다. 그러므로 이제 그는 아버지의 마음으로, 주님의 마음으로 영혼들을 향하여 나아가고, 그들을 사랑하기를 원하며 그들을 위하여 주님을 대신해서 마음을 쏟으며 기도하는 것입니다.

'기도의 사람 하이드' 로 유명한 선교사 하이드는 한 영혼, 한 영혼을 위하여 중보 기도하면서 심장을 찢는 듯한 애절하고 간곡한 기도를 한 것으로 유명합니다. 그는 주님께 '주님! 이 영혼을 주십시오. 그렇지 않으면 저는 죽습니다.' 라고 흐느끼듯이 기도하면서 마음과 온 영혼을 쏟아 부었다고 합니다. 그의 기도를 들었던 사람은 누구나 전율과 눈물과 감격에 사로잡힐 수밖에 없었습니다. 어떻게 그는 그렇게 목숨을 걸 정도로 절박하고 애절한 기도를 드릴 수가 있었을까요?

그것은 아마도 그가 주님의 성령에 사로잡혀 있었기 때문일 것입니다. 주님께서 그에게 아버지의 마음을 부어주시고 영혼을 사랑하는 영을 부어주셨기에 그는 그렇게 자신의 진액을 토해놓는 기도를 할 수가 있었고, 주님의 음성을 들을 수 있었던 것입니다.

성숙된 영혼들은 얼마나 아름다운가요. 그러한 영혼들은 주님의 아름다우심과 사랑스러우심을 그대로 보여줍니다. 이 외에도 성숙된 영혼은 아름다운 특징이 아주 많이 있을 것입니다. 그것은 하나의 보화에 수많은 광채와 빛이 빛나는 것과 같습니다. 우리 중 누구도 아직 충분히 성숙되지 않았습니다. 그러므로 우리는 더욱 더 아름답고 따뜻한 영혼의 사람이 되기 위하여 계속적으로 성령의 역사와 성령의 인도를 받으면서 중단 없이 계속 나아가야 할 것입니다. 이 영혼의 여정을 계속 항해해 나가야 하는 것입니다.

젊은 아가씨들은 자신들의 미모를 가꾸기 위해서 애를 씁니다. 젊은 부인들은 자신들의 아름다움을 유지하고 몸매를 관리하기 위하여 무척 애를 씁니다. 그들은 나이가 50, 60이 되면 아무런 재미도, 즐거움도 없을 것이라고 생각합니다.

그러나 결코 그렇지 않습니다! 영혼이 성장됨으로 얻어지는 아름다움은 육체의 아름다움과 비교할 바가 아닙니다. 기껏해야 곧 썩을 육체의 아름다움은 아주 잠시뿐이지만, 영혼의 아름다움은 진정 찬란하고 황홀한 것이며 그 영광은 영원토록 변화되지 않는 것입니다.

진정한 아름다움을 위하여, 진정한 성숙을 위하여 우리는 자라가야 합니다. 자라갈수록 우리는 주님을 더 깊이 알게 됩니다. 평화로운 마음을 얻게 됩니다. 아름다워집니다. 따뜻한 사람이 됩니다. 그리하여 영혼을 얻고 그들의 마음을 열어 그들을 사랑하고 치유하고 돕는 하나님의 사람이 되는 것입니다.

사도 바울은 빌립보 교회의 성도들에게 보내는 편지에서 이러한 고백을 하였습니다. "내가 예수 그리스도의 심장으로 너희 무리를 어떻게 사모하는지 하나님이 내 증인이시니라"(빌 1:8). 예수 그리스도의 심장! 얼마나 멋진 말인가요. 바울은 주님의 마음을 가지고 있었습니다. 그는 주님의 마음으로, 아버지의 마음으로 그들을 바라보았습니다.

그러므로 그들이 너무나 사랑스러웠고 또 사랑스러웠던 것입니다. 성숙될수록 주님의 마음을 가집니다. 주님의 심장을 소유하게 됩니다. 그리고 그 마음으로 우리는 영혼을 사랑하고 위로하고 도우며 거기에서 큰 기쁨을 얻게 되는 것입니다.

결론적으로 영적으로 성숙하려면 성령님을 주인으로 모시고 성령님의 인도에 순종하는 성도가 되어야 합니다. 자신이 사는 집은 자신이 청소하고 오물을 버립니다. 우리는 예수님을 믿을 때 죽었습니다. 그리고 예수님으로 다시 태어났습니다자신 안의 오물은 누가 치우고 버려야 합니까? 성령님이 청소하시고 성숙하게 하실 것입니다. 모든 성도들이 모두 아는 것으로 끝나는 것이 아니라, 성령님께서 자신의 인격을 성숙시키도록 마음을 열어야 합니다. 성령님을 주인으로 모셔야 합니다.

3부 마음을 중요하게 여기신 예수님

11장 마음 속 관리의 지고이신 예수님

(눅 22:39)"예수께서 나가사 습관을 따라 감람산에 가시매 제자들도 따라갔더니"

예수님은 마음 속의 관리의 지고(至高)이십니다. 예수님은 마음의 관리를 철저하게 하셨습니다. 전인격이 성령의 지배 속에 있도록 하기 위하여 마음의 관리에 중점을 두고 사명을 감당하셨습니다. 사람은 영-혼-몸으로 구성되어 있습니다(살전5:23). 그렇기 때문에 영의 필요, 혼의 필요, 몸의 필요가 채워져야 합니다. 이 세 가지의 필요가 균형 있게 채워지는 사람이 건강한 사람입니다.

우리가 흔히 장애자라는 표현을 사용할 때는 몸에 이상이 있는 사람들을 생각하게 됩니다. 그런데 실상은 몸보다는 정신에 이상이 있는 것이 더 큰 장애입니다. 몸에 이상이 있어도 정신이 건강한 사람들은 몸의 이상을 극복하고 아주 훌륭하게 사회생활을 합니다. 반면에 몸은 건강한데 정신에 문제가 있는 사람들은 어떻습니까? 정신에 이상이 있는 사람들은 심각한 어려움 속에서 살아갑니다. 그런데 몸보다 정신보다 더 중요한 것이 있습니다. 그것이 바로 영입니다.

예수님은 마음관리를 하시기 위하여 영적인 생활의 본을 보이신 분입니다. 필자는 영적인 생활은 마음을 관리하는 것이라고 생각합니다. 물론 눈에 보이는 외면도 관리해야 합니다. 영적인 생활이라는 말은 영의 활동이라고 할 수 있습니다. 기독교적 영적인 생활은 거듭난 기독교인의 영이 하나님과 교제하는 것을 말합니다. 기독교적 영적 생활(영성)의 목표는 하나님과 합일을 이루는 것입니다. 합일의 방법은 예수 그리스도를 통해서 성령의 인도를 받는 것입니다.

기독교 영적생활에서 핵심적인 단어는 '항상'입니다. 언제 성령님의 인도를 받아야 합니까? '항상'입니다. 언제 예수님의 이름으로 아버지 하나님과 교제해야 합니까? '항상'입니다. 이것은 우리가 호흡하는 것과 같고 우리의 몸에 피가 물이 흐르는 것과 같아야 합니다. 마음을 관리하기 위하여 '항상' 하나님과 교제해야 합니다. 걸어 다니는 성전이 되어야 합니다. 하나님과 '항상' 교제함으로 '항상' 성령으로 충만하게 지낼 수가 있습니다. '항상' 성령으로 충만함으로 '항상' 마음속의 세계가 정비되고 정화될 수가 있는 것입니다.

독자들은 언제 호흡합니까? '항상' 호흡하지요. 몸속에 피는 언제 흐릅니까? '항상' 흐르죠. 하나님과의 교제 역시 '항상' 되어야 합니다. 그래야 마음이 정화된 가운데 지낼 수가 있습니다. 마음이 정화된 가운데 지내야 영-혼-몸이 하나님의 성전이 되는 것입니다. 사람이 호흡이 끊어지면 죽습니다. 피가 멈추어도 죽습니다. 하나님과 교제가 끊어지면 사망입니다. 하나님과 교제가 연결되어야 생명입니다.

예수님의 영적인 생활은 '항상' 하나님과 교제하는 생활이었습니다. 예수님은 하나님과 항상 교제함으로 마음을 정비하고 정화하여 성령으로 충만하게 지내셨습니다. 예수님은 단 한순간도 하나님과 교제가 끊어진 일이 없었습니다. 예수님은 자신이 항상 하나님 아버지와 교제 하시는 것을 이렇게 표현하셨습니다. "나와 아버지는 하나이니라"(요10:30). 요 14:10에서는 이렇게 말씀하셨습니다. "내가 아버지 안에 거하고 아버지는 내 안에 계신 것을 네가 믿지 아니하느냐 내가 너희에게 이르는 말은 스스로 하는 것이 아니라 아버지께서 내 안에 계셔서 그의 일을 하시는 것이라" 예수님은 아버지 하나님과 항상 교제하시면서 완전한 합일의 상태를 이루셨습니다. 단 한 순간도 아버지와 교제가 끊어지신 일이 없었습니다. 아버지께서는 예수님 안에 계시면서 예수님을 통해서 일하셨습니다. 아버지와 예수님은 완전한 합일을 하나를 유지하셨습니다.

예수님의 영성을 전등으로 설명할 수 있습니다. 예수님은 항상 빛을 환하게 비추는 전등과 같았습니다. 전등이 항상 빛을 발하려면 전기가 항상 공급되어야 합니다. 전기의 공급이 끊어지면 전등의 빛은 사라지고 맙니다. 전등이 항상 빛을 발한다는 말은 전선을 통해서 전기가 항상 공급된다는 말입니다. 예수님은 항상 하나님과 연결 된 상태를 유지하셨습니다.

건강한 영적생활을 하는 사람은 항상 하나님을 의식하고 항상 하나님을 주인으로 모시고 하나님 앞에 서 있으며 항상 하나님과 교제하는 사람입니다. 기분 좋을 때, 좋은 일이 있을 때,

특별한 경우에만 하나님을 찾고 하나님과 교통하는 사람이 있는데 건강한 영적생활이 아닙니다. 반대로 어떤 사람은 문제가 있을 때, 어려운 일을 만날 때, 사고가 났을 때만 하나님을 찾는 사람이 있는데 이것도 역시 건강한 영적생활이 아닙니다.

건강한 영적생활은 어떤 상황과 환경 속에서도 항상 성령님의 인도를 받으며 예수님의 이름으로 하나님 아버지와 교제하는 생활입니다. 그럼 예수님의 마음관리와 영적생활은 구체적으로 언제 어떻게 이루어 졌는지 살펴보겠습니다.

첫째, 자연을 통해서 하나님과 교제하셨다. 예수님은 자연을 관조하는 습관을 통해서 하나님과 대화하셨습니다. 예수님은 들에 핀 백합화를 보시고도 하나님께서 주의 백성들을 입히신다는 진리를 말씀하셨고, 또 사람들의 눈에 보일 듯 말 듯 한 아주 작은 겨자씨를 보시면서도 역시 하나님의 뜻을 찾으셨고 비유를 통해서 하나님의 진리를 말씀하셨습니다. 예수님은 공중에 나는 새를 통해서도 하나님과 교제하셨고 하나님의 진리를 보셨습니다. 하늘에 나는 참새를 보고서도 하나님이 먹이심을 말하셨습니다. 예수님은 당시에 시중에 나가면 몇 푼만 주면 몇 마리라도 살 수 있는 그 보잘 것 없는 새들의 죽고 사는 문제를 통해서도 하나님의 주권을 말씀하셨습니다.

자연 안에는 하나님의 음성이 숨어 있습니다. 우리가 자연을 보며 귀를 기울이고 하나님과 교제하려고 한다면 얼마든지 하나님의 음성을 듣고 하나님과 교제가 가능합니다. 시 19:1에 보니 "하늘이 하나님의 영광을 선포하고 궁창이 그의 손으로 하신 일을 나타내는도다"라고 말씀합니다. 시 97:6에서는 "하늘이 그의 의를 선포하니 모든 백성이 그의 영광을 보았도다"라고 말씀합니다. 자연을 바라보면서 하나님과 교제하시고 그 속에서 하나님의 음성을 들어보십시오. 여름이 되면 나뭇잎이 하늘을 향하여 푸르고 싱싱한 빛깔을 뽐냅니다. 그러나 몇 개월이 지나 가을이 되면 그 푸르던 잎이 색색으로 변합니다. 말라비틀어지고 결국은 땅에 떨어집니다. 나무는 앙상한 가지만 남게 됩니다. 우리 인생도 그런 것입니다. 하나님은 나무를 통해서 우리가 아무것도 뽐낼 것이 없다고 말씀하십니다. 지금 대단한 것 같아도 잠시 후면 늙어지고, 죽어지게 되는 것이 인생입니다.

지금은 겨울입니다. 주변의 나무들이 다 죽어 있는 것 같습니다. 도저히 다시 살아날 것 같지가 않아 보입니다. 하지만 봄이 되고 하나님께서 생명을 불어넣어주시면 다시 잎이 피고 꽃이 피고 열매 맺게 될 것입니다. 사람이 흙으로 돌아가면 아무런 소망이 없는 것처럼 보입니다. 흙에서 왔으니 흙으로 돌아갑니다. 죽은 시체를 바라보면 부활의 소망이 없어 보입니다. 절망뿐인 것 같습니다. 그런데 봄이 되면 만물이 소생하는 것처럼 우리 주님이 다시 오시면 죽었던 자들이 일어나고 부활의 영광 속에서 영광의 주님을 보게 될 것입니다.

저는 약 25년 전에 신비한 체험을 했습니다. 경기도 시흥시 시화라는 신도시에서 살 때인데 뒷동산에 올라가 보니 바람이 불어서 나뭇잎들이 흔들리는데 그 때 신비하게도 나뭇잎들이 하나님을 찬양하고 있는 것을 보게 되었습니다. 나뭇잎들이 모두 하나같이 하늘을 바라보고 있었습니다.

나뭇잎들은 자신의 푸름도 자신의 싱싱함도 자랑하지 않고 주변의 나뭇잎들과 합창하며 오직 하나님을 찬양하고 있었습니다. 하나님은 저에게 미물인 나뭇잎이 하나님을 찬양하는 모습을 통해서 "만물은 하나님의 영광을 위해 존재한다. 만물은 하나님을 찬양한다. 인간도 하나님의 영광을 위하여 존재한다. 인간도 하나님을 예배하기 위하여, 찬양하기 위하여 존재한다."고 말씀하셨습니다. 예수님의 영성생활은 자연을 통해서도 하나님과 교제하셨습니다.

둘째, 성령님과 교통을 통해서 하나님과 교제하셨다. 예수님은 하나님이시기에 자신의 능력으로 만도 충분히 모든 일을 하실 수 있으셨으나 인간의 몸을 입고 계셨기에 성령을 의지하여 성령의 도우심으로, 성령의 인도하심 따라서 사셨던 것입니다.

예수님은 성령으로 잉태 되셨습니다. 그리고 성령으로 사셨습니다. 예수님께서 40일 금식을 하시기 위하여 광야로 가실 때 스스로 가셨던 것이 아닙니다. 성령에게 이끌리셔서 광야로 가셨던 것입니다. 마12:28에 보면 예수님은 사역을 하실 때도 자신의 힘이 아니라 성령님을 힘입어 사역하셨습니다. 심지어 눅 10:21에 보면 기뻐하실 때도 성령으로 기뻐하셨습니다. 세례요한은 요3:34에서 예수님이 하나님의 말씀을 하셨던 이유는 하나님 아버지께서 성령을 한량없이 부어주셨기 때문이라고 했습니다. 자동차의 타이어는 스스로 돌아가는 것이 아닙니다. 엔진의 힘에 의해서 돌아가는 것입니다. 예수님을 믿고 하는 기독교적 영적생활도 사람이 스스로 할 수 있는 것이 아닙니다. 타이어가 엔진이 돌아가야 움직일 수 있는 것처럼 성령께서 역사하실 때 마음의 정화나 치유나 관리나 영적인 생활이 가능한 것입니다.

지금 이 시대는 성령님이 역사하시는 교회 시대입니다. 신앙생활은 성령으로 가능한 것입니다. 요3장에 보니 거듭나는 것도 성령으로 가능하고, 갈5장에 보면 열매를 맺는 것도 성령으로 가능하고, 고전 12장에 보면 은사와 능력도 성령으로 가능합니다. 행2장에 보면 비전을 갖고 사역을 하는 것 역시 성령의 능력으로 가능한 것입니다.

그러므로 신앙생활에 승리하고 예수님처럼 마음을 관리하기 위한 영적생활을 하려면 성령으로 세례를 받아야 합니다. 그리고 성령으로 충만해야 합니다. 그리고 성령을 주인으로 모시고 인도받으며 의지해야 하는 것입니다.

셋째, 일상생활 속에서 발견할 수 있는 사소한 일들을 통해서 하나님과 교제하셨다. 예수님은 일상생활 속에서 발견될 수 있는 사소한 경험이나 환경이나 물건들을 의미 없이 지나치지 않으셨습니다. 예수님은 깊은 통찰력으로 그것들의 속에 숨겨진 비밀스런 하나님의 뜻을 찾아내셨습니다.

눅 15장에 보면 한 여인이 잃어버린 동전 한 닢을 찾는 모습 속에서도 예수님은 하나님의 뜻을 발견하셨습니다. 그 여인의 애타는 마음과 그 여인의 동전을 찾는 열심을 통해서 잃어버린 인생들을 찾으시는 아버지의 애타는 마음과 열심을 읽으셨습니다.

마 5장에서는 등불을 보시면서 세상을 밝혀야 할 신자들을 향한 하나님의 마음을 읽으셨습니다. 등불이란 있는 곳을 환하게 비추기 위해서 켜두는 것인데, 그것을 말 아래 숨겨둔다면 무슨 의미가 있겠습니까? 마찬가지로 예수님께서는 세상의 빛이 되어야 할 신자들의 잘못된 생활 때문에 안타까워하시는 하나님 아버지의 마음을 읽으셨습니다.

마 11장에서는 예수님께서 마을 광장에서 피리를 불며 춤을 추는 어린이들과 또 사람이 죽어서 애곡하는 사람들의 모습을 보셨습니다. 예수님은 그 모습을 보시며 하나님의 슬픔에 반응하지 못하고 하나님의 즐거움에도 동참하지 못하는 불쌍한 인생들 때문에 답답해하시는 아버지의 마음을 읽으셨습니다.

예수님께서는 새 술을 헌 부대에 넣어서 터져버리는 부대를 보시고도 영적인 진리를 찾아내셨습니다. 예수님은 헌 부대와 새 포도주를 보시면서 새로운 시대의 도래를 말씀하셨습니다.

예수님은 가출한 아들 때문에 괴로워하는 아버지를 통해서 하나님을 떠난 자녀들이 아버지 하나님 앞에 돌아오기를 기다리시는 아버지의 마음을 읽으셨습니다.

또 잃은 양을 찾고 또 찾는 목자의 열심을 통해서 잃어버린 영혼을 향한 아버지의 열심을 읽으셨습니다.

마음이 정비되고 정화되고 치유되어 건강한 영적생활을 하는 사람은 특별한 일을 통해서만 하나님을 보는 것이 아닙니다. 특별하지 않은 아주 사소한 일 속에서도 하나님의 손길, 하나님의 의도, 하나님의 뜻을 발견합니다. 그리고 그 속에서 하나님 아버지의 음성을 듣습니다. 예수님의 영성이 그랬습니다.

넷째, 그 당시의 사회적 이슈들을 통해서 하나님과 교제하셨다. 눅 13:1-5에 보면 예수님께서는 그 당시 사회에서 일어났던 두 가지 문제를 통해서 하나님의 뜻을 발견하고 그 뜻을 말씀하셨습니다.

빌라도가 갈릴리 사람들의 피를 제물에 섞은 일과 실로암 망대가 무너진 일을 말씀하시면서 "그 사람들이 죄가 더 있어서 그런 것이 아니다. 너희도 회개하지 않으면 다 이와 같이 망하게 된다"고 말씀하셨습니다. 예수님은 당시의 사회적인 이슈 속에서도 그 시대를 향한 하나님의 음성을 들으셨던 것입니다.

요즘 우리 주변에서 어떤 일들이 일어나고 있습니까? 우리는 이 시대에 일어나는 일들을 보면서도 하나님의 음성을 들어야 합니다. 대표적으로 한 가지 사건만 놓고 봅시다.

일본 원전 사고를 생각해 봅시다. 후쿠시마 원자로가 체르노빌 원자로의 11배라고 합니다. 이번 사고는 원자폭탄 몇 천개가 터진 것과 비슷한 방사능이 밖으로 나온 것이라고 합니다. 현재 후쿠시마 원전 4호기에는 핵 연료봉이 1,500개가 남았다고 하는데 이는 인류가 지금까지 써온 원자력의 양이라고 합니다. 그런데 일본 정부는 2050년에 가서 이 연료봉을 추출한다고 합니다. 왜 지금 당장 못합니까? 접근할 수 없기 때문입니다.

만일 일본에 지진이 일어나 이 연료봉에 물이 흘러들어가서 핵분열이 시작 된다면 반경 100km의 사람들은 모두 피폭으로 죽고 일본 전체가 죽음의 섬으로 변해버린다고 합니다. 일본 어디에서도 사람이 살 수 없다고 합니다. 당연히 우리나라에 까지 강력한 영향을 미치게 됩니다.

우리는 이 사건을 보면서 하나님의 음성을 들어야 합니다. 계 19장에 보면 7년 대환난 중간에 있게 될 유브라데 전쟁을 말씀합니다. 여섯째 천사가 나팔을 불면 큰 전쟁이 일어나는데 그 때 동원되는 마병대의 수가 2억 만입니다. 약 2억의 군대가 동원이 됩니다. 2억의 군대라면 온 세상이 전쟁터가 된다는 말입니다. 그 때 사람 삼분의 일이 죽습니다. 그 때 사용되는 무기는 불과 연기와 유황입니다. 여기서 불은 미사일로 봅니다. 연기는 생화학무기로 봅니다. 몇 년 전에 시리아가 생화학무기를 사용했잖아요. 그리고 유황은 핵으로 봅니다.

우리는 일본의 후쿠시마 원자로를 바라보면서 "이제 세상의 끝이 멀지 않았다. 어서 회개하고 재림을 준비하라"는 하나님의 음성을 들어야 합니다. 지금은 세상의 성공만을 추구할 때가 아닙니다. 전인적으로 성령의 충만을 받아서 재림의 주님을 맞이할 준비, 신부단장을 해야 합니다. 그리고 외적으로는 열심히 전도하고 선교해서 하나님의 나라를 세워야 합니다. 우리 주님처럼 사회적인 이슈들을 통해서도 하나님의 음성을 듣고 하나님과 교제하시길 바랍니다.

다섯째, 한적한 곳에서 특별한 시간을 가지므로 하나님과 교제하셨다. 예수님께서는 기도하시기 위해서 광야로 나가셨습니다. 또 기도하시기 위해서 새벽미명이면 일어나셔서 한적한 곳으로 가셨습니다. 본문에서도 습관을 따라 감람산에 가셔서 하나님과 특별한 시간을 가지셨습니다. 막 9장에 보면 예수님은 베드로와 야고보와 요한을 데리시고 변화산에 가셔서 하나님과 특별한 만남을 가지셨습니다.

우리의 영적생활에도 이런 시간들이 필요합니다. 공 예배를 통해서 하나님과 교제도 하지만 개인적으로 하나님과 단 둘이 특별한 장소에서 특별한 만남을 가져야 합니다. 이런 특별한 만남을 통해서 하나님 아버지와 관계가 깊어지는 것입니다.

가정생활을 놓고 생각해봅니다. 아내와 남편은 날마다 집에서 만납니다. 함께 자고 함께 식사를 하고 함께 텔레비전을 시청합니다. 보통 남자들은 그 정도면 충분히 만족합니다. 그러나 여자들은 어떻습니까? 그 정도로 만족하지 못합니다. 다 그런 것은 아니겠지만 남편을 사랑하는 아내들 중에는 남편과 둘만의 특별한 만남을 원하기도 합니다.

다른 누구의 방해도 받지 않는 곳에서 둘만이 깊은 대화를 원합니다. 특별한 장소에서 둘만의 특별한 시간을 원하는 것입니다. 일상적인 가정생활만으로는 가질 수 없는 깊은 사랑이 특별한 장소, 특별한 시간을 통해서 만들어지는 것입니다.

민음의 사람들에게는 하나님과 함께 하는 이런 특별한 시간이 필요합니다. 새벽기도시간이 될 수도 있고 새벽이 어려운 사람은 다른 시간에 조용한 장소에서 자신 안에 주인으로 계시는 하나님을 독대하는 것이 필요합니다.

영성가 중의 하나인 토마스 머튼 (Thomas Merton)은 "그대가 내적인 고요함을 획득하면 그것을 세상 어느 곳이라도 지니고 다니면서 아무데서나 기도할 수 있다. 그러나 구체적이고도 외적인 고행이 없이는 내적인 금욕 생활이 이루어질 수 없듯이, 외적인 고요함도 없는데 내적인 고요함을 논하는 것은 극히 어리석은 일이다."라고 말했습니다. 독자들은 토마스 머튼이 강조하는 말을 이해하고 자기 관리를 해야 합니다.

이것을 "외적침묵 내적침묵"이라고 합니다. 외적침묵은 밖에서 들리는 것과 단절하는 것이요. 내적인 침묵은 자신 안에서 올라오는 모든 것과 단절하고 오로지 성령하나님께만 집중하는 것입니다. 침묵은 외적인 침묵으로 만으로 가능하지 않으며 내적인 침묵이 동반되어야 합니다. 즉 침묵이 단순히 말의 그침이 아니라면 침묵은 내적인 침묵이 이루어질 때 비로소 그 침묵의 축복에서 다가설 수 있는 것입니다. 입으로 말을 안 한다고 하더라도 마음이나 생각에 번뇌와 잡념이 요동친다면 그것은 침묵의 세계에 앉아 있는 것이 아닙니다. 일시적인 말의 멈춤은 침묵의 세계로 다가서기에는 아직도 그 길이 먼 것입니다. 그래서 외적인 침묵보다 내적인 침묵이 더 중요하며, 내적인 침묵이 동반될 때 외적인 침묵이 의미 있는 것입니다.

예수님은 복잡하고 어지러운 세상에서 흔들림 없이 하나님과 교제하시고 하나님의 뜻을 아셨고 하나님의 뜻을 행하셨습니다. 예수님은 그러기 위해서 늘 한적한 곳을 찾으셨고 하나님과 깊은 교제를 나누셨습니다.

여섯째, 크고 중요한 일을 통해서 하나님과 교제하셨다. 예수님은 일상적인 일들 속에서도 하나님의 음성을 들으셨을 뿐만 아니라 아주 크고 중요한 일을 통해서도 하나님과 교제 하셨고 하나님의 음성을 들으셨습니다. 예수님은 공생애를 시작하실 때 광야로 가서서 40일 동안 특별한 시간을 가지시며 하나님과 교제하셨습니다. 공생애의 시작은 너무나 중요한 것이었습니다. 그래서 마귀도 알고 예수님을 시험했던 것입니다. 그 중요한 사역을 위해서 예수님은 아버지 하나님과 깊은 교제의 시간을 40일 동안 가지셨던 것입니다.

예수님의 사역 중에 12제자를 세우시는 사역은 굉장히 중요한 사역이었습니다. 예수님이 떠나시면 그들이 주님의 사역을 계승해서 대신해야 했기 때문이었습니다. 그 12명에게 사역의 미래가 달린 것이었습니다. 예수님은 그 중차대한 일을 앞두고 기도하셨습니다. 예수님은 그 크고 중요한 일을 하시기 전에 먼저 철야 기도를 하시면서 하나님과 교제하셨습니다.

예수님의 사역의 하이라이트는 십자가였습니다. 예수님은 십자가를 지셔야 하는 중대한 결정을 내리려고 하실 때 감람산으로 가서서 밤을 지새워 기도하셨습니다. 예수님은 십자가를 앞두고도 하나님과 깊은 교제의 시간을 가지셨습니다.

우리도 세상을 살아가면서 특별히 중대한 일을 결정해야 하는 경우가 종종 있습니다. 이럴 때 우리는 주님의 모범을 따라야 합니다. 조용한 곳에서 하나님 앞에 엎드려 기도하는 시간을 가져야 합니다. 아버지의 뜻을 묻는 기도를 드리고, 아버지의 음성에 귀를 기울이고, 아버지께서 시키시는 대로 순종해야 합니다. 이것이 승리 생활의 비결이고 영성생활의 비결입니다.

일곱째. 극한 상황 속에서도 하나님과 교제하셨다. 예수님의 생애를 보면 몇 번의 극한 상황이 있었습니다. 먼저 예수님께서 40일간 금식하시고 주리신 상황을 생각해 볼 수 있습니다. 이 상황에서 마귀는 예수님을 시험했습니다. 돌을 떡으로 만들라는 시험이었습니다. 그 때 주님은 하나님의 말씀을 기억했습니다. "사람이 떡으로만 살 것이 아니요, 하나님의 입으로 나오는 모든 말씀으로 살 것이다." 예수님은 극한 상황 속에서도 하나님의 말씀에 집중하셨습니다.

예수님께서 십자가를 지시기 전날 마음이 매우 슬프셨습니다. 육신을 입은 예수님은 십자가의 고통을 생각할 때 마음이 매우 슬프셨습니다. 그럴 때 예수님은 그 슬픔에 빠지지 않으셨습니다. 예수님은 슬픔을 가지고 하나님 앞으로 나아가셨습니다. 그리고 하나님과 교제하시면서 슬픔을 기도로 극복하셨습니다. 주님은 사람들에게 동정 받기를 원하지 않으셨습니다. 극한 상황에서 도망치려고 하지 않으셨습니다. 극한 상황 속에서 아버지 앞에 나아가 엎드려 기도하셨습니다.

예수님에게 가장 극한 상황은 십자가에 달리시는 순간이었을 것입니다. 십자가의 고통은 말로 표현할 수 없는 고통입니다. 숨을 쉴 때마다 온 몸이 찢어지는 고통입니다. 그 때는 이것 저것 생각할 마음에 여유가 없는 때입니다. 보통 사람이라면 오직 십자가의 고통에서 벗어나고자 하는 마음만 가질 것입니다.

그런데 주님은 그 때도 하나님과 교제하셨고 하나님의 뜻을 생각하셨습니다. 주님은 그런 고통을 당하시면서 하나님의 말씀의 성취를 위하여 마취제인 쓸게 탄 포도주를 거절하셨습니다. 그리고 말씀의 성취를 위하여 "엘리엘리라마사박다니"라고 외치셨고, 아버지의 말씀을 다 이루셨기 때문에 "다 이루었다"고 말씀하셨습니다. 예수님은 운명 직전까지 하나님과 교제하셨고 하나님의 뜻을 생각하셨고 하나님의 뜻을 이루셨습니다.

예수님의 영적생활의 비결은 항상 하나님과 교제하는 것이었습니다. 예수님께서는 언제나 어디서나 하나님을 의식하고, 하나님을 인정하고, 하나님과 교제하고, 하나님의 뜻을 발견하고, 하나님을 뜻을 말하고, 하나님의 뜻을 행하는 것이었습니다. 작은 일이든지 큰일이든지 하나님과 연결 시키셨습니다. 무엇을 보고 무엇을 들으면 그것을 하나님 앞에 올려드리고 그 속에서 하나님의 음성을 들으셨습니다.

독자들도 예수님처럼 범사에 하나님을 의식하고, 하나님을 주인으로 인정하고, 하나님과 교제하고, 하나님의 뜻을 찾고, 하나님의 뜻을 말하고, 하나님의 뜻을 행하기를 바랍니다.

12장 마음이 깨끗하기 원하시는 예수님

(막 7:1-23) "(23) 이 모든 악한 것이 다 속에서 나와
서 사람을 더럽게 하느니라"

예수님께서 당시 서기관들과 바리새인들을 향하여 신랄하게 공격을 하였습니다. 이유는 그들의 신앙생활 때문이었습니다. 그럴듯한 신학, 엄격한 도덕률, 하나님 왕국에 대한 열정 등이 모든 것이 회칠한 무덤에 불과했기 때문이었습니다. 회칠한 무덤이란 속에선 죽은 시체의 냄새가 진동하나 겉으론 전혀 그렇지 않은 것처럼 행하는 종교인들을 말하는 것입니다. 그들은 문자를 믿고 율법 조항을 어기지 않았으나 그 성경이나 율법의 근본정신인 생명에 대한 사랑은 염두에도 없었던 것입니다. 그들은 아브라함 때부터 전승된 관습을 기탄없이 받아들이면서도 아브라함이 가졌던 순수한 신앙이나 하나님을 사랑하는 아름다운 정신은 하나도 없었던 것입니다.

'바리새'란 말은 분리하다는 뜻입니다. 그들은 거룩한 것(聖)과 속된 것(俗)을 엄격히 구별하였습니다. 뿐만 아니라 그들 자신도 거룩한 영역에서 자신을 다스리며 이방사람들과 사마리아인들과는 사귀지도 않았고 음식, 의복까지도 분별하였으며, 하물며 앉을 자리까지도 함부로 하지 않는 행동전반에 이르기까지 거룩한 것을 구별하게 되어 결국은 교만하고 옹졸하고 허식이 많은 비인간으로 전락하고 말았던 것입니다. 이러한 거룩한

저들에게 예수님께서는 '너희보다 세리나 창녀들이 먼저 천국에 가리라'고 외치신 것입니다.

인간의 마음과 행동이란 무엇인가? 이는 생각한다고 하는 사람이라면 한 번 쯤은 생각해본 질문입니다. 그래서 많은 사람들이 인간의 마음이 행동에 미치는 영향을 부단히 연구하였습니다. 이것이 심리학입니다. 심리학의 용어는 영어로 psychology(영혼)입니다. 이 용어는 헬라어에 혼을 말하는 푸시케(psyche)와 학문이란 logy의 합성어로 영혼을 뜻합니다. 헬라 사람들은 영혼이란 인간이 알 수 없는 초자연적인 것이지만 인간의 신체에 깃들게 되면 마음과 아울러 모든 활동을 지배한다고 생각했습니다. 마음이란 무엇입니까? 성경에 마음이란 영어로 둘이 있는데 하나는 mind이고 다른 하나는 heart 입니다. mind는 보이는 실체이고, heart 보이지 않는 실체를 뜻합니다. 그리고 헬라어로 마음이란 카르디아, 가슴, 심장을 뜻합니다. 카르디아는 인간의 정신적이고, 영적인 중심부를 가리킵니다. 이를 사도 바울은 '속사람'이라고 표현했습니다.

인간의 마음속에 느낌, 감정, 욕망 등이 자리 잡고 있습니다. 인간은 마음으로 기쁨을 느낍니다. 인간은 마음으로 고통과 슬픔을 느낍니다. 인간은 마음으로 사랑을 느낍니다. 인간은 마음으로 욕망과 탐욕, 그리고 욕심도 갖습니다. 또한 '마음'은 이해 자리이고, 생각과 반성의 근원지이기도 합니다. 뿐만 아니라 '마음'은 의지의 자리로 결단의 근원이 되기도 합니다.

더욱이 인간의 '마음'은 경건한 삶의 근원지로서 하나님께서 인간을 만나시는 중심이 됩니다. 인간은 마음을 통해서 하나님의 부르심에 응답을 하고, 하나님의 말씀과 명령에 순종을 하게 됩니다. 하나님은 우리 마음을 보시고 우리의 됨됨이를 평가하십니다. 누가복음 16장 15절을 보면 예수님은 바리새인들을 향해 다음과 같이 말씀하십니다. "예수께서 이르시되 너희는 사람 앞에서 스스로 옳다 하는 자이나 너희 마음을 하나님께서 아시나니 삶 중에 높임을 받는 그것은 하나님 앞에 미움을 받는 것이라." 마음이 바르고 깨끗하게 되면 행동이 바르게 됩니다. 그런데 인간은 스스로 마음을 바르고 깨끗하게 할 수 없습니다. 왜냐하면 인간의 마음은 본질적으로 악하기 때문입니다. 인간의 마음이 본질적으로 악하기 때문에 행동은 바를 수가 없습니다. 그러면 우리가 어떻게 마음을 깨끗하고 정결하게 할 수 있습니까? 오늘 말씀은 우리에게 마음을 정결케 할 수 있는 법을 가르쳐 주고 있습니다.

첫째, 유전보다 계명이 우선이다(막7:1-13). 본문은 바리새인들과 서기관들이 제자들을 비판하는 것으로 시작됩니다. 그들은 예수님을 책잡아 고소하기 위해 예루살렘의 산헤드린 당국으로부터 파송된 조사반들이었습니다. 그들은 두 눈에 쌍심지를 켜고 예수님의 일거수일투족을 살폈습니다. 그런데 그들은 예수님에게서 아무런 흠을 찾을 수 없었습니다.

그러던 중에 예수님의 제자 중 몇 사람이 손도 씻지 않고 음식을 먹는 것이었습니다. 이를 본 그들은 신랄하게 비판했습니다. 5절을 보겠습니다. "어찌하여 당신의 제자들은 장로들의 유전을 준행하지 않고 부정한 손으로 떡을 먹나이까?" 유대인들이 식사 전에 손을 씻는 문제는 단순히 '코로나19'를 걸리지 않게 하기 위한 위생상의 문제가 아니라 종교상의 문제였습니다. 그들에게는 전통적으로 내려오는 장로들의 유전이 있었습니다.

율법에는 문자로 기록된 성문법과 모세 이후에 장로들을 통해 구전으로 전해 내려온 구전법이 있었습니다. 유대 사회에서 가장 존경받는 사람들은 나이 많고 학식과 신앙심이 있는 장로들이었습니다. 그들은 시대마다 율법을 기초로 실생활에서 지켜야 할 생활규범을 만들었습니다. 이것이 구전으로 전해 내려오다가 바벨론 포로 이후부터 성문화되기 시작했는데 이것이 탈무드입니다. 유대인들은 장로들의 유전을 율법 이상으로 중요시하여 성문법이 물이라면 구전법은 포도주와 같다고 생각했습니다. 장로들의 유전은 알게 모르게 그들의 의식 세계를 넘어서 무의식 세계를 지배했습니다. 그들은 아무리 배가 고파도 옷을 걷어 올려 손목까지 씻지 않으면 먹지 않았습니다. 또한 시장에서 돌아와서는 반드시 샤워를 하고 음식을 먹었습니다. 손뿐만 아니라 잔과 주발과 놋그릇까지도 트리오로 깨끗이 씻었습니다.

이것은 그들의 생활화된 종교의식이었습니다. 그들은 이를 잘 지키면 믿음이 좋은 줄로 생각했습니다. 처음에 그들이 이렇게 했던 것은 거룩한 백성이 되고자 하는 선한 의도에서였습니다. 그런데 이것이 점점 형식화되어 사람을 얽어매는 올가미가 되었습니다. 이런 그들에게 제자들의 모습은 이해가 가지 않았습니다. 그들은 제자들을 부정한 자로 판단하고 정죄하여 예수님을 고소하고자 했습니다. 그러나 예수님은 오히려 말씀을 기초로 그들의 외식을 심하게 책망하셨습니다.

막7:6-7절을 보겠습니다. "이사야가 너희 외식하는 자에 대하여 잘 예언하였도다. 기록하였으되 이 백성이 입술로는 나를 존경하되 마음은 내게서 멀도다. 사람의 계명으로 교훈을 삼아 가르치니 나를 헛되이 경배하는 도다." 예수님은 그들의 문제가 외식하는 것임을 지적하셨습니다. '외식'이란 연극 용어로, 배우가 본래 자신의 모습을 감추고 가면을 쓰거나 다른 모습으로 변신하여 작중 인물역할을 하는 것을 말합니다. 즉 외식이란 겉과 속이 다른 것을 말합니다.

바리새인들은 겉으로 장로들의 유전대로 부지런히 손을 씻고 목욕하고 그릇을 깨끗하게 씻기 때문에 믿음이 좋은 것 같습니다. 그러나 그들의 마음은 그렇지 않았습니다. 예수님은 그런 그들의 모습을 보시고 마태복음 23장 25, 27,28절에서 심하게 책망하셨습니다. "화 있을 진저, 외식하는 서기관들과 바리새인들이여, 잔과 대접의 겉은 깨끗이 하되 그 안에는 탐욕과 방탕으로 가득하게 하는 도다. 화 있을 진저, 외식하는 서기관들과 바리새인들이여, 겉으로는 아름답게 보이나 그 안에는 죽은 사람의 뼈와 모든 더러운 것이 가득하도다." 그들은 근본 문제가 무엇입니까?

1) 그들은 마음으로 신앙생활을 하지 않았습니다(막7:6). 그들은 입술로는 누구보다도 하나님을 사랑하고 존경한다고 했습

니다. 그러나 그들의 마음은 하나님에게서 멀었습니다. 그들의 신앙은 입술신앙이었습니다. 그들은 입술만 천국에 갈 자들이 었습니다. 그들은 사람들이 보는 앞에서는 믿음이 좋은 척 신앙적인 말을 하였습니다. 그러나 사람들이 없는 곳에서는 철저하게 불신자답게 살았습니다. 그들은 회당에서는 훌륭한 신자였으나 회당을 나서는 순간 불신자와 다름이 없었습니다.

아니 불신자보다도 못했습니다. 그들이 이중적이 된 것은 하나님 앞에서 살지 않고 사람들 앞에서 살았기 때문입니다. 그들은 하나님의 영광보다 사람의 칭찬을 더 구했습니다(요5:44). 그들은 사람의 인정과 칭찬에 얽매여 양심을 속이고 하나님을 만홀히 여겼습니다. 그러니 그들은 하나님 앞에서 회개하는 생활을 하지 않았습니다. 하나님 앞에서 진실하게 회개하지 아니하면 자신도 모르게 이중생활을 하게 됩니다.

신앙생활이란 입으로 하는 것이 아니라 마음으로 하는 것입니다. 마음으로 주님을 경외하는 것입니다. 마음으로 찬양하고 가슴으로 신앙이 어린 자들을 섬기는 것입니다. 심장으로 주님을 사랑하는 것입니다. 가슴신앙은 따뜻합니다. 심장신앙은 뜨겁습니다. 주님은 가슴신앙, 심장신앙을 원하십니다.

마음도 없으면서 열심히 하는 입술 신앙은 하나님께서 원치도 않고 기뻐하지도 않으십니다. 우리의 마음이 하나님께로 향해 있고 뜨거운 심장으로 하나님을 경외하고 사랑할 때 기뻐하십니다. 우리가 심장으로, heart로 하나님을 사랑할 때 우리의 심중에 기쁨과 감사와 찬양으로 가득하게 됩니다. 그러므로 우리의 마음을 어디에 두고 있는가? 중요합니다. 예배도 영-혼-육 온몸으로 드리고 기도도 온몸으로 해야 합니다.

지금 몸은 예배당에 와 있지만 마음은 다른 곳에 있지 않는지 살펴보아야 합니다. 온몸으로 살아있는 제물이 되어 예배를 드려야 합니다. 귀하의 마음은 지금 어디에 있습니까? 지금 나의 마음이 콩밭에 있지는 않습니까? 나의 마음이 세상에 있지는 않습니까? 마음으로, 심장으로 주님을 사랑하기를 기도합니다. 자신 안에 주인이신 성령하나님께 집중하시기 바랍니다.

2)그들은 하나님 말씀보다 형식을 중히 여겼습니다(막7:7). 종교는 의식도 중요하고 그에 비례하여 내용도 중요합니다. 의식이 없는 내용은 경박합니다. 반면에 내용이 없고 의식만 있으면 위선이 되고 형식적이 됩니다. 문제는 그들이 내용보다 의식을 더 중요하게 여겼다는 것입니다. 그들은 하나님 말씀보다 사람들이 만든 교회의 전통과 의식에 더 관심이 많았습니다.

종교개혁이 왜 일어났습니까? 가톨릭이 성경보다 전통과 의식을 더 중히 여겼기 때문이었습니다. 그러다보니 복음 진리는 없고 의식만 남았습니다. 이로 인해 가톨릭은 알맹이는 없고 껍데기만 남았습니다. 이때 마르틴 루터가 이래서는 안 되겠다 싶어 의식을 버리고 순수하게 본질로 돌아가자. 순수 복음 진리로 돌아가자. 즉 '오직 믿음'(Sola Fide),' '오직 성경(Sola Scripture)' '오직 은혜(Sola Gratia)' '오직 하나님께 영광(Sola Deo Gloria)'으로 돌아가자고 일어선 것이 종교개혁입니다.

예수님은 그들이 유전을 지키고자 하나님의 계명을 버린 구체적인 예를 들어 말씀하셨습니다. "네 부모를 공경하라(출 20:12)." "아비나 어미를 훼방하는 자는 반드시 죽으리라(출 21:17)." 이 말씀은 하나님께서 주신 신성한 말씀입니다. 따라서 누구도 이 말씀을 폐할 수 없습니다. 그러나 바리새인들은 자기들의 유익을 채우기 위해 하나님의 말씀을 폐하였습니다. 당시에 고르반이라는 유전이 있었습니다.

이것은 유대인의 서약 형식으로서 부모님에게 드릴 생활비를 하나님께 헌물 하는 것입니다. 본래 이것은 하나님을 그 어떤 것보다 높이고 절대적으로 섬기는데서 출발하였습니다. 그런데 그들은 이를 악용하여 부모님을 부양하는 것을 거부했습니다. 이로써 그들은 부모를 공경하라는 하나님의 말씀을 폐하였습니다. 하나님의 말씀은 그 어떤 것보다도 우선되어야 하며, 우리가 경외심을 가지고 순종해야 합니다.

이상에서 볼 때에 우리는 마음으로 신앙생활을 해야 합니다. 입술신앙이 아닌 하나님 앞에서 진실하게 해야 합니다. 사람들의 칭찬보다 하나님의 영광을 구해야 합니다. 그리고 우리의 신앙의 기초가 하나님의 말씀에 뿌리를 내려야 합니다. 말씀이 우리의 삶의 규범이 되고, 말씀이 우리의 의식세계와 무의식 세계를 지배하도록 해야 합니다. 그러기 위해 우리는 성령 안에서 말씀을 읽고 말씀을 묵상하는 것을 생활화되도록 해야 합니다.

둘째, 사람을 더럽게 하는 것은 마음에서 나오는 것입니다(막 7:14-23). 예수님은 무리들이 가식에 찬 종교 지도자들의 악 영향을 받지 않도록 다시 불러 말씀하셨습니다. "너희는 다 내 말을 듣고 깨달으라. 무엇이든지 밖에서 사람에게로 들어가는 것은 능히 사람을 더럽게 하지 못하되 사람 안에서 나오는 것이 사람을 더럽게 하는 것이니라(막7:15,16)." 이 말씀을 하신 후 무리를 떠나 집으로 들어가셨습니다. 제자들은 말씀의 뜻이 무엇인지 알지 못해 예수님께 물었습니다.

예수님은 그들에게 자세히 말씀하여 주셨습니다. 예수님은 밖에서 입으로 들어가는 것은 사람을 더럽게 하지 못한다고 하셨습니다. 왜냐하면 음식이 마음으로 들어가지 않고 배에 들어가 뒤로 나가기 때문입니다. 우리 몸에 더러운 것이 들어가면 백혈구가 이물질과 싸웁니다. 그래서 이물질을 정화시킵니다. 그래도 안 되면 설사를 하게 합니다. 그러므로 비록 몸에 좋지 않은 음식물이 혹 들어갔다 할지라도 사람을 더럽게 하지는 못합니다. 모든 식물은 하나님께서 선하게 창조하신 것으로써 감사함으로 받으면 버릴 것이 하나도 없습니다(딤전4:3,4).

막7:20절을 읽겠습니다. "또 가라사대 사람에게서 나오는 그것이 사람을 더럽게 하느니라." 예수님은 마음에서 나오는 것이 더럽다고 하셨습니다. 예수님은 막7:21-23절에서 사람의 마음에서 나오는 더러운 것이 무엇인가를 열거하셨습니다. "속에서 곧 사람의 마음에서 나오는 것은 악한 생각 곧 음란과 도적질과 살인과 간음과 탐욕과 악독과 속임과 음탕과 흘기는 눈과 훼방과 교만과 광패니 이 모든 악한 것이 다 속에서 나와서 사람을 더럽게 하느니라." 여기에 열거된 12가지 악들은 인간과 인간 사이에서 일어나는 것들입니다. 우리가 세상을 살아가면서 가장 중요한 것은 인간관계입니다. 그래서 개리 스몰리는 저서 '관계 DNA'에서 '인생은 관계이고, 나머지 모든 것은 부수적인 것이다'라고 했습니다. 이만큼 인간관계는 중요합니다.

십계명 중에 첫째 계명에서 넷째 계명까지는 하나님과의 관계이고, 다섯째 계명은 여섯째 계명부터 열째 계명까지의 원론이고 여섯째 계명부터 열째 계명은 한마디로 인간관계성을 다룬 말씀입니다. 그러니까 12가지 악들은 여섯 번째부터 열째 계명을 어긴 것들입니다. 살인, 흘기는 눈, 훼방, 악독, 교만, 광패는 6계명에 속한 것입니다. 흘기는 눈은 사악한 눈으로 시기심을 말하고, 훼방은 남을 헐뜯고 남의 일을 방해하는 것입니다. 악독은 악에 대한 일반적인 용어이며, 교만은 다른 사람보다 자신을 높여서 타인을 경멸하는 것입니다. 광패는 도덕적, 영적 무감각을 의미하는 어리석음을 말합니다.

음란, 간음, 음탕은 7계명에 속합니다. 음란은 여러 종류의 부정한 성적 행위를 말하고, 간음은 결혼한 사람의 부정한 성적 관계를 의미하며, 음탕은 무제한적이고 공공연한 비도덕적인 행위를 뜻합니다. 도적은 8계명이요, 속임은 9계명에 속하며, 탐욕은 10계명에 속합니다. 이런 악들은 마음에서 나오는 것들로 손을 아무리 씻어도 아무 소용이 없습니다. 여기서 우리는 몇 가지 중요한 진리를 배웁니다.

1)사람을 더럽게 하는 근원은 마음입니다. 사람은 마음이 중요한 이유입니다. 하나님은 인간을 창조하시되 하나님의 형상

을 따라 그 심령이 거룩하고 아름답고 순결하고 고결하게 창조
하셨습니다. 인간의 마음은 하얀 백지와 같이 깨끗하고 순결하
였습니다. 인간은 깨끗하고 순결한 마음으로 하나님을 사랑하
고 하나님과 교제를 나누며 무한한 기쁨과 자유와 행복을 누릴
수 있었습니다.

그러나 인간이 사단의 유혹에 넘어가 하나님의 사랑을 의심
하고 말씀에 불순종하게 되자 마음이 부패해지기 시작했습니
다. 마음에 교만, 의심, 불신, 정욕, 탐욕 등 온갖 병균이 서식하
여 더럽게 되었습니다. 인간의 마음은 하나님에게서 점점 멀어
져서 선을 사모하고 의를 행하기보다 악을 찾고 불의를 행하기
를 좋아하게 되었습니다.

창세기 6장 5절은 인간 본성을 잘 말해 주고 있습니다. "여호
와께서 사람의 죄악이 세상에 관영함과 그 마음의 생각의 모든
계획이 항상 악할 뿐임을 보시고" 인간의 마음의 생각하는 모든
경향이 항상 악하였습니다. 그들은 지고의 선이신 하나님을 찾지
도 않고 하나님 없이 살고자 했습니다. 마침내 그들은 하나님을
버리고 육체와 마음이 원하는 대로 행하였습니다. 노아 시대에는
음란과 강포와 부패가 온 땅에 충만하여 마침내는 하나님께서 홍
수로 멸하시지 않으면 안 될 지경에 이르렀습니다(창6:3,11-13).

다윗은 그 마음에 하나님이 없다 하는 자가 얼마나 부패 한가
를 이렇게 노래했습니다. 시편 14편 103절에서 이렇게 말씀하
셨습니다. "어리석은 자는 그 마음에 이르기를 하나님이 없다
하도다. 저희는 부패하고 소행이 가증하여 선을 행하는 자가 없

도다. 여호와께서 하늘에서 인생을 굽어 살피사 지각이 있어 하나님을 찾는 자가 있는가 보려 하신즉 다 치우쳤으며 함께 더러운 자가 되고 선을 행하는 자가 없으니 하나도 없도다." 인간의 본성은 짐승보다 더 탐욕스럽게 되었습니다. 인간이 얼마나 탐욕스러운지 아십니까?

학은 위의 80%를 채우고, 돼지는 100% 채우고, 사람은 위의 120%를 채운다고 합니다. 그래서 바다는 메울 수 있지만 사람의 욕망의 바다는 누구도 메울 수 없다는 말이 있습니다. 인간이 욕망의 바다로 빠져 들어가게 되면 그 누구도 미혹되지 않을 사람이 없습니다. 예레미야 선지자는 만물보다 거짓되고 심히 부패한 것은 사람의 마음이라고 하였습니다(렘17:9). 이처럼 인간의 마음은 악합니다. 고로 성도는 마음을 열고 성령으로 마음을 정화해야 합니다. 사람의 마음은 성령께서 정화하십니다.

2)사람의 마음을 정결케 하는 것은 보배로운 피와 성령의 역사뿐입니다. 보배로운 피란 예수님을 믿을 때 죽었다는 것이요, 성령의 역사는 보이지 않지만 살아서 역사하시는 하나님께서 자신을 지배하는 것을 말하는 것입니다. 사람에게는 육신의 소욕대로 살고자 하는 욕망이 있는 반면에 의롭고 순결한 인생을 살고자 하는 거룩한 소원 또한 있습니다. 인간이 산다는 것은 하나님의 뜻대로 살고자 하는 거룩한 소원과 육신대로 살고자 하는 소욕간의 갈등이라고 할 수 있습니다. 그러나 문제는 거룩한 소원이 죄의 소욕에 KO패를 당한다는 것입니다(롬7:18,22,23). 사람이 죄의 소욕에 KO패를 당하게 되면 양심의

고통을 받고 죄를 씻음 받고자 노력하게 됩니다.

어떤 사람은 자선사업과 같은 선한 일을 하여 죄를 상쇄해 보고자 합니다. 그리고 어떤 사람은 고행으로 죄의 대가를 치르고자 합니다. 또 어떤 사람은 일에 몰두하여 모든 것을 잊어버리고자 합니다. 또 어떤 사람은 멀리 이민을 떠나 잊고자 합니다. 그러나 그 어떤 노력으로도 우리의 마음을 깨끗케 할 수 없습니다. 울어도 안 됩니다. 머리를 쥐어뜯어도 안 됩니다.

왜 그렇습니까? 우리의 죄가 너무 지독하여서 피 흘림이 없이는 사함이 없기 때문입니다(히9:22). 그래서 구약 시대에는 물건을 정결케 할 때나, 또 부정한 인간이 거룩하신 하나님 앞에 나아갈 때는 반드시 짐승의 피를 뿌렸습니다. 짐승의 피는 그 효과가 일시적이고 온전하지 못했습니다. 하나님은 이런 인간을 위해 독생자 예수님을 이 땅에 보내셨습니다. 예수님은 하나님의 어린 양이 되어 하나님의 제단에 자신의 피를 뿌림으로 온전하고도 영원한 속죄를 이루셨습니다(히9:12).

"염소와 황소의 피와 및 암송아지의 재로 부정한 자에게 뿌려 그 육체를 성결케 하여 거룩케 하거든 하물며 영원하신 성령으로 말미암아 흠 없는 자기를 하나님께 드린 그리스도의 피가 어찌 너희 양심으로 죽은 행실에서 깨끗하게 하고 살아 계신 하나님을 섬기게 못하겠느뇨(히9:13,14)?" 그리스도의 보배로운 피만이 죄로 더러워진 마음을 흰 눈같이 정결케 할 수 있습니다. 그리스도의 보배로우신 피만이 조상의 유전한 망령된 행실에서 우리를 구속할 수 있습니다(벧전1:18,19).

보혈 피는 죽었다가 사는 것을 말합니다. 그래서 예수님을 믿을 때 죽고 예수님으로 다시 살아야 합니다. 죄인은 반드시 피를 흘리고 죽었다가 다시 살아야 합니다. 다음으로 성령으로 세례 받고 충만 받아 성령의 지배속에서 살아야 마음이 깨끗하게 정비되고 정화되는 것입니다. 성령으로 마음이 깨끗하게 정비 정화되는 것입니다. 성령의 역사가 아니면 마음의 세계를 정화하지 못합니다. 성령으로 충만 받아야 합니다. 성령으로 세례와 성령충만에 대하여는 뒤에 설명이 됩니다.

3)마음을 굳게 지켜야 합니다. 신앙생활이란 세상 정욕과 욕심과 유혹으로부터 마음을 지키는 것입니다. 잠언 기자는 4장 23절에서 "무릇 지킬 만한 것보다 더욱 네 마음을 지키라. 생명의 근원이 이에서 남이라"고 하였습니다. 그러면 우리가 어떻게 마음을 지킬 수 있습니까? 우리의 마음을 말씀으로 채워야 합니다. 마음은 빈 항아리와 같아서 무엇인가로 채워져야 합니다. 마음을 탐욕과 정욕에서 하나님의 말씀으로 채워야 합니다. 의와 거룩함과 진실함과 하늘나라의 희망으로 채워야 합니다. 그래서 시편 기자는 청년이 무엇으로 그 행실을 깨끗케 할 수 있을까 고민하다가 주의 말씀을 따라 삼갈 것이라고 고백했습니다(시119:9). 그리고 성령의 생각을 해야 합니다. 생각은 사상을 가져오고 사상은 문화를 만듭니다. 이처럼 생각은 아주 중요합니다. 무엇을 생각하느냐에 따라 우리의 삶이 달라집니다. 생각에 따라 귀신도 찾아오고 성령님이 찾아오시는 것입니다. 따라서 생각은 자유라고 해서 함부로 해서는 안 됩니다. "육신

의 생각은 사망이요, 영의 생각은 생명과 평안이라(롬8:6)." 육신의 생각은 인생을 파멸로 이끕니다. 그러나 영의 생각은 생명과 평강입니다. 그러기 위해 기도를 게을리 해서는 안 됩니다. 기도는 우리를 영의 생각을 하도록 하는 귀한 자리입니다.

주님의 보배로운 피로 정결함을 받고 형식적인 신앙생활을 버리고 성령의 인도를 받으면서 마음으로 심장으로 신앙생활을 하십시오. 마음으로 심장으로 주님을 사랑하십시오. 그리고 마음을 지키십시오. 마음을 지키는 것은 열성을 뺏는 것보다 귀합니다(잠16:32절).

충만한 교회에서는 매주 1주전 전화(02-3474-0675) 예약하여 집중기도 내적치유 시간이 있습니다. 대상자는 코로나19 후유증으로 고생하는 분/ 여기서도 저기서도 치유와 능력을 받지 못한 분/ 성령으로 깊은 기도를 하고 싶은 분/ 병원에서 포기한 질병을 치유 받을 분/ 방언기도를 포함한 성령의 은사와 권능을 단기간에 받고 싶은 분/ 마음이 불안하고 두려워서 고통 하는 분/ 불치병, 귀신역사를 빨리 치유 받을 분/ 목, 허리디스크, 허리어깨통증, 근육통, 온몸이 아프고 무거움에서 치유해방 받고 싶은 분/ 자녀나 본인의 우울증, 공황장애, 조울증, 불면증을 빨리 치유 받을 분/ 가슴이 답답하고 기도하기가 힘이 드는 분/ 생업과 목회로 영육의 탈진에 빠져서 고통당하시는 분/ 성령의 세례를 받고 불세례를 체험하고 싶은 분/ 최단기간에 성령치유 능력 받고 싶은 분이 참석하시면 쉽게 만족한 효과를 거둘 것입니다.

13장 마음이 혼탁할 때 나타나는 현상

(약 1:6-7)"오직 믿음으로 구하고 조금도 의심하지 말라 의심하는 자는 마치 바람에 밀려 요동하는 바다 물결 같으니 (7) 이런 사람은 무엇이든지 주께 얻기를 생각하지 말라"

하나님은 생명의 말씀과 성령으로 마음을 정리하기를 원하십니다. 마음의 상처와 혈통에 흐르는 것들이 내적능력을 이끌어 내지 못하도록 방해하기 때문입니다. 그래서 마음을 정리하고 정화하라고 하시는 것입니다. 마음의 상처가 형성되어 있으면 현재의식이 어떤 일을 추진하려고 하면 잠재의식이 과거경험이 생각나게 하는 것입니다. 아버지가 사업에 실패를 거듭하여 고생을 하면서 자란 여성이 결혼을 하면 남편을 아버지와 같은 사람으로 보게 한다는 것입니다.

잠재의식이 과거 아버지를 떠올리면서 남편이 하는 일을 방해하게 한다는 것입니다. 우리가 알아야 할 것은 잠재의식에 형성된 상처는 모두 서있다는 것입니다. 책꽂이에 책이 꽂이 있는 것과 같이 모두 서있는 것입니다. 그래서 동일한 상황이 전개되면 순간 '안 된다'하면서 반대하게 하는 것입니다. 잠재의식이 자신의 감정을 자극하여 순간 이성을 잃게 하는 경우도 있습니다.

정신분석의 창시자인 프로이드(Sigmond Freud)는 사람의 마음에 대한 연구 끝에 사람의 마음속에는 독립된 두 영역이 있음을 발견했습니다. 프로이드가 말한 두 개의 영역 중 하나는 현재의식의 영역이고 다른 또 하나는 잠재의식의 영역입니다. 현재의식과 잠재의식은 모든 사람이 가지고 있는 정신세계입니다. 그리고 그 단어가 뜻하는 바가 무엇인지 잘 모르는 사람들까지도 너 나할 것 없이 평상시 많이 써온 친숙한 단어입니다.

인간의 마음속에 머무르면서 그 사람의 마음의 세계를 관리하는 심리기제인 현재의식과 잠재의식은 서로 맡은 바 역할이 다릅니다. 현재의식은 사람의 생각을 만들어 내는 일을 하고, 잠재의식은 그 사람의 느낌을 만들어 내는 일을 합니다. 사람의 생각과 느낌은 서로 다른 마음의 영역에서 만들어지는 것으로서, 그 사람의 인간된 모습을 외부에 있는 사람들에게 전달해 주는 역할을 합니다.

현재의식에서 만들어지는 생각이 사람의 의지에 의해서 만들어지는 것이라면 잠재의식에서 만들어 지는 느낌은 사람의 의지와는 전혀 상관없는 잠재의식이 만들어냅니다. 생각과 느낌은 정신분석학에서 주로 다루는 심리분야입니다. 정신분석은 오랜 연구의 역사적 과정 속에서 인간이 조정할 수 없는 잠재의식에 대한 본질을 알아보고자 했습니다. 잠재의식의 본질을 한 마디로 줄여서 말한다면 인간이 인지하고 이해하고 종용할 수 없는 의식이 알지 못하는 심리영역입니다.

현재의식의 밑바닥에 있는 잠재의식은 인간이 태어난 이후 모든 행복하고 불행하고 기쁘고 슬프고 잘하고 못하고 등의 모든 인생 경험이 컴퓨터에 입력되듯 기록되고 있습니다. 잠재의식은 의식의 내부에 깊숙이 숨겨진 엄청난 능력입니다. 마음을 성령으로 정비하고 정화하지 않아 산만한 상태로 있을 때 다음과 같은 분야에 악영향을 끼치게 됩니다.

첫째, 하나님과의 관계가 열리지 않는다. 마음이 산만하면 하나님과의 관계가 열리지 않습니다. 마음을 정비하고 정리하려고 하지 않고 문제만 해결하려고 하니 문제가 해결이 안 된다는 것입니다. 하나님과 관계가 열리지 않아 기적도 능력도 나타나지 않는 것입니다. 하나님의 레마도 들리지 않습니다.

하나님은 분명하게 "그런즉 너희는 먼저 그의 나라와 그의 의를 구하라 그리하면 이 모든 것을 너희에게 더하시리라(마 6:33)" 말씀하셨습니다. 자신 안에 하나님의 나라가 먼저 이루어지게 하라는 말씀입니다. 그래서 교회에 들어오면 먼저 예배를 드리면서 기도하고 찬양하다가 성령으로 세례를 받아야 합니다. 성령으로 세례를 받으면 성령께서 자신이 살아오면서 받은 상처를 치유하십니다. 성령세례를 받지 않으면 마음이 치유되지 못합니다. 성령세례가 필수입니다. 성령께서 마음을 정비하고 정리하면서 자아를 부수시기 때문입니다. 그러면서 자신 안에 계신 하나님과의 관계가 열립니다. 하나님과 관계가 열리니 마음이 점차로 하늘나라(성전)가 이루어집니다. 마음 안에 하늘나라(성전)가 이루어지면서 육체에 역사하던 귀신이 떠나갑니다.

귀신이 떠나가니 하나님과 친밀한 관계가 됩니다. 기도할 때마다 하나님께서 음성이나 감동이나 꿈이나 환상을 통해서 자신의 문제를 해결하는 지혜를 주십니다. 주신 지혜대로 순종하니 문제가 기적적으로 해결이 됩니다. 마음 안에 계신 성령님의 역사로 귀신이 떠나가기 때문입니다. 그러므로 예수를 믿었으면 성령으로 세례를 받아 하나님과 관계를 먼저 열어야 합니다.

우리가 바르게 알아야 할 것은 예수만 믿으면 모든 문제가 해결이 되고 만사가 형통한 것이 아닙니다. 예수를 믿으면 원죄가 해결이 됩니다. 자신의 죄인 자범죄와 마음에 형성된 상처는 자신이 성령의 인도를 받아가며 해결해야 합니다. 예배를 드리며 말씀 듣고 기도하며 찬양하다가 성령으로 세례를 받게 됩니다.

성령으로 세례를 받은 후에 성령께서 마음을 투시하여 보게 하신 자신이 인생을 살아오면서 지은 자범죄를 해결합니다. 조상들이 지은 죄도 해결합니다. 왜냐하면 죄를 지으면 반드시 죄를 타고 귀신이 들어왔기 때문입니다. 인생을 살아오면서 받은 잠재의식의 상처를 치유해야 합니다. 상처 뒤에는 귀신이 역사하면서 하나님의 말씀을 듣지 못하게 하거나 이해하지 못하는 문제를 발생하게 하거나 믿음이 자라지 못하도록 방해합니다.

하나님의 축복을 받으면서 살아가려면 이러한 영적인 원리를 이해해야 합니다. 예수님의 이름으로 기적을 행하면서 살아가는 것도 마찬가지입니다. 아브라함은 25년간 하나님의 인도를 받으면서 하나님께서 원하시는 영적인 사람으로 변했습니다.

그러므로 자신이 성령의 인도를 받으면서 변화되려고 관심을 가져야 합니다. 하나님께서 원하시는 사람으로 변하면서 기적을 체험하는 것입니다. 성령으로 세상적이고 육적이고 혼적인 것을 정화해야 하나님과 동행하면서 기적을 체험할 수가 있습니다.

크리스천들이나 목회자나 할 것 없이 예수를 믿는 순간 죽었습니다. 그리고 다시 예수로 태어났습니다. 예수를 믿고 성령으로 거듭난 성도가 인생을 살아가면서 일어나는 모든 일은 자신의 일이 아닙니다. 죽은 자는 일을 할 수가 없는 것입니다. 다시 사신 예수님의 일입니다. 예수를 믿을 때, 자신은 죽고, 예수로 다시 태어났기 때문입니다. 이제 자기가 세상을 사는 것은 자신 속에 주인으로 임재하신 예수님이 사시는 것입니다. 성도는 자신 앞에 있는 문제를 자신의 능력이나 힘으로 하지 말아야 합니다. 이렇게 자신이 살아있으면 성령님은 뒤로 물러가십니다. 자신에게 일어나는 일은 예수님의 일이므로 예수님께 문의하여 예수님께서 하라는 대로 순종하면 믿음을 보시고 예수님이 기적을 일으키시면서 해결하시는 것입니다.

일부 크리스천들이나 목회자들이 자신 앞에 일어나는 일을 자신의 힘으로 하려고 합니다. 하나님의 일을 인간인 자신의 힘으로 하려고 하니 얼마나 힘이 들겠습니까? 자신의 힘으로 인생을 살아가려니 힘이 들고 버거워서 탈진이 찾아오기도 합니다. 목회자들도 마찬가지입니다. 목회는 예수님의 일인데 자신의 힘으로 하려고 합니다. 그러다가 힘들어서 목회를 포기하기도 합니다. 예수님을 믿고 성령으로 거듭난 크리스천이나 목회자나 할 것 없이 하나님과 관계를 열어, 성령의 인도를 받으면서 하나님의 방법으로 문제를 해결하는 것입니다. 자신의 주인이신 성령님께 질문하여 지혜를 받아 해결하는 것입니다.

둘째, 영혼에 만족을 찾지 못하고 방황한다. 마음이 산만하면 영혼의 불균형으로 영적인 만족을 얻지 못하고 이 교회 저 교회로 방황합니다. 영혼의 불균형이란 이성과 육체가 강하여 영혼이 만족하지 못하는 것입니다. 영혼이 만족해야 정상적인 삶을 살아갈 수가 있습니다. 하나님은 인간을 영적인 존재이면서 육적인 존재로 창조하셨습니다. 인간의 주인은 영혼입니다. 영혼이 육을 덧입고 살아가고 있습니다.

영혼의 불만족이란 이성과 육체가 강하다는 것입니다. 인간은 영적인 존재로서 영혼이 만족함을 누리지 못하면 영적인 감각이 둔해집니다. 영적인 감각이 둔해짐에 따라, 육체도 무기력해 집니다. 가정이나 사업장의 환경에도 문제가 생깁니다. 영적인 만족을 누리지 못합니다. 영혼의 불만족으로 방황을 합니다.

영혼이 자유 함을 누리지 못하면 기도의 문이 막혀서 기도하기가 힘듭니다. 분노와 혈기와 짜증이 심해집니다. 가장 신뢰하고 사랑해야 할 부부 사이에 불화가 생깁니다. 자기의 잘못을 인정하기보다 다른 사람에게 책임 전가를 하는 이기주의자가 됩니다. 하는 일마다 잘 되지 않아 경제적인 고통이 찾아옵니다. 살아가는 것이 짐으로 느껴집니다.

거짓말을 스스럼없이 하고 삽니다. 하나님보다 사람의 눈치를 보며 삽니다. 습관적인 죄에 빠지며 삶의 변화가 없는 입술의 고백만을 하고 삽니다. 마음이 불안하고 답답하며, 심각한 정신 질환인 우울증, 조울증, 공황장애, 불안장애, 조현병 등으로 고통을 당하기도 합니다. 시기 질투가 강하여 다른 사람을 죽이고 싶은 충동까지도 종종 느끼게 됩니다.

양약과 한약을 사용해도 아무 효력이 없는 원인 모를 육신의 질병으로 고생을 하기도 합니다. 이곳저곳에 뼈와 신경의 질병과 근육통이 생깁니다. 영적인 질병으로 발전이 되어 가위눌림을 당하기도 합니다. 귀신들림으로 고통을 당할 수도 있습니다. 육신이 병든 증거로 고통이 극심함과 같이, 영혼이 병들은 증거도 이와 같이 영적 고통이 임하는 것입니다.

아모스 선지자의 예언처럼 말세가 가까울수록 여호와의 진리의 말씀을 듣지 못하므로 생기는 영적인 괴로움과 고통을 받는 성도들도 있을 것입니다(암 8:11-13). 원수로 인하여 영혼이 쫓길 때에 괴로워합니다(롬 7:21-24). 그 중에서도 중생했던 영혼이 괴로워하는 것은 첫 사랑, 첫 믿음, 첫 열심, 첫 감격을 잃은 심령들입니다. 이는 성령 충만한 생활을 계속 유지 못한 결과입니다. 초대 교회의 성도들은 세상의 부귀와 영화까지도 초월하여 물질을 유무상통 하면서 봉사생활을 했으므로 영혼의 기쁨과 즐거움을 계속 유지했습니다.

요즘 신앙인들은 성령으로 시작했다가 육으로 돌아가는 경우가 흔합니다. 이런 사람들에게는 음부의 권세가 반영되어 괴로움을 겪는 것은 어쩌면 당연한 일일지도 모릅니다. 어떤 이들은 영혼의 즐거움이나 만족이나 찬송이나 괴로움과 고통이 무엇인지 모르고 있는 교인도 있습니다. 이들은 영혼이 죽어 있거나 깊은 잠에 취한 교인들에 속해 있기 때문입니다(엡 5:14). 그러므로 예수 그리스도가 재림하시기 전에 마음의 은혜를 회복해야 합니다. 그렇지 못하고 대환난이 임하면 그 때는 영적인 은혜를 회복하기 힘든 시대이기 때문에 지금이 은혜 받고 구원받을 때입니다.

셋째, 가정과 직장과 교회의 생활이 어려워진다. 마음이 정비되고 정화되어 있지 못하여 마음이 불안정하면 혼과 육체가 자신의 삶을 지배하게 됩니다. 혼과 육체에는 상처와 스트레스와 혈통에 흐르는 것들이 쌓여있을 수가 있습니다. 이 상처와 스트레스와 혈통에 흐르는 것들의 뒤에 역사하는 세상 신이 자신의 삶을 어렵게 합니다. 가정에 이해하지 못한 문제가 일어날 수가 있습니다. 직장생활 간에도 예기치 못한 일들이 일어나 당황하게 할 수가 있습니다. 상처와 스트레스를 많이 받게 됩니다. 마음이 정비 정화되지 못한 연고입니다. 마음이 정비되고 정화되지 못하면 인간관계에 대립이 생겨서 고생을 하기도 합니다.

교회를 다녀도 교회생활이 은혜가 되지 못하고 영혼의 만족도 없고 영적인 생활이 시간 낭비라고 생각하게 합니다. 그래서 다른 교회를 가도 역시 마찬가지입니다. 마음이 불안정하여 영성이 잠을 자기 때문입니다. 다 마음이 불안정함으로 일어나는 현상입니다. 이때에는 될 수 있는 한 빨리 성령의 역사가 일어나는 믿을만한 곳에 가서서 성령으로 세례를 받으면서 마음에 쌓인 상처와 스트레스를 정화해야 합니다. 인간적인 노력으로는 해결할 수가 없는 곳이 마음입니다. 반드시 성령으로 세례 받고 성령으로 기도하면서 성령충만을 받아야 마음이 정비되고 정화되어 전인적으로 성숙하고 하나님의 축복받는 성도가 되는 것입니다.

넷째, 정신적인 질병으로 시달린다. 일부 크리스천들이 밖에서 일어나는 문제나 정신적인 문제나 질병이나 환경의 문제가 발생하면 문제만 해결하려고 매달립니다. 문제만 해결하려고 매달리다가 해결이 안 되면 하나님을 원망하기도 합니다. 바르게 깨닫고 보면 마음을 살아계신 하나님께서 주인으로 장악하시지 못해서 발생하는 것입니다.

그렇기 때문에 근본인 하나님으로 채워지는 영성을 추구해야 문제가 해결이 되는 것입니다. 쉽게 설명한다면 어린 아기들이 감기를 달고 산다고 하여 감기약만 먹이면 감기가 치유 되겠습니까? 마음이 부실하여 감기를 달고 사는 것입니다. 건강상태가 약하여 감기를 달고 사는 것입니다. 그래서 아기의 마음(건강)의 문제(원인)가 무엇인지 알고 아기의 영-혼-육 전인격이 강해지게 해야 감기가 멈추게 되는 것입니다.

여러 가지 방법으로 한약이나 양약이나 영양제나 영양식이나 약한 장기를 강하게 하는 것들을 통하여 아기의 면역력과 건강을 끌어 올려야 한다는 것입니다. 그래야 감기에 걸리지 않는 강한 아기가 되는 것입니다.

크리스천의 문제도 마찬가지입니다. 마음을 강하게 해야 문제가 해결이 되는 것입니다. 모든 영적인 문제나 질병의 대부분이 자율 신경의 부조화에서 나오는 경우가 많습니다. 마음이 부실하여 마음의 기능이 원활하지 못하여 영적인 문제나 질병이 발생하는 것입니다. 자율 신경의 조화는 주로 마음의 평안과 영의 기쁨을 항상 유지하게 됩니다.

자율 신경의 교감신경은 불안 좌절 분노, 등의 결과를 유발하고, 부교감 신경은 주로 기쁨, 화평, 감사, 용서, 사랑, 절제, 인내, 자비와 양선과 충성과 온유함을 주관합니다. 그래서 하나님은 빌립보서 4장 4절에서 "주 안에서 항상 기뻐하라 내가 다시 말하노니 기뻐하라." 하시는 것입니다.

포도나무의 가지가 원줄기에 붙어 있어야 하듯이, 우리의 영적 생명과 성령의 역사는 생명의 근원 되시는 예수님에게 붙어 있어서, 영적 신령한 생명이 계속 공급을 받아서 끊임없이 흘러 나오거나 솟아나야 합니다. 이러한 생명의 흐름이나 성령의 흐름이 성경에서는 기름부음이라는 표현으로 설명되고 있습니다.

이러한 예수의 생명이 흘러넘치는 역사가 충만하기 위해서는 속사람(영)이 강건해야 하는데, 이 속 사람은 자율신경의 부교감

신경에 주로 영향을 받게 됩니다. 자율 신경의 조화를 이루지 못하고, 분노나 불안이나 좌절 등을 일으키면 위장, 간, 심장, 폐, 등 오장육부의 혈관 정맥, 근육 등에 뻗어 있는 교감신경에 자극을 주게 되어, 신체에 이상을 일으키고 질병을 유발시킵니다. 마음이 부실하면 성격에도 문제가 생깁니다.

피부에도 문제가 생깁니다. 아토피 피부 트러블이 생기는 것도 마음이 부실하기 때문입니다. 그렇기 때문에 마음을 생명의 말씀과 성령으로 꽉 채워지면 전인적인 복을 받게 되는 것입니다. 그렇기 때문에 하나님께서는 항상 기뻐하라. 쉬지 말고 기도하라. 범사에 감사하라. 강조하시는 것입니다.

다섯째, 육체적인 질병이 빈번하게 발생한다. 마음이 불안정하면 영혼에 만족이 없으므로 영적생명이 고갈됩니다. 영적 생명이 고갈되면 마음에 질병이 생깁니다. 마음의 질병을 진리의 말씀과 성령으로 치유하지 못하고 방치하면 이제 육체의 질병으로 발생을 합니다.

어느 젊은 여 집사가 저에게 전화를 했습니다. 목사님! 저는 지금 정상이 아닙니다. 직장을 다니고 있는데 몸이 비정상입니다. 가슴이 답답하고, 잠을 자도 늘 피곤하여 닭이 병든 것과 같이 꾸벅꾸벅 졸기 일 수입니다. 기도가 막혀서 기도를 할 수가 없습니다. 그리고 조그마한 소리도 받아들이지 못하고 혈기와 짜증이 심합니다.

불안하고, 두렵고, 우울할 때도 있습니다. 몸이 천근만근 무겁습니다. 그래서 서울대 병원에 입원하여 450만원을 들여서 건강검진을 받았습니다. 그런데 결과는 모든 기능이 정상으로 나왔습니다. 그런데 몸은 비정상입니다. 목사님! 이유와 원인이 무엇입니까? 하나님의 은혜로 해결 받고 싶습니다.

필자가 이렇게 말했습니다. 집사님이 바르게 아셔야 할 것이 있습니다. 집사님은 마음에 상처와 스트레스로 포화상태가 되어 육체의 질병으로 나타난 것입니다. 우리 충만한 교회에 오시면 하나님께서 성령으로 마음을 정화하면서 치유하실 것입니다. 세상에서 치유하지 못하는 문제도 하나님께 기도하면 하나님께서 하나님의 사람을 만나게 하여 치유하십니다. 하나님은 치유하지 못하시는 것이 없습니다. 하나님께서 치유하실 것이니 걱정하지 마세요. 집사님의 문제는 하나님만이 해결하실 수 있습니다.

여 집사가 토요일 날 집중정밀치유기도에 예약하여 집중치유 기도하며 치유를 받았습니다. 첫날 기도를 하는데 성령세례를 받지 않은 상태였습니다. 일단 성령의 지배와 임재가 여 집사를 장악하게 하여 성령세례가 임하도록 했습니다. 얼마 지나자 성령세례가 임했습니다. 큰 소리를 하면서 한동안 울었습니다. 울음이 그치니 기침을 사정없이 했습니다.

그러면서 분노가 올라왔습니다. 들어보니 남편을 향한 분노였습니다. 제가 남편이 힘들게 합니까? 그랬더니 울먹이는 소리로 그렇다는 것입니다. 사사건건 충돌이 일어난다는 것입니다. 계속 기도를 하게 했습니다. 그리고 돌아가서 남편을 설득해서 남편하고 같이 와서 치유를 받았습니다. 의외로 남편이 쉽게 성령으로 장악이 되었습니다. 안수를 하니까, 깊은 곳까지 치유가 일어났습니다. 여 집사의 깊은 곳에서 치유가 일어났습니다. 남편도 생전처음 성령으로 세례를 받고 체험했다고 좋아했습니다.

돌아가서 이렇게 메일로 소식이 왔습니다. "한 달 전 남편과 같이 대전에서 올라와 치유 받은 ○○○ 집사입니다. 답답했던 가슴이 뚫리고 기도가 너무나 잘됩니다. 건강도 아주 좋아졌습니다. 더군다나 1년 6개월 동안 팔리지 않았던, 대전 아파트가 며칠 전 계약이 되었습니다. 먼저 하나님께, 그리고 목사님께 감사드립니다. 목사님께서 알려 주신 데로 아파트에 가서 남편과 같이 열심히 대적 기도를 했습니다. 가르쳐주신 대적기도의 결과 응답되었고, 앞으로 마귀, 귀신을 불러들이는 일은 하지 않아야겠다고 깨닫게 되었습니다." 할렐루야!

여섯째, 영적으로 성숙하지 못한다. 마음을 성령으로 정비하고 정화하고 치유하지 못하면 영적으로 성숙하지 못하고 어린아이 신앙인으로 살아가게 됩니다. 어린아이의 특징입니다.

1) 자기중심적입니다. 어린아이들은 부모님의 사랑을 받으며 자라고 있습니다. 그러나 자기 마음에 맞지 않으면 투정을 부립니다. 걸핏하면 삐쭉거리며 울어댑니다. 밥투정도 잘합니다. 원망과 불평이 많습니다. 그리고 모두가 다 자기를 위해달라는 것

입니다. 아무리 위해주어도 감사라곤 하나도 없습니다. 그저 달라고만 합니다. 마음이 비어있기 때문입니다.

이것이 바로 어린아이의 특징입니다. 이처럼 어린아이와 같은 신자는 봉사하기보다는 섬김 받기를 좋아합니다. 위로하기보다는 위로받기를 좋아합니다. 은혜를 베풀기보다는 그저 은혜 받기를 원합니다. 그러다가도 자기 마음에 맞지 않으면 원망과 불평이 터져 나옵니다. 이것이 바로 어린 아이 신앙입니다.

2) 유혹에 잘 빠집니다. 엡4:14절 중반 절에 보면 "…사람의 궤술과 간사한 유혹에 빠져…" 그랬습니다. 성숙한 자는 유혹에 빠지지 않습니다. 그런데 미성숙한 자에게는 항상 위험이 널려 있습니다. 그래서 유괴 당하기 쉽습니다. 이단에 잘 빠진다는 말입니다. 유혹에 빠지고 세상 풍조에 빠져들어 갈 위험성이 많습니다. 이와 마찬가지로 이단은 마귀가 천사의 모습을 하고 사람들을 미혹합니다. 그러나 올바른 말씀의 선포는 성경 이상이어도 안 되고, 성경이하여도 안 되는 것입니다. 오직 말씀이 가는데 까지 가고, 말씀이 멈추는 데서 멈추어야 합니다.

그래서 엡4:14절 하반 절에서 "…간사한 유혹에 빠져 모든 교훈의 풍조에 밀려 요동치 않게 하려 함이라"고 했습니다. 유혹은 항상 감미롭고 간사합니다. 그리고 이단 운동은 밀려오고 밀려갑니다. 그 조류에 휩쓸리게 되면 자신도 모르는 사이에 사기를 당하고 멸망의 계곡으로 떨어지게 되는 것입니다.

3) 풍조에 밀려가기 쉽습니다. 세상 풍조, 유행에 따릅니다.

예수를 믿는 사람이라고 하면서도 여전히 미숙하기 때문에 그는 늘 세상 유행이 좋습니다. 놀러 다니는 게 좋고, 그저 장난하는 게 좋고, 오히려 그쪽에 항상 매력을 느끼고 있습니다. 이 세상 유행에 아직도 끌려가고 있습니다. 이것이 바로 미성숙한 자를 어린아이를 의미합니다.

4) 미성숙한 자는 요동한다고 합니다. 참을성이 없다는 것입니다. 꾸준하지 못하다는 것입니다. 그래서 능력을 발휘하지 못합니다. 신앙 인격의 성장 수준이란 바로 그의 인내와 정비례합니다. 문제는 언제까지 미숙아로 남아 있느냐는 것입니다.

아브라함도 처음에 신앙생활을 할 때에 미숙하였습니다. 하나님의 약속을 받고 따라간다고 하면서도 세상을 바라보고 휘청휘청하였습니다. 무려 25년 동안이나 그랬습니다. 쉽게 말해서 참을성이 없습니다. 그래서 하나님께서는 책망도 하셨습니다. '너는 내 앞에서 완전하라(창7:1)' 다시 말하면 '언제까지 흔들흔들 할 것이냐'는 책망의 말씀입니다. 그 후 아브라함이 이삭을 모리아 산에서 제물로 바칠 때 하나님께서 비로소 말씀하십니다. '내가 이제야 네가 하나님을 경외하는 줄을 아노라(창22:12)'는 인정과 축복을 받았습니다.

요동하고 흔들리는 것은 아직도 어리다는 것을 말합니다. 미숙한 믿음은 아무 열매가 없습니다. 미숙한 사랑은 사랑이란 개념이 있을 뿐이지 사랑의 이름으로 많은 사람을 괴롭힙니다. 그러므로 성숙해야 합니다. 믿음도 사랑도 성숙해야 합니다.

14장 사람의 미혹을 경계시키신 예수님

(마 24:4-5)"예수께서 대답하여 이르시되 너희가 사람의 미혹을 받지 않도록 주의하라. 많은 사람이 내 이름으로 와서 이르되 나는 그리스도라 하여 많은 사람을 미혹하리라."

예수님은 보이는 사람의 미혹을 경계하라고 말씀하십니다. 마음을 진리의 말씀과 성령으로 정비하고 정화하여 평안한 삶을 살아가려면 보이는 사람들의 영-혼-육체의 상태를 정확하게 볼 수 있는 영안에 열려야 합니다. 크리스천들이 하나님은 영이시라 보이지 않으니, 카리스마 있는 목회자에게 소망을 두고 믿음 생활하는 경우가 너무나 많습니다. 예수님도 하나님의 자녀들이 보이는 사람에게 소망을 두지 않고, 보이지 않는 하나님께로 의식을 돌리도록 하십니다. 보이지 않는 하나님이 주인이시기 때문입니다. 크리스천들이 하나님께서 보이지 않는 고로 보이는 사람을 하나님보다 더 의지하려는 성향이 강하기 때문입니다.

옛 사람이 죽고 성령으로 거듭나지 못했기 때문입니다. 예수를 믿고 성령으로 거듭났다고 입심 좋게 말하지만 여전하게 옛 사람이 주인노릇을 하고 있기 때문입니다. 이렇게 옛 사람이 여전하게 주인 노릇을 하고 있으니 예수를 20년을 믿어도 변화되지 못하는 것입니다. 깨닫고 보면 세상에서 목회자들의 미혹처럼 무서운 것은 없습니다. 왜냐하면 사기꾼들에게 미혹 당하는 경우에는 금전의 손해만 보면 됩니다. 목회자에게 미혹을 당하면 영혼을 사냥당할 수도 있습니다. 필자가 그동안 성령치유 사역을 하면서 체험한 바로는 목회자나 성도들이나 할 것 없이 카리스마 있는 사람의 미혹을 받고 고통을 당했다는 것입니다. 하나님께서 눈에 보이지 않으니 보이는 카리스마 있는 목회자를 하나님으로 착각한다는 말입니다.

본문 말씀은 제자들 모두는 사전에 서로 의논하고 감람산에 이르러 은밀하게 묻는 것입니다. 마가복음의 병행구절(막 13:1-4)에서는 제자들 중의 실세인 베드로와 야고보와 요한과 안드레가 조용히 묻습니다. 베드로와 안드레는 친 형제이며 야고보와 요한 역시 친 형제입니다. 그들은 다른 제자들보다 예수를 가장 먼저 만난 사람들입니다. 그러나 누가복음의 병행구절(눅 21:5-7)에서는 특정인이 아닌 어떤 사람이 묻는 것으로 기록되어 있습니다.

이러한 제자들의 우문(愚問)에 대한 예수님의 첫 대답이 "너희가 사람의 미혹을 받지 않도록 주의하라"는 것입니다. 실상인 즉 "너희 마음 안의 돌 성전이 돌 위에 돌 하나도 남지 않고 무너지는 그 때가 이르면 사람의 미혹을 받지 않도록 주의하라"는 말씀입니다. 쉽게 설명하면 육신의 눈으로 보이는 사람에게 소망을 두지 말라는 말씀입니다. 보이는 사람에게 소망을 두고 따르다가 그가 보이지 않으면 스스로 설수가 없기 때문입니다.

자신의 주인이신 보이지 않는 하나님께 소망을 두어야 보이는 사람이 떠나거나 사망하여 보이지 않더라도 실망하지 않는 다는 말입니다. 육신의 눈에 보이는 예수님이 돌 위에 돌 하나도 남지 않고 다 무너지는 때(십자가에서 해 받으시고 돌아가시면)는 눈에 보이는 예수 그리스도를 통하여 얻어 보겠다는 제자들이 낙심하는 때를 비유하여 말씀하신 것입니다. 실제로 예수님이 십자가에서 해 받으시자, 눈으로 보이는 예수님께 소망을 두었던 제자들은 모두 희망을 일어버리고 본업으로 돌아갔습니다.

부활하신 예수님이 찾아가셔서 베드로에게 2번을 사랑하느냐고 물으시고 다시 3번째, "내가 주님을 사랑하는 줄을 주님께서 아시나이다. 예수께서 이르시되 내 양을 먹이라"(요21:17하). 말씀하시며 이제 주님을 의지하지 말고 주님을 대신하여 "내 양을 먹이라"고 베드로에게 사명을 확인하여 주십니다.

예수님께서 베드로에게 사명을 주시는 그 때에 이르러서야 보이는 눈으로 세상이 원하는 것으로 기쁨을 누리지 아니하고, 하나님이 원하시는 것으로 기쁨을 누리게 되는 것입니다. 그 기쁨은 누구도 **빼앗을** 자가 없는 영원한 기쁨이 되는 것입니다. 그 기쁨은 하나님을 사랑함에서 발원한 기쁨이기 때문입니다. 그 기쁨 이외의 어떠한 기쁨으로도 거룩함에 이르지 못할 것이기 때문에 우리 모두의 소망이 되어야 합니다. 그렇지만 제자들의 관심사인 "주의 임하심과 세상 끝 날"에 대한 소망은 현재로써는 스승의 생각과 도저히 같을 수 없는 평행선입니다.

"지금은 너희가 근심하나 내가 다시 너희를 보리니 너희 마음이 기쁠 것이요, 너희 기쁨을 빼앗을 자가 없으리라. 그 날에는 너희가 아무 것도 내게 묻지 아니하리라. 내가 진실로 진실로 너희에게 이르노니 너희가 무엇이든지 아버지께 구하는 것을 내 이름으로 주시리라. 지금까지는 너희가 내 이름으로 아무 것도 구하지 아니하였으나 구하라. 그리하면 받으리니 너희 기쁨이 충만하리라."(요 16:22-24).

그 때가 되면 아버지께 구하는 모든 것을 받을 수 있고 기쁨이 충만하리라고 예언하시지만, 바로 그 때에 오히려 육적인 눈에 보이는 사람의 미혹을 받지 않도록 주의하라고 경계하십니다. 쉽게 말하면 제자들이 예수 그리스도와 같은 능력이 있을 때에 사람의 미혹(추종)을 받는다면 그는 적그리스도요 루시퍼가 될 것이기 때문입니다.

사람의 미혹이란 다른 사람이 나를 미혹한다는 뜻만이 아니라, 나 스스로 세상 사람들이 좋아하는 미혹에 빠진다는 의미도 포함됩니다. 즉 세상 사람들이 추종하는 인물이 되어 재물과 권력과 명예와 능력의 미혹에 빠질 것임을 말씀하신 것입니다. 그 미혹을 피하려고 예수님은 그를 추종하는 허다한 무리들을 얼마나 자주 피하셨습니까? 그 미혹을 피하려고 세례 요한의 옥에 갇힘과 죽음의 소식을 접하고도 말없이 멀리 피하셨던 것입니다.

예수께서 사람이 원하는 미혹에 빠졌다면 유대의 임금이 되었지 절대로 십자가에 못 박히지 않았을 것입니다. 예수께서는 하나님께로부터 받는 기쁨이 무엇인지 알기 때문에 세상으로부터 받는 기쁨을 취하지 않았던 것입니다. 예수의 기쁨을 마귀라도 빼앗을 수가 없었던 것입니다. "많은 사람이 내 이름으로 와서 이르되 나는 그리스도라 하여 많은 사람을 미혹하리라."(마 24:5).

천사장 루시퍼가 자기의 자리를 떠나 하나님과 견주려 할 때 그는 사탄이 되었습니다. 섬김의 자리를 버리고 군림의 자리를 탐하였기 때문입니다. 스승인 예수께서 제자들에게 경계하신 것이 그 때에 이르러 루시퍼와 같이 섬김의 자리를 버리고 군림의 자리를 탐할 것을 경계하셨던 것입니다. 예수 이후 신약 시대인 지금까지 얼마나 많은 자칭 예수가 출현했습니까?

오늘 예수께서 우리들에게 강력한 메시지를 전하고 있는 것입니다. 너희 안의 율법 신앙, 즉 돌로 지은 예루살렘 성전이 돌 위에 돌 하나도 남지 않고 무너지고, 하나님의 생명의 복음이 들릴 때에 사람의 미혹을 받아 너 스스로 세상 사람들이 원하는 영광을 취하지 말고 십자가를 지라 하시는 것입니다. 그 때에 사람의 미혹을 받는 자들이야말로 히브리서 기자가 강조하였던 한 번 빛을 받고 하늘의 은사를 맛본 사람들인 것입니다(히 6:4-6).

우리 모두는 말세에 거짓 선지자가 많이 일어나 사람들을 미혹할 것이라고만 알았습니다. 즉 거짓 선지자가 나를 미혹하는 것이지, 내가 거짓 선지자가 되어 많은 사람을 미혹하게 될 것이라는 것은 조금도 깨닫지 못하였던 것입니다. 예수께서 제자들에게 그 때에 이르러 "사람의 미혹을 받지 않도록 주의하라"고 말씀하신 이유가 여기에 있습니다.

제자들과 예수께서 대화하고 있는 지금, 제자들은 철저히 사람의 미혹을 받고 있습니다. 스승인 예수를 통하여 사람의 영광을 취하려고 하고 있습니다. 그와 마찬가지로 세상의 모든 사람들은 정도의 차이만 있을 뿐 사람의 미혹을 받고 있고, 그 재미와 소망으로 살아가고 있습니다. 그런 사람들에게 사람의 미혹을 받지 말라고 경계하시는 것이 아닙니다.

지금 그들에게는 아무리 경계한들 쇠귀에 경 읽기일 뿐이기 때문입니다. 그러나 하나님의 말씀을 배우고 묵상하고 상고하는 자들에게는 보이는 율법 신앙의 종말의 때가 있을 것이며, 그 때에 또 사람의 미혹을 받는다면 다시 새롭게 하여 회개하게 할 수 없으므로 사람의 미혹을 받지 말라고 하시는 것입니다.

첫째, 사람을 통하여 하나님의 뜻을 알려고 하지 말라. 많은 수의 크리스천들이 사람을 통하여 하나님의 뜻을 알려고 신령하고 카리스마 있는 사람을 의지하는 경향이 많습니다. 하나님은 성령으로 거듭난 성도는 자신의 몸인 성전에 계시는 성령으로 뜻을 알려주십니다. 세상 사람과 믿음이 약한 사람은 천사를 통하여 뜻을 알려주십니다. 예수를 믿고 성령으로 거듭난 사람은 성령으로 직접 뜻을 전해주십니다.

이는 사도행전 10장의 고넬료 가정의 성령체험을 생각하면 쉽게 이해가 됩니다. 행10장에는 백부장 고넬료의 믿음에 대해 기록하고 어떤 축복을 받았는지를 구체적으로 설명하고 있습니다. 백부장 고넬료는 이방사람이라고 기록되어 있습니다. 그는 유대 민족도, 이스라엘 사람도 아니었습니다. 그러나 그는 이방인으로서 최초의 기독교인이 되어서 성령을 받고 주변 사람들을 전도함으로 큰 역사를 일으킨 인물이 되었습니다.

백부장 고넬료는 로마 장교요, 이방인이었지만 경건한 사람이었습니다. 그의 집안 식구들 모두가 하나님을 경외했습니다. 그는 항상 하나님께 기도하는 신앙을 가졌습니다. 그리고 어려운 백성들을 많이 구제해서 주변사람들에게 칭찬과 존경을 받았습니다. 어느 날 고넬료는 제 구 시쯤 되어 기도하던 중에 환상을 보게 되었습니다. "하나님의 천사가 나타나서 그의 기도와 구제가 하나님 앞에 상달되고 기억하신바 되었으니 사람을 욥바에 보내서 베드로라 하는 시몬을 청해서 말씀을 들으라"고 했습니다. 그는 즉시 하나님의 음성에 순종하여 집안 하인과 군졸을 욥바로 보냈습니다.

욥바에 있던 베드로도 지붕에 올라가서 기도하다가 환상을 보았습니다. 하늘에서 큰 보자기 같은 그릇이 내려오는데, 그 속에는 부정한 짐승들이 가득 들어있었습니다. 그런데 그 때 하늘에서 그것을 먹으라는 음성이 들렸습니다. 베드로는 "그럴 수 없습니다. 저는 깨끗하지 않은 부정한 것들을 먹은 적이 없습니다."라고 대답하였습니다.

그러자 하나님께서 "내가 깨끗하다 한 것을 네가 속되다 하지 말라."고 하셨습니다. 베드로는 세 번이나 똑같은 환상을 보았지만 그것이 무엇을 뜻하는지 알 수 없었습니다. 그 때 마침 고넬료가 보낸 사람들이 도착을 했습니다. 그들을 만난 베드로는 자신이 본 환상의 의미를 깨달았고, "그들을 따라가라는 성령의 음성을 직접(행10:19-20)" 들었습니다. 그래서 베드로는 그들을 따라 가이사랴에 있는 고넬료의 집으로 갔습니다.

고넬료는 가족과 친척, 친구들까지 모두 불러모아놓고 예배 드릴 준비를 하고 기다리고 있었습니다. 베드로가 도착하자 고넬료는 베드로에게 달려가 엎드려 절을 하였습니다. 베드로는 고넬료에게 일어나라고 한 뒤 예배를 드렸습니다. 고넬료의 집에 모인 사람들은 베드로가 전하는 말씀을 듣고 은혜를 받고, 성령으로 세례를 받고 성령 충만을 받아서 방언으로 기도하고, 하나님을 높이며 찬양했습니다.

정리하면 고넬료는 천사가 하나님의 뜻을 알려주었습니다. 베드로는 성령께서 직접 뜻을 알려주셨습니다. 성령으로 거듭난 크리스천은 이제 자신의 주인으로 계시는 성령으로부터 계시를 받아 하나님의 뜻을 알아야 합니다.

둘째, 다른 사람만을 의지하여 마음을 정비하고 정화하려고 하지 말라. 필자가 말하려고 하는 깊은 뜻은 능력이 있는 사람만 의지하여 사람에게 마음을 정비하고 정화하고 치유 받으려고 하지 말라는 것입니다. 하나님께 기도하여 하나님께서 만나게 하는 사람을 통하여 능력을 받으라는 말입니다. 자신이 능력이 있다는 사람을 결정하여 능력을 받으려고 하지 말고 성령께서 감동하시어 만나게 하는 사람을 통해 능력을 전이 받고 치유받으라는 말입니다. 하나님께서 만나라는 사람을 통하여 하나님과 관계를 열면서 치유받고 자신의 능력으로 만들라는 것입니다.

그 사람에게 역사하시는 성령님은 뒷전이고 능력 있는 사람만을 의지하지 말라는 것입니다. 하나님은 능력은 필요한 분들에게 모두 주셔서 사용하면서 살아계신 하나님을 증명하게 하십니다. 그렇기 때문에 능력을 받으려면 먼저 자신 안에 주인으로 계시는 성령님께 기도하라는 것입니다. 기도하다가 보면 성령님이 감동하십니다. 어디를 가라고 하시든지, 기독교 서점에 가라 하시든지, 누구를 찾아가라고 하시든지, 국민일보 광고를 보는 순간 가보라는 감동을 하시든지…. 그러면 지체도 하지 말고, 거리가 멀다고 생각도 하지 말고, 여건을 고려하여 합리를 가지고 분석하여 차단하지 말고 찾아가는 것입니다. 분명하게 성령님께서 그곳에서 능력을 받게 하시려고 치유받게 하시려고 감동하시고 찾아가게 하신 것입니다. 자신이 찾아가지만 실상은 자신의 주인이신 성령님이 데리고 가시는 것입니다.

그러면 그곳에서 자신이 목적한 능력을 받을 때까지 기다리는 것입니다. 능력은 어떻게 받느냐 입니다. 첫째로 포기하지 않는 신앙이 필요합니다. 신앙은 타협이 아닙니다. 열왕기하 2장에 나오는 엘리사를 보시고 교훈을 얻으시기를 바랍니다. 일단 결심한 엘리사의 마음은 요지부동입니다. 길갈에서 엘리야가 엘리사에게 "청컨대 너는 여기 머물라 여호와께서 나를 벧엘로 보내시느니라." 말합니다.

그 때 엘리사가 "여호와의 사심과 당신의 혼의 삶을 가리켜 맹세하노니 내가 당신을 떠나지 아니하겠나이다"(왕하2:2)하고 주장하였습니다. 이와 같은 엘리야의 권면과 엘리사의 주장은 벧엘에서도, 여리고에서도, 요단에서도 반복되었던 것입니다. 엘리사의 마음은 시종일관 필사적이었습니다. 엘리야의 능력이 자기에게 임할 때까지 포기하지 않았습니다.

엘리야의 영감의 갑절이 자기에게 주어질 때까지 자기 선생을 따르겠다는 것이 엘리사의 비상한 결심이었습니다. 포기하지 않겠다는 것입니다. 능력을 받으려는 분들도 이러한 포기하지 않는 믿음이 중요합니다. 어떠한 고난과 어려움이 있다 해도 포기하지 않고, 끝까지 믿음을 갖고 성령의 인도를 받으며 주님을 따라가는 모두가 되기를 바랍니다.

둘째로 하나님을 직접 만나야 합니다. 열왕기하 2장 11절을 읽어보면 "두 사람이 행하며 말하더니 홀연히 불 수레와 불 말들이 두 사람을 격하고 엘리야가 회리바람을 타고 승천하더라." 죽지 않고 승천한 사람이 몇 명입니까? 3명입니다. 에녹, 엘리야, 예수님, 엘리사는 요단 강변에서 하나님이 엘리야를 데려가시는 것을 목격합니다.

하나님은 회오리바람으로 엘리야를 데려가십니다. 11절의 "불 수레와 불 말들"은 엘리야가 타고 가는 것이 아닙니다. 그것들은 엘리야와 엘리사를 갈라놓는 역할을 합니다. 불 수레와 불말은 하나님의 임재를 상징합니다. 엘리사는 엘리야에게서 무엇을 얻기를 원했습니까? 엘리사는 끝까지 엘리야를 붙들려고 했습니다. 그러나 하나님은 엘리사에게 말씀하십니다. "왜 엘리야만 계속해서 바라보느냐! 이제는 나를 보아라. 나를 만나 거라. 엘리야가 한 시대에 내가 준 사명을 감당했듯이, 이제는 내가 네게 사명을 맡긴다. 나를 만나는 사람이 내 사명을 감당할 수 있다." 자신이 직접 성령의 음성을 듣고 순종해야 합니다.

엘리야의 승천 직전에 엘리사는 하나님의 임재를 체험합니다. 하나님 임재의 체험이 엘리사를 선지자로 세웁니다. 이제 엘리사는 자신이 하나님의 사람으로 행동해야 한다는 것을 깨닫게 됩니다. 성도는 하나님을 직접 만나야만 합니다. 직접 만나지 않고 체험하지 않고 누군가에게 듣고, 배워서 할 수가 없습니다. 이 시간 구경만 하는 것이 아니라, 한 사람 한 사람 모두 하나님을 직접 만나길 바랍니다. 체험 있는 신앙을 가지기를 바랍니다.

셋째로 하나님만 바라보고 의지해야 합니다. 열왕기하 2장 14절을 보면 "엘리야의 몸에서 떨어진 그 겉옷을 가지고 물을 치며 가로되 엘리야의 하나님 여호와는 어디 계시니이까 하고 저도 물을 치매 물이 이리저리 갈라지고 엘리사가 건너니라" 공동번역에 보면 이렇게 표현되어 있습니다. "엘리야의 겉옷으로 물을 쳤으나 물이 갈라지지 않았습니다. "그래서 엘리야의 하느님 야훼여, 어디계십니까?" 하면서 물을 치자 물이 좌우로 갈라졌습니다. 그리하여 엘리사가 강을 건너는데….”

엘리사가 엘리야의 흉내를 내어 겉옷을 들고 스승의 힘을 빌어 요단강을 칠 때 물이 갈라지지 않았습니다. 그러나 엘리사는 이제 직접 하나님을 찾았습니다. 자신이 하나님을 직접 찾고, 하나님께 기도합니다. 이 말은 엘리사가 이젠 다른 사람을 의지하지 않고 오직 하나님만을 의지한다는 것입니다. 하나님과 동행하는 것입니다.

이제 사람을 통해서 하나님을 만나려고 하지 말고 직접 만나 체험하기 바랍니다. 직접 하나님을 찾고 만나야 합니다. 귀하는 지금 무엇을 의지합니까? 세상의 힘, 지식, 기술, 능력, 지혜, 돈, 건강을 의지합니까? 무엇보다 우리의 의지할 것은 하나님밖에 없음을 믿기를 바랍니다. 직접 하나님을 의지하기를 바랍니다.

그런데 문제가 무엇인가하면 자기 생각대로 찾아가고, 자기 생각대로 돌아온다는 것입니다. 한마디로 자기 마음대로 한다는 것입니다. 기본이 되지 않은 것입니다. 이런 분은 성령의 능력은 커녕 성령의 사람으로 변화되지도 못합니다. 자신이 예수를 믿을 때 죽지 않고, 자신이 그대로 살아있기 때문에 성령님께서 자신을 통하여 아무것도 하실 수가 없습니다.

영이신 성령님이 육체인 자신을 통하여 무엇을 하실 수가 있겠습니까? 분명하게 하나님께서 이렇게 말씀하셨습니다. “그리스도의 사랑이 우리를 강권하시는 도다. 우리가 생각하건대 한 사람이 모든 사람을 대신하여 죽었은즉 모든 사람이 죽은 것이

라. 그가 모든 사람을 대신하여 죽으심은 살아 있는 자들로 하여금 다시는 그들 자신을 위하여 살지 않고 오직 그들을 대신하여 죽었다가 다시 살아나신 이(예수님)를 위하여 살게 하려 함이라 (고후 5:14-15)"

분명하게 "자신을 위하여 살지 않고 오직 그들을 대신하여 죽었다가 다시 살아나신 이를 위하여 살게 하려 함이라고"하셨습니다. 예수님을 위하여 살게 하려고 부르신 것입니다. 예수님께서 하신 일을 하게 하려고 부르신 것입니다. 예수님은 영이십니다. 육체가 죽지 않고 예수님을 위하여 살아갈 수가 없습니다.

그래서 예수믿고 죽었다가 다시예수님으로 살아나 영이신 예수님으로 살도록 하시는 것입니다. 이제 자신의 인간적인 생각이나 지혜나 열심으로 살지 말아야 합니다. 성령의 지배와 인도를 받아야 합니다. 그래야 지금 천국을 만끽합니다.

셋째, 마음을 정화하여 자신의 주인이신 하나님과 관계를 열라. 하나님은 이스라엘 백성들을 애굽에서 이끌어내어 광야를 걷게 한 것은 애굽에서의 종살이를 치유하고 보이지 않는 하나님을 보이는 하나님과 같이 믿는 믿음의 사람으로 바뀌어서 어디를 가서 살더라도 하나님과 교통하며 살게 할 목적이었습니다. 애굽에서 나와 가나안을 가는 여정에 하나님께서 함께 하신다는 여러 가지 기사와 기적을 보이셨습니다.

그런데 일부 이스라엘 사람들은 보이지 않는 하나님께는 안중에도 없고 지팡이를 든 모세만 믿고 바라보고 가나안을 향해서 걸어갔습니다. 모든 것을 하나님께서 하신다는 믿음이나 생각 없이 주인정신이 아닌 노예정신을 가지고 졸졸 따라왔습니다. 마치 지금 일부 목회자와 성도들과 같이 능력 있는 담임목사만 바라보고 자신의 주인이신 하나님은 변방에 모시고 믿음 생활하는 것과 같았습니다.

모세가 시내산에 십계명을 받으러 올라가서 40일을 보이지 않을 때 자신들을 이끌고 갈 눈에 보이는 신을 만든다고 금을 모아 금송아지를 만들기도 했습니다. 그러나 실제적으로 자신들의 눈으로 보이지 않았지만 하나님은 자신들과 함께하고 계셨습니다. 하나님의 진노로 금송아지 우상과 함께 죽을 고비에서 모세의 기도로 살았습니다. 이들은 보이는 사람이나 산당이나 초막에 있다고 믿는 우상신을 살아계신 하나님보다 더 믿었습니다.

현대교회 크리스천들도 자신 안에 주인으로 계시는 하나님께서 보이지 않으니, 보이는 사람을 우상으로 모시면서 믿음 생활하는 크리스천이 있습니다. 드디어 가데스바네아에서 열두 정탐꾼을 가나안 땅을 정탐하라고 보냈는데 정탐을 하고 돌아온 10명이 하나님께서 함께 하신다는 믿음이 없이 자신들이 주인 된 인간적인 눈으로 보고 생각의 결론을 알려준 것입니다.

그래서 똑같은 사물을 경험할 때에 그것을 바라보는 사람의 마음의 태도에 따라서 다 틀립니다. 자신이 주인 되어 마음이 지옥인 사람은 자신의 능력과 비교하여 사물을 바라보게 되고, 하나님께서 주인 되어 마음이 하늘나라 성전이 된 사람은 하나님의 눈과 생각으로 바라보고 판단하고 결정하는 것입니다.

우리가 바르게 알아야 할 것이 있습니다. 10명의 정탐꾼이 부정적이 된 것에는 원인이 있다는 것입니다. 이 사람들이 처음 애굽을 나올 때부터 보이지 않는 하나님의 함께하심을 믿은 것이 아니라, 눈에 보이는 지팡이를 든 카리스마가 있는 모세를 믿는 노예정신을 가지고 가나안을 향했기 때문입니다.

그래서 함께 하시는 하나님은 생각하지도 못하고, 자신과 가나안에 거주하는 사람과 비교한 것입니다. 비교하는 순간 10명의 정탐꾼의 무의식에서 "모든 백성은 신장이 장대한 자들이며, 거기서 네피림 후손인 아낙 자손의 거인들을 보았나니 우리는 스스로 보기에도 메뚜기 같으니 그들이 보기에도 그와 같았을 것이니라"(민13:32-33). 이렇게 느낀 대로 보고한 것입니다.

중요한 것은 애굽에서 모세의 인도로 광야로 나온 사람들은 가나안에 들어가 지팡이를 든 모세를 주인으로 모시고 편안하게 지내는 것에만 관심을 갖은 것입니다. 그러니까, 광야를 걸어올 때 살아계신 하나님은 찾지도 않고 물 달라, 고기 달라, 소리만 지른 것입니다. 홍해를 가르고, 쓴물을 달게 하고, 낮에는 구름기둥 밤에는 불기둥으로 인도해도 누가 어떤 분이 어떻게 이런 역사를 일으키는지 관심을 갖지 않은 것입니다. 보이지 않으나 살아계신 하나님께 관심을 두지 않으니 기사와 이적을 일으키면서 하나님이 함께 하신다는 것을 알도리가 없는 것입니다.

15장 천국의 평안을 갖게 하시는 예수님

(요 14:27)"평안을 너희에게 끼치노니 곧 나의 평안을 너희에게 주노라 내가 너희에게 주는 것은 세상이 주는 것 같지 아니하리라"

성령으로 마음이 정비되고 정화되고 치유되면 하나님의 나라가 되어 예수님의 평안을 만끽하며 누리게 됩니다. 예수님(천국)의 평안은 자신의 전인격이 성령의 지배를 받아야 누릴수가 있습니다. 아무리 예수를 믿고 성령으로 거듭났다고 하더라도 평안하지 않으면 하늘나라가 임한 것이 아니라는 것입니다. 예수님이 주인이신 하늘나라는 예수님의 평안이 있는 곳입니다. 예수님이 주시는 평안은 세상이 주는 것과 같지 않습니다. 필자는 매주 토요일 집중기도 정밀치유를 합니다. 이때 정밀치유를 하면 모든 분들이 참으로 평안하다고 하십니다.

그러면 필자가 이렇게 말합니다. 마음이 정비되고 정화되니 자신 안에 주인으로 계시는 예수님의 평안이 온전하게 흘러나오는 것이라고 합니다. 그러면서 예수님 외에 다른 세상 것들이 성령의 역사로 모두 배출이 되어 온전하게 예수님으로 하나가 된 증거라고 설명을 합니다. 천국은 세상이 주는 것과 같지 않은 예수님의 평안이 자신의 전인격을 지배한 상태라고 표현하면 정확합니다. 말씀지식으로가 아니고 실제적으로 느끼는 평안입니다.

평강은 하나님의 나라인 예수님이 주십니다. 예수님은 평강의 왕이십니다. 이사야 선지자를 통하여 예수님의 탄생을 예언하시면서 그의 이름은 평강의 왕이요, 그 정사와 평강의 더함이 무궁하리라고 하셨습니다. 예수님이 탄생하셨을 때도 천사들이 노래하기를 하나님께는 영광이요, 땅에서는 기뻐하심을 입은 사람들 중에 평화라고 했습니다. 예수님이 십자가를 지기 위해서 예루살렘에 입성하실 때도 무리들은 평강의 왕으로 오시는 이여 호산나 하면서 노래했습니다.

예수님은 부활하신 후에 첫 번째 하신 말씀이 무엇인지 아십니까? "너희에게 평강이 있을지어다"라고 제자들에게 말씀하셨습니다. 제자들은 두려워서 방문을 잠그고 있었는데 예수님은 홀연히 그들에게 나타나셔서 거듭 거듭 "너희에게 평강이 있을지어다. 너희에게 평강이 있을지어다"라고 거듭 말씀하셨습니다. 오늘 말씀을 통해서 우리들에게도 "너희에게 평강이 있을지어다" 하시는 음성을 듣기 바랍니다. 참 평안을 누리기를 바랍니다. 두려워하며 근심하는 자 곁에 서서서 "아들아 너에게 평강이 있을 지어다" 수치심, 불안, 염려, 우울증, 공황장애 때문에 잠 못 이루는 자에게 찾아오셔서 "사랑하는 나의 자녀여, 너에게 평강이 있을 지어다" 하시는 위로의 음성을 들으시기 바랍니다.

예수님은 이렇게 말씀하십니다. "평안을 너희에게 끼치노니 곧 나의 평안을 너희에게 주노라" 예수님 자신의 평안을 우리에게 주셨습니다. 평강의 근원이시며 평강의 왕이신 예수님께서 자신의 평안을 우리에게 주신다고 하셨습니다. "평안을 너희에게 끼치노니 곧 나의 평안을 너희에게 주노라." 예수님이 주시는 평안은 우리 마음을 편하도록 달래거나 쓰다듬어 주시는 정도가 아닙니다. 예수님 자신의 깊은 평안, 그 영광스러운 성품의 하나인 평안, 존재적인 평안을 우리에게 주신다고 하셨습니다. "나의 평안을 너희에게 주노라." 엄청난 말씀입니다.

예수님이 주신 평안은 세상이 주는 것과 같지 않다고 하셨습니다. 이 세상의 평안은 조건적이며 일시적입니다. 그러나 예수님이 주신 평안은 조건을 초월하는 평안이며 영원한 평안입니다. 풍랑 이는 바다에서도 깊이 잠들 수 있는 평안입니다. 예수님은 그러한 자신의 평안을 우리에게 주셨습니다.

그러나 문제는 '나의 평안'이라는 예수님의 말씀에 있습니다(요14:27). 아울러 '세상'도 평안을 준다는 것이 본문의 말씀입니다. 그러므로 자신이 소유한 평안이 '세상의 평안'인지, '예수님의 평안'인지를 투시(감찰)하여 구분하지 못하게 되면 아무런 의미가 없게 되고, 나아가서는 착각과 미혹의 씨앗이 될 수도 있습니다. 그렇기 때문에 우리는 더욱더 성경 말씀이 무엇을 어떻게 말씀하고 있는지 성령의 깨닫게 하심으로 살펴보아야 할 필요성이 있습니다.

'세상의 평안'과 '예수님의 평안' 사이에 차이점은 무엇일까요? 그런데 이 질문을 유심히 보면, 놀라운 것은 '평안'이라는 말에는 아무런 차이가 없다는 점입니다. 다만 그 평안이 누구로부터 온 것이냐는 차이만 있을 뿐입니다. 그러므로 세상도 예수님도 똑같이 제공할 수 있는 '평안'이 무엇을 의미하는가를 먼저 알 필요가 있습니다.

평안(에이레네)이란 무엇인가요? 「에이로」 즉 연합하다(to join)는 뜻으로부터 유래된 「eijrhvnh(에이레네)」는 따라서 '하나가 됨, 고요, 안식, 다시 하나가 되다'라는 의미를 가집니다. 즉, '평안(eijrhvnh)'이라는 것은 분리된 상태거나 두 개 이상의 별개의 존재가 연합하여 하나가 된 상태를 의미합니다. 일반적으로 평안(평화)의 반대말인 전쟁을 생각하면 이해가 쉽습니다. 전쟁이란 적대하는 두개 이상의 나라나 단체 혹은 개인이 있어야만 가능한 것이고, 상대적으로 평안은 어느 한쪽으로 통일된 상태를 가리킨다고 볼 수 있습니다. 그러므로 우리 인간이 평안하다고 할 수 있으려면 우리 내부에 다투는 두개의 존재(즉 갈등구조)가 있을 때는 불가능하고 어느 한쪽이 다른 한쪽에 투항하든지 쫓겨나든지 해야 가능한 것입니다.

사도 바울이 로마서 7장에서 고백한 것처럼 "내 속 사람으로는 하나님의 법을 즐거워하되 내 지체 속에서 한 다른 법이 내 마음의 법과 싸워 내 지체 속에 있는 죄의 법 아래로 사로잡혀 가는"(롬 7:22-23), 상황에서는 평안이 있을 수 없습니다. 그러므로 문제의 시작은 내 속에 두 존재가 있음을 알아채는 때부터라고 볼 수 있습니다. 그러면 그 이전 상태는 어떤 것인가요? 앞에 설명했듯이 평안이란 '하나 된 상태'를 의미하는데 자기 속에서 두 존재가 갈등구조를 그리고 있는 것조차 알지 못할 때에는 그쪽도 '평안'이란 말입니다. 이것이 세상의 평안입니다.

마치 대낮에는 한 점 어두움이 없어 평안인 것처럼, 칠흑 같은 한밤중도 한 점 빛이 없어도 평안인 것과 같습니다. 갈등 즉 싸움이 일어나 평안이 깨지는 시점은 칠흑의 어두움에 성령의 빛이 비추기 시작하면서부터입니다. 이때로부터 두 '평안'의 다툼이 시작되는데 이것이 곧 해산의 아픔(요 16:21)이요, 이 고통을 지난 기쁨이 곧 새로운 평안, 어두운 곳이 하나도 없는 '빛 안에서의 평안(눅 11:36)'입니다. 한동안 다툼이 일어난 다음 마음의 세계와 외면세계에 역사하며 주인 노릇을 하던 사단과 마귀와 귀신들이 성령으로 제압이 되어 떠나가면 예수님의 평안으로 바뀌는 것입니다. 그러므로 본문이 말씀하고 있는 '세상의 평안'은 세상과의 연합을 의미하는 것이고, '예수님의 평안'은 예수님과의 연합(엡 2:14-17)을 의미합니다.

글을 읽는 분들 중에 오늘날 기독교인 가운데 이걸 모르는 사람이 있을까? 의문시하는 분들도 있을 것입니다. 필자가 이렇게 설명하는 것은 기독교인이란 모두 세상과 연합된 과거가 있었고 이제는 예수님과 연합되어 '예수님의 평안'을 누리고 있다고 생각하기 때문에 자기를 분별해 보라는 것입니다.

그러나 문제는 오늘날 신자들의 대부분이 과연 '세상'과 '예수님'이라는 두 상극의 갈등구조(롬 7장)를 가진 몸으로 살고(영-혼-육이 성령의 지배를 받지 않고), 예수님에게 연합되었느냐,

아니냐에 있습니다. 그 갈등과 고통의 체험 없이(이는 시간적인 문제가 아니라, 영-혼-육이 성령의 지배를 받느냐 받지 못하느냐의 문제입니다.), 예수를 믿는다는 것은 감히 단언하건대 거짓말입니다. 왜냐하면 우리 인간은 누구나 세상과 연합하여 세상과 하나 되어 살던 존재들이었습니다(엡 2:1-3). 평안한 삶을 누리던 사람이 예수를 만나게 되면 그 가치체계의 다름 때문에 심각한 근심과 갈등을 했던 것이 성경에 기록되어 있기 때문입니다. 대표적인 사례가 마태복음 19장에 거론되는 부자 청년의 이야기입니다.

예수를 믿는 길은 '나의 목숨'이라는 비용이 든다는 것을 기억해야 합니다. 그냥 '믿으면'이 아니란 말입니다. 내 목숨을 버리지 않으면 괜히 공사를 시작만하고 이루지 못하는 불쌍한 사람이 된다(고전 15:19)는 말입니다. 그러므로 좁고 협착한 길입니다. 자기 목숨을 '위하여' 전심전력으로 사는 삶이 주는 평안이 있는데 이것이 곧 '세상이 주는 평안'이요, 자기 목숨을 '잃음으로써' 얻는 평안이 있는데 이것이 곧 '예수의 평안'입니다.

둘 다 평안이라는 말을 쓸 수 있는 것은 전자는 자기 목숨 이외의 것이 보이지 않음으로 평안이요, 후자는 자기 목숨이 없어지고(십자가에서 예수와 함께 죽음, 갈 2:20), 성령의 지배와 장악된 그리스도의 생명으로 살기 때문에 주어지는 평안입니다. 근심이 있고 갈등이 있다는 얘기는 자기 목숨과 그리스도의 생명 사이에서 방황한다는 말입니다. 몸으로는 자기 목숨을 위하여 살면서 입으로는 그리스도를 믿는다고 자랑스러워할 일이 아닙니다. 분명하게 성령으로 전인격을 굴복시켜야 합니다. 성령의 인도에 순종해야 합니다. 전인격이 성령의 지배와 장악이 되고 성령의 인도를 받아야 '예수의 평안'을 영-혼-육의 온몸으로 느끼면서 살아갈 수가 있는 것입니다. 천국은 자신의 영-혼-육이 성령의 지배로 예수님의 평안이 넘쳐나는 상태를 말합니다.

첫째, 세상이 주는 평안. 평안이란 세상에서도 가볍게 무시할 수 있는 성질의 것이 아닙니다. 세상에서도 나름대로 마음수련, 명상호흡, 단 월드, 단전호흡, 기 치료, 명상, 웃음치료, 프로포폴 투약, 마약 등을 통하여 나름대로 평안을 누리고 있기 때문입니다. 더구나 분명에게 말하는 세상은 일반적으로 생각하는 세상이 아닙니다. 즉 부정과 부패가 난무하는 저 '로마'의 백성들이 아니라, 하나님을 향하여 기도하던 '유대'백성들이 곧 '세상(눅 12:30)'입니다. 말로는 하나님을 사랑한다고 하면서 그의 계명을 가지고(e[cw,에코) 지키는(threvw,테레오) 것(요 14:21)을 무엇인지 모르는, 그래서 진리의 영을 받지 못하는 대상이 곧 세상(유대인)이라는 말입니다(요14:17). 다른 말로 하면 '자기 목숨을 위하여' 신앙 생활하는 자들이 성경적 '세상사람'들입니다.
세상(귀신)은 이런 사람들에게 자기의 평안을 선물하는데 이것이 곧 '기도함으로써' 누리는 평안이요, '구제함으로써' 가지는 평안입니다. 기도는 자신의 욕구를 충족하는 내용으로 갈구하는 기도요, 기도시간을 때워야 율법을 범하지 않기 때문에 하는 인간적인 기도를 말합니다. 그래서 어렵사리 '큰 일' 한 건 하고 나면 몸은 피곤해도 소위 영혼은 하나님 앞에 뿌듯하고 자랑스럽고 평안한 것입니다.

그러나 이 모든 것은 어떠한 일을 '자기가 함으로써' 주어지는 것들이요, 자기 신앙의 수준에 따라 조령모개(朝令暮改)로 변하는 평안입니다. 자기 자신만 알고 인정해주는 평안이라는 말입니다. 그래서 하나님 앞에 열심히 살지 못하면 죄송스럽고, 그래서 또 눈물 흘리며 회개 기도하고 나면 속이 후련하고, 그러면 또 그 용서에 감격해서 평안하고, 마치 냄비에 죽 끓듯, 다람쥐 쳇바퀴 도는 것과 같은 것이 오늘날의 신앙 행태입니다.

신앙의 주체가 '자신'에게 있기 때문입니다. 신앙의 주체가 '자신'에게 있기 때문에 자신이 기도를 하건 아니하건, 예배를 드리건 안 드리건 상관이 없다는 말입니다. 자신의 마음대로 해야만 평안한 사람은 아직 예수의 평안이 무엇인지 모르고 세상이 주는 평안을 예수의 그것인 줄 착각하고 있는 것입니다. 알아야 할 것은 예수를 믿는다는 것은 주체의 옮김을 뜻합니다. 즉 자신의 평안이 아니라, '예수의 평안'을 가지게 된다는 말인데, 따라서 주체가 '예수'이므로 '자신'의 행위나 감정적 변화에 전혀 영향을 받을 필요가 없게 됩니다. 자신은 죽었기 때문입니다.

왜냐하면 우리가 하나님을 사랑하므로 평안한 것이 아니라, 하나님의 사랑을 받으므로 평안한 것이어야 하기 때문입니다.

사랑을 받아 본 사람만이 사랑할 수 있습니다. 하나님의 사랑을 모르고 하나님을 사랑함으로써 누리는 평안이 곧 세상이 주는 평안입니다. 이것은 분명히 '예수의 평안'과는 다릅니다. 왜냐하면 전자는 우리가 하나님을 사랑할 때만 누리는 평안이요, 후자는 그냥 내 속에 영원히 존재하는 평안이기 때문입니다.

그래서 본문의 '끼치노니'라는 말은 「ajfivhmi(앞히에미)」로서 '허락하다. 곁에 두다' 는 말입니다. 즉 너희를 평안하게 해 주겠다는 말이 아니라, 너희에게 '평안'을 허락한다는 말입니다. 이것은 곧 '나의 평안'인데 26절의 아버지께서 내 이름으로 보내실 진리의 성령이시요, 다른 보혜사이십니다. 그러므로 우리는 하나님의 자녀(요 1:12)이면서 평안(엡 2:14)의 아들(눅 10:6)입니다.

예수님의 평안을 누리며 살아야 합니다. "너희는 마음에 근심도 말고 두려워하지도 말라." 예수님은 근심하지도 말고 두려워하지도 말라고 하셨습니다. 근심과 두려움은 마귀에게 속한 것입니다. 그래서 성경은 평강의 하나님께서 사탄을 우리 발아래서 곧 멸하시리라고 하셨습니다(롬 16:20). 마귀를 멸하는 것은 전투를 뜻합니다. 그렇다면 능력의 하나님께서 사탄을 멸하시리라고 하지 않고, 왜 평강의 하나님께서 라고 하셨을까요? 사탄은 불안, 불화, 근심, 염려의 근원입니다. 사탄은 이런 것을 무기로 사용합니다. 하나님은 평강의 근원이십니다. 하나님은 평강을 무기로 사용하십니다. 근심과 두려움을 이기는 것은 평강입니다. 하나님은 자신의 평강으로 불안과 근심과 두려움의 원흉인 사탄을 멸하십니다.

하나님은 그 넘치는 평강, 그 깊은 평강으로 우리를 어지럽히는 사탄을 멸하십니다. 사탄의 역사가 일어납니까? 불안하고 초조합니까? 평강의 하나님을 선포하시기를 바랍니다. 평강의 하나님께서 사탄을 곧 멸하시리라고 선포하시기를 바랍니다. 평안은 힘이 있어야 누릴 수 있습니다. 환경보다 더 큰 힘이 있어야 누릴 수 있습니다. 문제보다 더 큰 힘이 있어야 누릴 수 있습니다. 질병보다 더 큰 힘이 있어야 누릴 수 있습니다. 우리 안에 주인으로 계신이가 세상보다 더 크십니다. 우리는 그 분의 능력으로 환경을 이길 수 있고 문제도 이길 수 있고 병도 이길 수 있습니다. 우리는 예수님의 능력으로 그 어떤 문제를 만나도 이길 수 있기 때문에 평안을 누릴 수 있는 것입니다.

성령의 힘으로 누리게 해 주십니다. 예수님이 제자들에게 나의 평안을 너희에게 주신다고 하셨는데 실제로 제자들이 평안을 누린 것은 오순절에 성령 충만 받고 나서부터였습니다. 항상 두려워하고 불안해하던 그들이 성령 받고 나서는 담대하고 평안했습니다. 베드로는 감옥에서 다음 날이면 끌려 나가 죽게 되었는데도 평안하게 깊이 잠들었습니다. 그들은 매를 맞으면서도 죽음 앞에서도 평안을 누렸습니다. 성령님은 예수님이 주신 평안을 누릴 수 있는 힘이 되십니다. 예수님은 자신의 평안을 우리에게 주셨고, 그 평안을 누릴 수 있도록 성령님을 보내 주셨습니다.

그래도 불안할 때가 있습니다. 우리는 예수님의 평안을 받았으면서도 누리지 못하고 불안해 할 때가 많습니다. 대개 그런 때는 우리가 성령님의 뜻을 거스를 때입니다. 성령님의 뜻을 거스를 때 내 속에서 성령님이 근심합니다. 그러면 내 마음에 불안, 근심, 두려움이 일어납니다. 이는 성령님께서 우리를 바로 세우기 위해 사용하시는 도구입니다. 자신을 투시(감찰)하며 깨닫게 하고 바로 세우기 위해서 성령님은 불안, 근심을 사용하십니다. 이런 근심은 유익한 것입니다. 이런 근심을 성령으로 기도하여 극복한 후에는 반드시 더 큰 평안을 누리게 됩니다.

세상이 주는 평안도 맛보고 예수께서 주는 평안도 맛을 본 사람만이 세상의 평안을 알 수 있습니다. 세상이 주는 평안으로 잘 먹고 잘 살던 경험이 과거지사가 아닌 사람은 현재의 삶이 그것이라는 반증입니다(물론 예수 '믿고' 나서부터입니다). 그래서 세상이 주는 평안이 크면 클수록 힘써 하나님의 평안을 거부하게 됩니다. "그러므로 '저희'가 평안하다 안전하다 할 그 때에 잉태된 여자에게 해산 고통이 이름과 같이 멸망이 홀연히 저희에게 이르리니 결단코 피하지 못하리라"(살전 5:3).

우리 모두 하나님의 평안을 선물로 받아서 세상의 평안에 만족하며 사는 사람들에게 하나님의 평안을 소개하는 성도가 되시기를 바랍니다. "화평케 하는 자는 복이 있나니 저희가 하나님의 아들이라 일컬음을 받을 것임이요"(마 5:9). 예수님의 평안을 주변사람들에게 전이시키는 우리가 되어야 합니다.

둘째, 예수님의 평안. 평안을 어떻게 정의할 수 있을까요? 내적 만족, 내적 고요함, 마음의 안정, 침착함, 다툼으로부터 자유함, 안식, 환경에 방해 받지 않는 영혼의 상태를 말합니다. 저는 전인적인 평안을 소유한 그리스도인과 있을 때에 저 역시도 평안에 거하게 되는 것을 느낍니다. 아니 많은 부분에서 제가 그렇게 평안을 끼치는 사람이 되기를 원합니다.

그리스도 안에 있는 생명의 피, 곧 구속을 통하여 진정한 평안에 거하게 되었습니다. 엡 2장 13~14절에 "이제는 전에 멀리 있던 너희가 그리스도 예수 안에서 그리스도의 피로 가까워졌느니라 그는 우리의 화평이신지라 둘로 하나를 만드사 중간에 막힌 담을 허시고" 저는 성도의 이름을 가졌지만, 여전히 죄 가운데 불안해하고, 평안을 누리지 못하는 성도들을 볼 때가 있습니다. 조그만 일에도 불안해하고 두려워합니다. 그러면서도 믿음이 있다고 아멘 합니다. 그것은 어떤 면에서 사단에 의해서 거짓에 속고 있는 모습이 아닌지 모르겠습니다. 하나님을 믿는데 불안해하고 두려워하는 것은 거짓 믿음입니다.

이사야 기자는 이렇게 기록합니다. "오직 악인은 능히 인정치 못하고 그 물이 진흙과 더러운 것을 늘 솟쳐내는 요동하는 바다와 같으니라. 내 하나님의 말씀에 악인에게는 평강이 없다 하셨느니라"(이사야 57:20-21). "그들은 평강의 길을 알지 못하며 그들의 행하는 곳에는 공의가 없으며 굽은 길을 스스로 만드나니 무릇 이 길을 밟는 자는 평강을 알지 못하느니라"(이사야

59:8). 귀하는 혹 이렇게 말할지도 모릅니다. "저는 악인이 아닙니다. 저는 하나님을 믿고 그분 안에 있습니다." 생각해 보시기 바랍니다. 하나님 편에서 악인의 기준은 무엇일까요? 우리 안에 있는 정욕, 술 취함, 또는 약물중독, 미움, 시기, 질투 이것 보다 더 근본적인 중요한 사실이 있습니다.

무엇입니까? 하나님께서 말씀하시는 악인의 기준은 그리스도께서 허락하신 모든 평안을 알면서도 이를 누리지 못하고 거부하고 그의 권능을 은사를 부인하는 자입니다. 좀 더 쉽게 설명하면 주님 안에서 "내가 너희에게 평안을 주노라"하신 주님의 초청을 믿지 못하고 거부하며, 불안해하고 두려워하는 것입니다.

출애굽기 32장은 이스라엘 백성들의 배교의 사건을 기록하고 있습니다. 하나님의 임재의 모습인 불기둥과 구름 기둥을 눈만 뜨면 볼 수 있었습니다. 그들의 마음은 보이는 것만 추구하며 보이지 않는 하나님을 볼 수 있는 영 안이 없었습니다. 그래서 그들에게 가장 먼저 찾아 온 그들의 반응은 두려워하는 모습입니다. 불안해하는 모습입니다. 그 결과가 하나님께 배교라는 엄청난 결과를 낳았습니다. 이것은 많은 인명 피해도 낳았습니다. 출애굽기 32장 28절에 "레위 집안의 백성은 모세에게 복종했습니다. 그 날 이스라엘 백성 중에서 삼천 명 가량이 죽었습니다."

아마도 광야 생활 가운데에서 하나님의 뜻을 받들고 약속의 땅을 향해 가던 백성들에게 모세가 보이지 않는 것은 큰 두려움이 되었을 것입니다. 그래서 백성들이 아론에게 찾아 와서 우리를 인도할 신을 만들어 달라고 요구한 것이 무리는 아닐 것입니다. 그러나 이것은 철저하게 하나님을 신뢰하지 못하는 불신앙 자체였습니다. 그러므로 그들의 방법대로 우상을 만들고 그것을 향하여 "너희를 애굽 땅에서 인도하여 낸 너희 신"이라고 하는 망언을 쏟아 놓았던 것입니다. 문제는 무엇입니까? 항상 함께 하시는 하나님을 모르고 체험하지 못한 불신앙 때문입니다.

귀하가 불안해하는 이유가 무엇입니까? 과연 예수 그리스도께서 당신의 피 흘리심으로 하나님 아버지와 막힌 담을 허셨음을 믿습니까? 그 분이 이루신 화평을 믿습니까? 그러므로 그 분의 약속 안에 속한 백성이 되었음을 확신하십니까? 그러면 예수님의 평안을 누려야 합니다. 예수 그리스도의 피는 우리의 생명입니다. 보혈의 피를 믿는 자는 자신은 죽고, 예수로 새생명을 얻었고, 진정한 그리스도의 평안을 누리는 자가 되었습니다.

이 세상에 모든 사람들이 평안을 꿈꾸고 소망하고 있는데, 그들은 모두가 이 평안을 누리고 있습니까? 오늘 본문 요한복음 14장 27절 말씀에 예수님께서 말씀하셨습니다. "나의 평안을 너희에게 주노라… 너희는 마음에 근심하지도 말고 두려워하지도 말라" 이렇게 예수님께서 말씀하심은 첫째로 내가 평안을 주겠다는 것입니다. 예수님께서 십자가에 돌아가시고 난후 두려워 떠는 제자들에게 부활하신 주님이 찾아 오셔서 하셨던 말씀이 "너희에게 평강이 있을지어다"(요20:26)입니다. 또는 적어도 이렇게 말씀하심은 그 평안을 줄 수 있는 확실한 대안이 있다는 말씀입니다. 분명하게 주님 안에 참된 안식이 있고, 평안이 있는 줄로 믿습니다. 예수님으로 하나가 되었을 때 평안을 누리는 것입니다. 하나될 때 예수님의 평안이 자신을 주장하는 것입니다.

그러나 지금 많은 그리스도인들이 마음에 근심과 두려움과 공포와 불안에 고통하고 있습니다. 특히 성도들의 우리의 삶도 예외는 아닌 듯합니다. 믿음이 있는 성도인데 우리의 현실은 여전히 소수의 성도들만이 지속적인 마음의 평안을 누리고 있다는 것입니다. 많은 그리스도인들이 마음에 근심과 두려움과 공포와 불안에 고통하는 원인은 예수님으로 하나가 되지 못했기 때문이라고 생각합니다. 예수님으로 하나가 된 다는 것은 인간적으로 안다고 하나가 되는 것이 아닙니다. 체험해야 깨닫습니다.

예수님은 영이십니다. 살아계십니다. 초자연적으로 역사하시고 계십니다. 살아서 초자연적으로 역사하시는 예수님이 믿는 자를 성전삼고 주인으로 계십니다. 그러나 온전하게 전인격을 지배하고 장악을 한 상태는 아닙니다. 그렇기 때문에 온전하게 예수님의 평안을 만끽하며 살아가지 못하는 것입니다. 반대로 예수님의 평안을 누리고 사는 소수의 크리스천은 자신을 성전삼고 주인으로 계시는 성령님이 전인격을 지배하고 장악했으며, 성령의 인도를 받는 사람들입니다. 예수님의 평안을 누리면서 살아가려면 진리의 말씀과 초자연적인 5차원의 성령의 역사로 마음을 정비하고 정화하고 치유하여 성령님과 하나가 되는 역사를 일으켜야 합니다. 항상 예수님의 평안을 누려야 합니다.

4부 투시하며 마음상처 치유하시는 성령님

16장 왜 상한마음 치유하여 성전 되어야 하나

(롬 12:2)"너희는 이 세대를 본받지 말고 오직 마음
을 새롭게 함으로 변화를 받아 하나님의 선하시고 기뻐
하시고 온전하신 뜻이 무엇인지 분별하도록 하라"

왜 투시하며 마음상처를 치유하여 마음에 예수님께서 주인
되시게 해야하는가? 우리가 왜 마음을 정비하고 정화해야 하는
가? 아주 중요한 물음입니다. 이 물음에 쉽게 답변하는 크리스
천들이 되어야 합니다. 여기에 답변을 하려면 먼저 마음에 대하
여 바르게 깨달아야 합니다. 필자가 마음을 정리하고 정화하고
치유하여 하나님께서 주인 되는 목회를 23여 년간 하다가 내린
결론은 마음이란 겉으로 나타나지 않지만, 한 사람의 하나님과
의 관계(신앙)과 영-혼-육체의 건강과 인생의 성공과 실패를 주
관하고 인도하는 영-혼-육체의 상태라고 깨달았습니다.

세상에서 말하기를 심령의 세계란 겉으로 드러나지 아니하
고 보이지 않는 마음속의 감정이나 심리이라고 합니다. 물론
이 말도 맞는 말입니다. 그런데 필자가 깨닫고 보니까, 심령을
마음속에 숨은 감정이나 심리라고 단정하기는 너무 세속적입
니다. 한쪽으로 치우친 해석입니다.

복음적으로 표현하면 심령이란 자신의 생사화복을 주장하

는 영-혼-육의 상태라는 것입니다. 보이지 않는 영-혼-육체가 5차원의 성령의 지배 속에 들어가 복음을 마음으로 받아들이면 심령이 강해져서 마음의 천국을 누리면서 인생에 풍성한 열매를 맺으면서 하나님의 살아계심과 영광을 나타내며 살아갈 수가 있습니다. 반대로 예수님을 믿는 다고 하더라도 보이지 않는 영-혼-육체가 정비되고 정화되지 못하여 마음에 쌓인 상처가 있어서 4차원의 귀신에게 들어가 있으면 하나님을 욕되게 하는 악한 열매를 맺으면서 살아갈 수가 있다는 것입니다.

그래서 심령을 진리의 말씀과 성령으로 정비하고 정화하는 일은 자신을 위해서도, 주변 사람들을 위해서도, 하나님을 위해서도 너무나 중요한 일이라는 것입니다. 마음이 정비되고 정화되지 않으면 마음이 세상으로 채워있어서 생명의 진리인 복음을 마음이 받아들이지 못하기 때문에 항상 갈급한 심령이 되어 세상 것으로 만족을 찾으려고 하는 것입니다.

우리가 예수를 믿고 성령으로 거듭나 받아들이는 복음이란 무엇입니까? 예수의 죽음과 부활에서 일어난 우리를 위한 하나님의 구원 사건, 하나님이 예수를 죽은 자들 가운데서 부활시켜 확인한 그 구원의 사건이 진정한 "복음"이라고 한 것입니다. 그것만이 진정으로 복된 소식이라는 것입니다. 그렇기 때문에 복음은 마음이 열리지 않으면 받아들일 수가 없는 것입니다. 이성으로 이해가 되지 않기 때문입니다. 마음으로 예수 죽음 내 죽음, 예수 부활 내 부활로 받아 드리는 것입니다.

그러면 구원을 완성하는 것입니다. 그리스도의 복음에는 참 자유 함이 있습니다. 예수 그리스도의 고난과 부활하심을 내 고난과 부활하심으로 받아드리기만 하면 되기 때문입니다. 할 렐루야! 우리가 할 것은 믿음으로 받아 드리는 것입니다. 예수 죽음 내 죽음, 예수 부활 내 부활로 마음으로 받아들여야 합니 다. 그러면 복음으로 참 자유 함을 누리는 것입니다. 그래서 복 음은 기쁜 소식이라고 하는 것입니다.

우리가 믿는 복음(기쁜소식)은 내적인 복음입니다. 복음을 세 상을 향해 외치지만 세상이란 들판과 하늘과 도시가 아니라, 사 람들의 마음입니다. 마음이 세상입니다. 세상이 세상이 아니라 마음이 세상이라는 것입니다. 아무리 세상에 복음을 외치지만 마음으로 받아들이지 않으면 공허한 외침에 불과한 것입니다.

복음을 믿음으로 받아들이려는 마음이 되어야 합니다. 마음 이 진리의 말씀과 성령으로 기경하여 옥토가 되어야 합니다. 마 음은 영을 담는 그릇이라고 합니다. "너희 자신을 종으로 내주 어 누구에게 순종하든지 그 순종함을 받는 자의 종이 되는 줄을 너희가 알지 못하느냐 혹은 죄의 종으로 사망에 이르고 혹은 순 종의 종으로 의에 이르느니라"(롬 6:16). 마음속에 주인이 누구 냐에 따라서 생사화복이 달라지는 것입니다.

그런데 마음을 주장하는 것이 심령입니다. 심령이 정비되고 정화되지 않으면 마음으로 복음을 받아들일 수가 없는 것입니 다. 마음의 상태가 참으로 중요합니다. 심령을 정비하고 정화 하는 것은 마음을 옥토로 만들어 복음을 100% 믿고 받아들여 하늘나라를 누리기 위함입니다.

마음이 무엇입니까? 사도 바울은 오늘 본문에서 두 가지 원리를 제시하고 있습니다. **"너희는 이 세대를 본받지 말고 오직 마음을 새롭게 함으로 변화를 받아 하나님의 선하시고 기뻐하시고 온전하신 뜻이 무엇인지 분별하도록 하라."**(롬12:2절).

첫째는 '하지 말라'입니다. 둘째는 '하라'입니다. 성경에 나오는 모든 율법도 이 두 가지입니다. '하지 말라'는 것은 무엇입니까? '이 세대를 본받지 말라'는 것입니다. 이 세대는 보이는 세상, 지나가는 세상, 안개와 같이 잠깐 살다가는 세상을 의미합니다. 세상은 변합니다. 시대에 따라 가치관도 달라집니다. 그런데 우리는 세상을 따라갑니다. 세상을 따라가는 것이 자연스럽습니다. 아니 세상을 따라가지 않으면 많은 손해를 본다고 생각합니다. 마음이 하늘나라가 되지 않았기 때문입니다.

그래서 유행을 따라가고 세상에 취해서 세상이 좋아하는 대로 합니다. 그러나 성경은 '세상을 본받지 말라'고 명령하는 것입니다. 이것이 첫 번째 원리입니다. 두 번째 원리는 첫 번째보다 적극적인 것입니다. '오직 마음을 새롭게 함으로 변화를 받으라'는 것입니다. 변화를 받게 되면 무슨 일이 일어납니까? 하나님의 기뻐하시고 선하시고 온전하신 뜻이 무엇인지 알게 됩니다. 주인의 뜻을 알아야 좋은 일할 수 있습니다.

주인의 뜻도 모른 채 종이 제 마음대로 일을 하면 그것은 주인을 위한 것이 아닙니다. 일은 열심히 했는데 주인과는 상관이 없게 되는 것입니다. 마찬가지입니다. 우리가 하나님을 위하여 희생하고 봉사를 했는데 하나님의 뜻도 모른 채 내 마음대로 열심히 일을 했다면 그것은 하나님과는 상관이 없는 것입니다. 하나님을 기쁘시게 한 것이 아니라는 말입니다.

내가 좋은 것을 하는 게 아니라, 하나님께서 기뻐하시는 것을 정확하게 알아서 그대로 해야 합니다. 더도 덜도 아닙니다. 하나님께서 원하시는 만큼 행하면 하나님께서 기뻐하십니다. 이것이 그리스도인의 삶입니다.

우리의 마음이 밝으면 밖이 아무리 어둡고 캄캄해도 그건 물리적 캄캄함일 뿐이지 마음의 캄캄함이 되지 않는 것입니다. 반면 밖이 아무리 밝아도 우리의 마음이 캄캄하면 밝음이 환해도 내게 아무런 의미가 없습니다. 그러니까 사람은 누구나 마음의 세계를 사는 것이지 외부세계를 사는 것이 아니라는 말입니다.

쉽게 말하면 마음이 지옥이면 현실도 지옥입니다. 마음이 천국이면 교도소에 갇혀있어도 지옥이 자신을 묶어둘 수 없습니다. 마음이 문제입니다. 마음이 중요합니다. 하나님이 요구하시는 것은 마음입니다. 삶 속에서 터득한 하나님을 체험한 실제적인 마음의 고백을 원하시는 것입니다

하나님의 뜻 데로 살아보려고 애를 쓰지만 실패하여, 상한 마음으로 부르는 회개의 심령을 원하시는 것입니다. 감히 하나님의 은혜를 받을 수 없는 죄인인데 분에 넘치는 은혜를 받고 감사와 감격으로 드리는 마음의 찬양을 원하시는 것입니다. 찬송을 부르면서도 아무런 감동도 은혜도 없다면, 그는 하나님이 받으실 만한 삶이 마음이 없었다는 증거입니다. 마음이 참으로 중요합니다.

마음을 정비하고 정화해야 하나님의 은혜 속에서 살아갈 수가 있는 것입니다. 심령을 정비하고 정화하는 것이야 말로 마음을 새롭게 하여 하나님의 기뻐하시는 뜻이 무엇인지 분별할 수 있는 삶입니다. 마음을 새롭게 하여 하나님께서 기뻐하시는 뜻이 무엇인지 분별할 수 있는 삶을 살아야 합니다.

마음을 새롭게 하시는 분이 바로 진리이신 예수님입니다. 성령으로 역사하십니다. 예배당에서 복음이 바르게 전파되어야 성도들의 마음의 갈급함을 면할 수가 있습니다. 예수님은 이렇게 말씀하십니다. "예수께서 대답하여 이르시되 이 물을 마시는 자마다 다시 목마르려니와 (14) 내가 주는 물을 마시는 자는 영원히 목마르지 아니하리니 내가 주는 물은 그 속에서 영생하도록 솟아나는 샘물이 되리라"(요 4:13-14).

그러나 점점 예배당에서 십자가의 복음 원색적(原色的) 복음을 듣는 것은 쉽지않게 되어가고 있습니다. 지금 세상 예배당에는 성령의 역사가 일어나는 진리의 말씀이 증거 되기 버거운 실태입니다. 성도들의 마음이 세상으로 가득하기 때문에 성령의 역사가 일어나는 진리의 말씀을 받아들이지 못합니다. 그래서 이성을 만족하게 하고 삶에서 축복을 받으라는 사이다와 같은 말씀을 전합니다. 그래야 성도들이 좋아하기 때문입니다.

그런 곳에 성도들이 모입니다. 그래서 세상적인 목회자가 인기가 많은 것입니다. 어떤 성도는 목사님은 좋은 말씀만 전하셔야 합니다. 라고 은근히 강요하기도 합니다.

그러니 점점 더 마음의 중요성을 잃어버리고 더 화려하며,

더 놀라우며, 더 충격적이며, 더 자극적인 것들에 중독되어 간다는 현실이 우려스러운 것입니다. 다 들뜨기를 바랍니다. 그래서 정치도 바람입니다. 종교도 바람입니다. 문화도 바람입니다. 쉽게 말해서 바람이란 청중을 기분 좋게 해 주고 휘파람 크게 불며 박수갈채 받으면 만사 오케이란 말입니다.

물론 저는 이것도 필요하다고 봅니다. 이미 나온 현상을 굳이 부정하고 싶지 않습니다. 그러나, 다시 말하지만 이 모든 것이 지나치게 외향적, 외부적, 현실적으로만 눈을 돌리게 만들기에 사람들은 그렇게 하면 할수록 더욱 더 바닷물 마시면 더 목이 마르듯 더~ 더~ 더~ 갈망에 빠지고 공허함에 빠지는 심령의 모순과 위기를 겪게 된다는 것입니다. 예배당에서 기도하고 말씀을 들어도 얼마 지나면 마음이 갈급해지는 것입니다.

다시 강조하여 말하지만 복음은 외부적 복음이 아닙니다. 복음은 심령적 복음입니다. 그런데 그 심령적 복음이 심령적으로 전달되지 않기에 즉 선포는 하지만 설득력이 너무 부족하기에 일부 기독교인들은 그런 내적인 마음의 허전함을 다른 세상 것에서 찾고들 있습니다.

그럴 수도 있습니다. 부정하지 않겠습니다. 그러나 질문하겠습니다. 복음이 그토록 심령성이 없는가? 그건 정말 아니지 않습니까? 이 모든 것이 기독교라는 것이 결국 예수 믿어 복 받아 외형적으로 건강하고 잘 살고 장수하고 자손만대까지 잘 된다는 기복성의 한계를 벗어나지 못한 증거가 아니면 무엇이겠습니까? 심각하게 생각해야 합니다.

필자는 영성~ 영성~ 그런 영성이라는 말보다···. 마음이 진리의 말씀으로 충만하여 에덴동산의 영성을 회복해야 한다고 주장하고 싶습니다. 마음이 정비되고 정화되어 복음으로 꽉 채워져야 한다는 것입니다. 기독교의 심령성, 진심으로 마음을 움직이는 설교와 그런 교육이 되어야 하지 않겠습니까?

주지주의(主知主義)적 교육, 성경암송이나 성경필사만 좋은 신앙처럼 말하지 말고, 그 말씀이 그 사람의 심령에 깊이 각인되어 정신분석에서 말하듯 무의식화 될 정도로 깊이 들어가야, 그 사람의 심령이 복음으로 복음 화되지 않겠느냐는 말입니다.

기독교가 불교보다 깊이가 없습니까? 기독교가 뉴에이지보다 신비하지 못합니까? 기독교가 세상 문화보다 재미가 없습니까? 일부는 맞다고 볼 수가 있습니다. 지금까지는 일부가 그렇게들 가르쳐왔기 때문입니다. 그러나 이제 발상의 전환을 해야 할 때입니다. 전통적인 핵심 가치는 지키되 과감한 메시지, 성령으로 진리를 깨닫고 전하는 메시지, 과감한 자기고백, 과감한 심령지향의 영성으로 사람들을 이끌 새로운 지혜가 필요합니다. 마음을 정비하고 정화하고 강화하는 일을 중요하게 생각하는 쪽으로 방향을 전환하도록 인도해야 합니다. 오늘 본문에 무엇이라고 말씀을 하시는지 살펴보도록 하겠습니다.

첫째, 이 세대를 본받지 말라. 본문 첫 부분에 보면 "너희는 이 세대를 본받지 말라"고 기록하고 있습니다. 이것은 세상과 단절하여 성도들끼리만 어울리라는 말이 아닙니다. 하나님께서는 인간을 창조하시고 최초의 명령을 주셨습니다. "생육하고 번성하여 땅에 충만 하라, 땅을 정복하라" 그렇습니다. 땅에 충만하고, 땅을 정복하려면 세상 속에 내가 있어야 합니다. 세상과 단절된 상태로는 하나님의 최초의 명령을 지킬 수가 없습니다. 걸어 다니는 살아계신 하나님의 성전이 되어야 합니다.

또한 하나의 초가 자신의 빛을 밝히려면 어둠 가운데 놓여 있어야 합니다. 그러나 그 초가 빛을 잃지 않기 위해서는 바람이라는 유혹과 싸워야 합니다. 만약 어둠 속에서 바람이라는 유혹에게 져서 꺼진다면, 다시 말해서 유혹에 넘어갔다고 하면 그 초는 이미 그 사명을 잃어버린 것입니다. 이와 같이 우리도 세상 가운데 있습니다. 그러기에 우리를 유혹하는 외부의 압력을 이겨내야 합니다. 그럴 때 비로소 우리는 우리의 사명을 감당하게 되는 것입니다.

"이 세상이나 세상에 있는 것들을 사랑치 말라. 누구든지 세상을 사랑하면 아버지의 사랑이 그 속에 있지 아니하니, 이는 세상에 있는 모든 것이 육신의 정욕과 안목의 정욕과 이생의 자랑이니, 다 아버지께로 좇아 온 것이 아니요, 세상으로 좇아 온 것이라"고 요한일서 2장 15절과 16절에 말씀하고 있습니다. 세상을 사랑하면 하나님의 사랑이 있을 곳이 없습니다.

그러므로 우리는 하나님의 말씀 안에 거하여 이 세대를 본받는 자가 아니라 이 세대를 이끄는 자가 되어야 합니다. 성령하나님의 사랑만이 이 세대를 변화시킬 수 있습니다.

그러기 위해서는 우리의 신앙을 하나님의 은혜 아래 두어야 합니다. 그러나 아직까지 하나님을 알지 못하고, 복음의 능력을 알지 못하는 세상 사람들에게는 사랑과 은혜로 주 예수 그리스도의 품 안으로 인도해야 합니다. 단순히 이 세대를 본받지 않는다고 해서 주 예수 그리스도께 받은 내 사명을 다 감당할 수는 없는 것입니다. 성령으로 충만하여 마음에 진리로 충만하게 채워져야 세상에 빠지지 않을 수가 있는 것입니다.

바울 사도가 본받지 말라고 한 〈이 세대〉는 언제를 말하는 것일까요? 바울이 살던 그 시대였을까요? 또 우리 몸을 거룩한 산제사로 드리는 것과 하나님의 뜻을 분별하는 것은 또 어떤 관계를 말하는 것일까요?

바울 사도가 말씀하고 있는 〈이 세대〉는 당연히 바울의 시대만을 이야기하는 것이 아닙니다. 이것은 성경의 모든 말씀이, 오늘 나에게 하시는 말씀이라는 것을 안다면 너무 쉬운 이야기입니다. 그렇다는 것은 〈이 세대〉는 항상 현재이고, 그 현재는 늘 하나님께 자신의 몸을 산 재물로 드리지 않는 세대라는 것입니다. 자기가 살아있는 세대라는 것입니다. 하나님께 희생을 드린다는 것을 자기가 하고 싶은 것을 절제하고 하나님께서 기뻐하시는 일을 하는 것이라고 믿고 행하는 것입니다.

사람이 자기가 하고 싶은 것이 있는데 그것을 희생하고 자신의 몸을 하나님의 일이라 여기는 것을 신념을 가지고 매진하는 것은 거룩한 것이 아닙니다. 물론 그 행동은 성경을 지키는 것 같아 보이나 실상은 성경의 모든 것을 어기는 것입니다. 왜냐하면 성경의 모든 말씀은 사람의 마음 안에 하나님의 의가 생명이 되어 그 생명의 본성이 행동으로 표현되는 것이라는 말씀을 하고 계시기 때문입니다. 예수로 죽고 예수로 산다는 것입니다. 그래서 바울 사도도 '마음을 새롭게 하여'라고 말씀하고 있는 것입니다. 진리로 성령으로 마음만 새롭게 되면 모든 것이 다 되기 때문입니다. 하지만 이 마음이라는 것이 자기가 마음먹는다고 변하는 것이 아니라는 것이 문제입니다. 사람이 아무리 자기 자신의 마음을 다 잡고 어떤 것을 하려고 해도 잘 되지 않는 것이 사람의 마음이기 때문입니다.

둘째, 마음을 새롭게 함으로 변화를 받아. 마음을 진리의 말씀과 성령으로 충만하게 채워서 자신 안의 세상을 떠나가게 하라는 말씀입니다. 자신의 인간적인 노력으로 변화되려고 애쓰지 말고 성령의 지배와 성령의 인도를 받아야 합니다.

1)**하나님의 말씀이 마음을 새롭게 할 수 있습니다**. 오직 하나님의 말씀으로 성령의 감동을 받음으로 마음이 새롭게 할 수 있습니다. 성령의 깨닫게 하심으로 마음이 새로워집니다. TV드라마에 나오는 등장인물이 나의 마음을 새롭게 하는 인생의 길을 열어 줄 수 없습니다. 오직 예수님이 길이 되어 나의 길을 인도하시는 나의 목자입니다. "너는 마음을 다하여 여호와를 신뢰하고 네 명철을 의지하지 말라 너는 범사에 그를 인정하라 그리하면 네 길을 지도하시리라"(잠언3:5~6).

2)**그리스도를 만나는 것이 마음을 새롭게 합니다**. 예수님을 체험적으로 만나야 합니다. 성령으로 세례를 받음으로 예수님

을 체험적으로 만날 수가 있습니다. 사람을 많이 만난다고 마음이 새롭게 됩니까? 사람을 많이 만날수록 스트레스가 되고 마음의 피곤을 가져옵니다. 사람을 많이 만나면 만날수록 마음이 상합니다. 세상은 사람만이 희망이라고 말하기도 합니다.

그러나 사람만이 희망이 아니고 절망입니다. 사람만이 희망이 아니고 오직 예수님만이 희망입니다. 예수님이 안 계신 곳을 보세요. 인간의 잔인함을 봅니다. 예수님을 만나보세요. 예수님께서 살리는 희망을 주십니다. 살리는 희망은 곧 영생이요 생명입니다. 사람을 만나면 언젠가 헤어지는 끝입니다. 예수님을 만나면 영원히 함께 하십니다. 사람은 죽으면 심판을 받지만 예수님은 죽어서 살아나심으로 믿는 자를 살리십니다.

3)성령으로 충만 받는 것입니다. 예수님은 "술 취하지 말라 이는 방탕한 것이니 오직 성령으로 충만함을 받으라"(엡 5:18)고 말씀하십니다. "술 취하지 말라"는 세상에 취하지 말라는 것입니다. 세상에 취하면 방탕해지는 것입니다. 오로지 크리스천은 "오직 성령으로 충만함을 받아야" 합니다. 성령으로 충만해야 마음이 새로워지고 변화되는 것입니다. 내가 변하려고 애써도 변화될 수 없습니다. 오직 성령의 역사와 성령의 지배로 말미암아 우리는 변화를 받을 수 있습니다. 마음을 새롭게 하라는 말씀은 세상 속에서 방황하던 내 영혼을 오직 살아계셔서 역사하시는 주 예수 그리스도께 맡기라는 말씀입니다.

내가 나를 변화시킨다면 그것은 거짓이요, 바리새인적인 신앙으로 주님께 "독사의 자식들"이라는 말로 외면당하게 될 것입니다. 우리는 오직 주 예수 그리스도의 은혜로 말미암아 변화될 수 있습니다. 예수님이 자신의 마음에 주인으로 계셔야 변화될 수가 있는 것입니다. 율법으로는 죄를 깨닫고, 그리스도의 사랑으로 죄를 용서받아야 합니다. 성령으로 세례 받아 마음을 정비하고 정화하여 성령으로 채워야 변하는 것입니다.

셋째, 하나님의 온전하신 뜻이 무엇인지 분별하라. 예수님의 진짜 얼굴이 궁금하세요? 많은 크리스천들이 예수님이 그려진 성화를 집에 걸어둡니다. 그만큼 예수님의 진짜 얼굴을 보고 싶기 때문입니다. 그런데 진리의 말씀과 성령으로 깨달아 마음에 예수님이 주인이 되면 자신의 얼굴이 예수님의 얼굴이라는 것을 알게 됩니다. 오늘날 우리는 혼란스러운 시대에 살고 있습니다. 오직 본받을 것은 이 세상의 세대가 아닌 과거나 지금이나 영원토록 동일하신 예수 그리스도를 본받아야 할 줄 믿습니다.

마지막 때 이 세상의 세대를 본받지 않을 것은 성령으로 영들의 분별함을 나타내야 합니다. 겉으로 보면 진짜 목사인지 가짜 목사인지 모릅니다. 겉으로 보면 진짜 교회인지 가짜 교회인지 모릅니다. 겉으로 보면 진짜 성도인지 가짜성도인지 모릅니다. 겉으로 보면 진리 인지 비진리 인지 구별이 힘듭니다.

그러나 진리의 말씀과 성령으로 충만하면 영들을 분별하는 은사로 그 속을 보면 알 수 있습니다. 육체만 보지 말고 육체 안의 영이 진리의 영인지 거짓의 영인지 분별하는 자가 되기를 바랍니다. 영이라고 다 같은 영이 아닙니다. 하나님의 영인지 귀신의 영인지 분별하는 자가 됩시다. 필자가 누누이 강조하고 있습니다만 다시 오시는 예수님은 공중강림으로 믿는 자들을 예비한 천국으로 데리고 가십니다. 예수님의 공중 재림 때에 들림 받는 성도들이 되기 위하여 마음을 정비하고 정화하여 성령으로 영-혼-육체가 예수님이 주인이 되게 하라는 것입니다.

성도로 부르심을 받은 자는 예수 그리스도 강림하실 때에 하늘로 올라가는 성도가 되어야 합니다. 정직한 목자는 성경을 가지고 실상을 알립니다. 그러나 거짓된 삯꾼은 현상만 보게 함으로 실상을 숨기고 이 세상의 영광만 보게 합니다. 오직 정상적인 그리스도인은 이 세상의 세대를 본받지 말고 오직 하나님의 말씀으로 마음을 새롭게 하여 하나님의 선하시고 기쁘시고 온전하신 뜻이 무엇인지 분별하는 자가 되기를 바랍니다.

결론입니다. 세상 사람들의 말을 빌려도 마음을 정화하면 노화가 지연된다고 합니다. 몸에서 일어나는 모든 증상은 자연치유과정입니다. 즉 스스로를 보호하기 위한 과정입니다. 노화의 원리는 아직까지도 명확히 밝혀지지 않고 있습니다. 성령으로 충만하면 마음이 정화되는 것입니다. 성령으로 충만하면 예수님 공중 재림하실 때에 모두 들림 받는 것입니다. 성령으로 충만하면 영-혼-육체도 건강해져서 노화도 지연되는 것입니다.

모든 질병의 원인은 오염된 마음입니다. 오염된 마음에서는 세포를 상하게 하는 부정적인 에너지가 나오게 됩니다. 우리가 사는 이 세상은 어디를 가도 오염된 정보가 가득합니다.

이러한 오염된 정보에 의해 우리의 마음은 계속 오염됩니다.

따라서 이러한 오염된 마음에서 나오는 부정적 에너지가 세포를 매일 조금씩 상처를 내더라도 쌓이고 쌓이면, 세포는 여기저기 크게 손상을 받는 것입니다.

유전자, 염색체, 미토콘드리아, 리보소옴 등 많은 세포내 소기관 및 세포내 물질들이 상처투성이가 됩니다. 이러한 손상된 세포는 새로운 세포를 생산하더라도, 암과 같은 비정상세포를 생산할 가능성이 높아집니다. 이들이 성령으로 정화됩니다.

암과 같은 비정상세포를 생산할 가능성이 많은 세포를 사전에 생산능력이 없는 세포로 바꾸는 것이 바로 노화입니다. 마음을 정화하려면 성령으로 기도해야 합니다. 우리가 성령으로 마음을 정화시키면, 건강해지고 노화는 지연된다는 것입니다.

그것은 정화된 마음에서 나오는 에너지가 치유효과가 높은 고차원의 에너지를 빨아들여, 이 에너지에 의해, 세포가 건강해 집니다. 건강한 세포는 건강한 세포를 생산한다는 치유의 원리가 있기 때문에 노화가 지연되는 것입니다. 노화가 지연된다는 것은 질병 예방의 효과가 있다는 것입니다. 마음을 정화시키기 위해서 성령으로 기도해서 성령으로 충만해야 합니다.

성령으로 충만한 성도가 되면서 영적으로 성숙한 그리스도인이 되어가는 것입니다. 영적으로 성숙한 그리스도인이 되면서 자연스럽게 외적세계도 성령의 지배 속으로 들어가게 되는 것입니다. 성령의 지배 속으로 들어가면 갈수록 영적이고, 정신적이고, 육체적이고, 환경적인 문제들이 하나씩 없어지기 시작합니다. 장수하며 예수님께서 주신 사명을 감당하는 것입니다.

17장 성령의 세례와 불을 받으면 마음이 치유

(행 11:15-16)"내가 말을 시작할 때에 성령이 저희
에게 임하시기를 우리에게 하신 것과 같이 하는지라.
내가 주의 말씀에 요한은 물로 세례를 주었으나 너희는
성령으로 세례를 받으리라 하신 것이 생각났노라"

마음을 투시하고 치유하며 정화하려면 반드시 성령으로 세
례를 받아야 합니다. 마음은 보이지 않지만 4차원의 세상신이
장악하고 있기 때문에 사람의 노력으로 정비하거나 정화할 수
가 없고, 세상신보다도 강한 5차원의 성령께서 정비하고 정화
하셔야 가능하기 때문입니다. 성령께서 마음을 투시하며 상처
를 보게 하고 치유하시기 때문입니다. 성령으로 세례 받음으로
성령께서 성도의 전인격을 장악하시고 지배하시면서 마음을 정
비하고 정화하고 강하게 하기 시작하는 것입니다.

그래서 하나님은 "성령으로 세례를 받으리라"(행1:5). 말씀
하십니다. 사도행전 2장 1-4절에 보면 "오순절 날이 이미 이
르매 그들이 다 같이 한 곳에 모였더니, 홀연히 하늘로부터 급
하고 강한 바람 같은 소리가 있어 그들이 앉은 온 집에 가득하
며, **마치 불의 혀처럼 갈라지는 것들이 그들에게 보여 각 사람
위에 하나씩 임하여 있더니,** 그들이 다 성령의 충만함을 받고
성령이 말하게 하심을 따라 다른 언어들로 말하기를 시작하니
라." 했습니다. 성령으로 세례를 받으니 마음이 정비되고 치유

되고 정화되어 하나님의 나라가 됨으로 성령으로 충만해져서 하늘의 사람으로 변하여 언어가 바뀌었다는 것입니다.

필자는 20년이 넘는 세월동안 예수를 믿으면서 마음의 상처로 고통을 당하는 분들을 말씀과 성령으로 치유하는 사역을 해왔습니다. 사역을 하다가 보니 성령의 세례를 받으면 그때부터 마음의 상처치유가 이루어지기 시작했습니다. 저는 성령의 세례를 이렇게 표현하기도 합니다. 성령의 세례는 예수를 영접할 때 내주하신 성령께서 순간 폭발하여 성도의 영-혼-육체의 전인격을 사로잡는 것이라고 표현합니다. 예수를 믿으면 성령이 내주하십니다. 즉시로 죽었던 영은 살아납니다. 그러나 육체는 성령으로 장악당하지 않은 상태입니다. 육체는 구습을 따르는 옛 사람이 그대로 있다는 말입니다. 그러므로 옛 사람에게 역사하던 세상신이 여전히 주인노릇을 하고 있다는 뜻도 됩니다. 하지만 성령으로 세례를 받으면 성령께서 전인격을 사로잡으므로 옛 사람에게 역사하던 세상신이 떠나가기 시작을 하는 것입니다. 세상신보다도 성령의 권위가 강하기 때문입니다.

그래서 하나님은 성도들이 성령으로 세례를 받아 영적으로 변하기를 소원하십니다. 성령으로 세례를 받아야 전인격이 하나님을 따를 수 있기 때문입니다. 목회자나 성도나 할 것 없이 성령의 불 받기를 사모합니다. 그러나 성령의 세례를 받아야 성령의 불을 받고 성령으로 충만함을 받을 수가 있습니다. 저의 개인적인 견해로는 성령의 세례가 없이 성령의 불세례나 성령의 충만함을 받을 수가 없습니다. 성령의 충만함을 받으려면 먼저 성령의 세례를 받아야 합니다. 성령의 세례를 받으려면 성령세례를 받을 수 있는 영육의 상태가 되어야 합니다.

성령의 세례를 받으려면 먼저 성령세례에 대하여 알아야 하며, 성령세례를 받으려면 마음을 열어야 합니다. 성령에 대하여는 **"성령의 불 받는 법"**을 참고하시기를 바랍니다. 성령은 사람의 영 안에서 역사하십니다. 영은 사람의 마음 안에 있습니다. 그래서 마음을 열어야 영 안에 계신 성령이 주인으로 역사하는 것입니다. 성령님이 주인으로 역사해야 사람이 영적인 상태가 되는 것입니다. 영적인 상태가 되어야 하나님과 교통할 수가 있는 것입니다. 그러므로 우리는 회개의 세례인 물세례로 만족하지 않고 다음은 성령의 세례를 받아야 합니다.

세례요한은 "나는 너희로 회개하게 하기 위하여 물로 세례를 베풀거니와 내 뒤에 오시는 이는 나보다 능력이 많으시니 나는 그의 신을 들기도 감당하지 못하겠노라 그는 성령과 불로 너희에게 세례를 베푸실 것이요"(마 3:11)라고 말씀한대로 물세례를 받기 이전이든지 이후든 성령의 세례를 반드시 받아야 합니다. 이는 **"성령의 불세례에 숨은 비밀"**을 참고하세요.

어떤 성도들은 성령의 세례 받으면 물세례를 안 받아도 되느냐 묻는 사람이 있는데 그것은 잘못된 것입니다. 예수님께서도 세례요한에게 직접 물세례를 받았습니다. "이때에 예수께서 갈릴리로부터 요단강에 이르러 요한에게 세례를 받으려 하시니, 요한이 말려 이르되 내가 당신에게서 세례를 받아야 할 터인데 당신이 내게로 오시나이까, 예수께서 대답하여 이르시되 이제 허락하라 우리가 이와 같이 하여 모든 의를 이루는 것이 합당하니라 하시니 이에 요한이 허락하는지라"(마 3:13-15)고 했습니다. 세례를 행하므로 하나님께 의를 이루는 것임으로 성도는 물세례를 받아야 합니다. 그렇지만 물세례로 만족하지 말고 성령의 세례 받기를 사모해야 합니다. 성령님이 계신다는 것을 알고 사모해야 성령으로 세례를 받을 수가 있습니다. 물세례는 예수를 믿고, 구원 받은 사람 즉 중생한 사람의 표로 받는 것이라면 성령의 세례는 구원받은 사람이 하나님의 사역을 위해 권능을 받는 것입니다. 성령으로 세례를 받을 때 성령의 권능으로 아담이 지배되고 장악이 되니 아담이 죽어 없어져서 하나님의 나라가 되는 것입니다. 그래서 "성령이 너희에게 임하면 권능을 받고 예루살렘과 유대와 사마리아 땅끝까지 이르러 내 증인이 되리라"(행 1:18)고 말씀하셨습니다.

우리가 마음을 정화하는데 능력 전도하는데 필수적인 도구는 성령의 세례를 받는 것입니다. 성령의 권능으로 전도하는 것입니다. 성령의 권능 없이 전도할 수가 없습니다. 세상은 마귀에게 처해 있기 때문입니다. 마귀의 종 되어 있는 세상 사람을 전도 하는 것은 인간의 힘만으로는 한계가 있습니다. 반드시 성령의 권능으로 전도를 해야 합니다.

성령의 세례는 보편적으로 두 가지 견해가 있습니다. 첫째가 성령의 내주하심입니다. 예수를 믿을 때 성령님이 믿게 했기 때문에 예수를 믿은 신자들은 성령으로 세례를 받았다고 믿는 것입니다. 두 번째가 예수를 믿고 특별한 체험을 하는 경우입니다. 필자가 성령세례를 받아야 한다고 강조하는 것은 바로 두 번째 사건을 말하는 것입니다.

이는 사도 베드로께서는 예루살렘에 올라갔을 때, 고넬료가 믿게 된 사실을 말씀하면서 "내가 말을 시작할 때에 **성령이 저희에게 임하시기를 우리에게 하신 것과 같이 하는지라**. 내가 주의 말씀에 요한은 물로 세례를 주었으나 너희는 성령으로 세례를 받으리라 하신 것이 생각났노라"(행 11:15,16)고 하셨습니다. 이것은 자신이나 고넬료에게 있어서 성령의 세례가 최초성을 가지고 있음을 설명한 것이었습니다.

사도 바울께서 "주의 이름을 불러 세례를 받고 너의 죄를 씻으라"(행 22:16)고 하신 말씀과 "주 예수 그리스도의 이름과 우리 하나님의 성령 안에서 씻음과 거룩함과 의롭다 하심을 얻었느니라"(고전 6:11)고 하신 말씀을 비교해 보면, 우리는 성령의 세례에 정결성이 있음을 봅니다. 또 사도 바울께서는 고전 12:13에서 "다 한 성령으로 세례를 받아 한 몸이 되었고, 또 다 한 성령을 마시게 하셨다"고 하심으로서, 성령 세례의 보편성에 대해 말씀했습니다. 우리는 성경에 성령의 세례는 받으라는 명령이 없는 사실과, 한 번 성령의 세례를 받았던 사람이 다시 받았던 예도 없었던 사실을 통해, 성령의 세례가 하나님의 주권성과 단회성을 가지고 있음을 알게 됩니다.

성령께서 하시는 사역 중에서 이러한 특성들을 가지고 있는 것은 오직 회심과 중생뿐입니다. 그러므로 우리는 성령의 세례란, 죄인을 회심시켜 중생케 하시는 성령의 사역을 의미한다고 보아야 합니다. 그래서 성령의 세례를 내가 지금까지 성령사역을 하면서 체험한 바를 요약해서 설명하면 이렇습니다. 물세례는 목사님들이 예수님의 위임을 받아 베풀고 있습니다. 그러나 성령의 세례는 그러한 인간 제도를 통해 주어지는 세례가 아닙니다. 성령의 세례는 눈에 보이지 않는 영적인 세례입니다.

눈에 보이지 않는 신령한 질서를 따라 주어지는 은총의 세례입니다. 이 성령의 불세례는 인간 집례 자가 베풀 수 없습니다. 오직 하늘에 계신 예수님이 베풀어 주십니다. 살아계신 성령 하나님이 믿음으로 받아들이는 자신을 장악하여 죄악을 씻어내고 새사람으로 거듭나게 합니다. 그렇기 때문에 성령의 세례는 모든 성도에게 베풀어지지 않는 것입니다. 그러나 우리 예수님은 우리 모든 성도들이 성령의 세례를 모두 받아 성령이 충만하여 기쁨이 넘치는 승리의 삶을 살길 원하십니다.

성령세례의 의미에 대해서는 교단마다 또 교회마다 또 개인에 따라서 달라지기 때문에 이것이 성령세례입니다 하고 말씀드리기는 조금 어려운 단어입니다.

필자가 강조하는 성령으로 세례란 우리가 예수님을 믿고 나서 특별한 경험을 하는 경우를 말하는 것입니다. 성령의 특별한 역사로 말미암아 뼛속까지 지배하고 장악하는 경험도 하게 됩니다. 방언을 받게 되는 경우도 있고 성령과 친밀한 교제를 하게 되는 경우도 있습니다. 마음이 성령으로 정화되며 여러 가지 신비한 체험을 하는 것입니다. 하늘의 권능을 받는 것입니다. 권능 있는 삶을 살아가는 계기가 됩니다. 이런 경험을 성령세례라고 칭하는 경우도 있습니다. 이런 경우 성령세례란 우리의 일생에 한번 체험할 수 있는 사건이 될 수 있습니다. 성령의 세례를 체험하고 나면 성령에 강하게 사로잡힐 때마다 영-혼-육체가 성령의 충만함을 체험하게 된다는 뜻입니다.

바울 사도가 한 번은 에베소 교회를 방문했습니다. 교인들에게 바울이 "너희가 믿을 때에 성령을 받았느냐 가로되 아니라 우리는 성령이 있음도 듣지 못하였노라 그러면 너희가 무슨 세례를 받았느냐 대답하되 요한의 세례로라"(행 19:2-3)고 했습니다. 에베소 교인들이 말하는 것으로 보아 성령이 있다는 것을 알아야 성령으로 세례를 받을 수가 있는 것입니다. 바울이 이들에게 예수님에 대하여 성령에 대하여 설명하고 "바울이 그들을 안수하매 성령이 그들에게 임하시므로 방언하고 예언도 하니 모두 열 두 사람쯤 되니라"(행 19:6)라고 해서 성령 세례의 필요성을 알게 된 것입니다.

하나님은 성령의 세례를 체험하게 하고 단련하여 하나님 마음에 합한 자를 하나님의 일에 사용하십니다. 베드로의 경우를 예로 들어봅니다. 고기를 잡는 어부였던 베드로가 예수님의 부르심으로 그물을 버리고 주님을 따랐습니다. 주님을 따라 다니면서 문둥이를 치유하고, 시각장애인을 보게 하고, 죽은 자를 살리고, 오병 이어의 기적을 일으키고, 귀신을 쫓아내는 이적과 기적을 보면서 3년 동안 주님을 따랐습니다.

베드로가 이렇게 주님의 능력을 인정하고 주님을 따르면서 3년 동안 훈련을 받았지만 믿었던 눈에 보이던 선망의 대상이던 주님이 십자가에 죽게 되자 세 번씩이나 주님을 모른다고 부인한 겁쟁이입니다. 왜 그렇습니까? 성령으로 세례를 받지 못해서 그런 것 아니겠습니까? 성령의 세례를 체험하지 못하고 성령님의 지배와 장악을 받지 못하고 성령님의 인도를 받지 못하니 아직 육신적인 믿음의 수준을 넘지 못한 증거입니다.

그러던 베드로가 마가의 다락방에서 120 문도와 함께 기도하다가 성령으로 세례를 받고 완전히 사람이 변했습니다. 육신적인 사람이 초자연적인 사람으로 변화되었습니다. 성령이 베드로를 지배하고 장악한 것입니다. 그러자 성령의 언어를 합니다. 어떻게 변화되었습니까? 초자연적인 5차원 성령의 사람이 됩니다.

베드로는 오순절 마가의 다락방에서 완전히 변화되어 성령 충만한 사도로 능력의 삶을 보여 주기 시작하였습니다. 베드로가 명령할 때 귀신이 떠나가고, 병자가 고쳐지고, 죽은자가 살아났습니다. 베드로가 전하는 말씀에 감동 받아 하루에 3천명이 예수님 믿고 구원받는 역사가 나타났던 것입니다.

놀라운 일이 아닐 수 없습니다. 우리도 성령의 세례를 체험하고 성령의 인도 하에 하나님의 훈련을 순종하므로 받으면 우리에게도 베드로와 같은 역사가 나타날 수 있다고 확신합니다. 영적으로 무지하던 필자도 불같은 성령의 세례를 받고 성령으로 기도하다가 성령의 불을 받고 성령으로 충만함을 받으니 영-혼-육 전인격이 변하여 예수님의 성품으로 변해가고 인내할 줄 아는 사람이 되어가고 있습니다. 내적인 면과 외적인 면이 성령의 지배와 장악 속으로 들어가게 된 것입니다.

기도가 깊어지고 성령의 인도에 순종하며 영안이 열려서 말씀을 볼 때 말씀 속에 있는 영적인 비밀이 보입니다. 말씀 속에서 영적인 원리를 깨달으며 말씀을 적용할 때 하나님의 기적이 일어나는 것을 체험하는 역사가 일어나고 있습니다. 성도들의 마음을 정비하고 정화하고 강화하여 성숙한 성도가 되도록 사역하는데 쓰임을 받고 있습니다.

독자들도 성령의 세례를 받으시기를 바랍니다. 그리고 성령의 불세례도 체험하시기를 바랍니다. 먼저 성령의 세례를 체험하려면 이렇게 하시기를 바랍니다. 성령에 대하여 바르게 알아야 합니다. 성령의 세례가 임하는 교회나 치유센터에 가셔야 합니다. 지금은 성령님이 성령으로 세례를 받는 사람을 통해 역사하시기 때문입니다. 마음을 열고 성령으로 기도해야 합니다. 성령으로 세례를 받을 때까지 인내하고 기다려야 합니다.

성령으로 세례를 받음은 보이지 않지만 살아계신 하나님의 5차원의 영으로 사로잡히는 것입니다. 성령의 세례는 성도의 마음을 그리스도에 대한 이해와 사랑과 신뢰로 가득 차게 하며, 성령이 삶의 주관자가 되게 하며, 하나님의 자녀로서 하나님의 부름에 적합하도록 능력을 부여합니다. 거듭나는 것과 성령으로 세례 받은 것과는 다른 별개의 사건입니다. "……누구든지 그리스도의 영이 없으면 그리스도의 사람이 아니라."(롬 8:9)

그리스도인은 성령에 의해 다시 태어난 사람으로 성령은 그 사람 안에서 중생의 사역을 이루십니다. 그리스도인이란 그 안에 성령이 내주 하는 사람을 지칭하며 성령세례 받은 자를 의미하는 것은 아닙니다. 거듭남으로 구원을 받게 됩니다. 즉 성령으로 거듭나서 하나님의 자녀가 되는 것입니다. 그러나 사람이 성령에 의해 거듭났지만, 성령으로 세례 받지 못한 경우도 있습니다. 그러므로 중생과 성령세례는 동의어가 아니라는 뜻입니다. 성령세례와 성령의 불세례도 다른 것입니다.

그러므로 성령으로 세례를 받으시기를 바랍니다. 성령세례라는 것은 내가 보이지 않는 하나님의 역사하심을 눈으로 보고 몸으로 느끼게 된다는 뜻입니다. 성령의 세례를 받음으로 비로소 성령의 인도를 받을 수가 있습니다. 그리하여 성령으로 깊은 영의 기도를 할 수 있게 되는 것입니다. 성령으로 깊은 영의 기도를 하므로 성령의 불이 임하고, 심령에서 성령의 불이 올라오는 영의 기도를 할 수 있는 것입니다. 성령의 세례는 성령의 불로 사로잡히기 시작하는 것이기 때문입니다.

우리가 성령의 세례를 체험하려면 성령에 대하여 바르게 알고 사모해야 합니다. 하나님은 사모하는 영혼에게 만족함을 주십니다. 성령세례도 사모해야 받는 것입니다. 사모하고 뜨겁게 기도하면서 성령세례가 올 때까지 구하면서 기다려야 합니다. 성령세례로 만족하지 말고 성령의 불세례를 받아야 합니다.

성령으로 세례를 받아야 그때부터 성도가 영적으로 변하기 시작 합니다. 마음이 정비되고 정화되고 강화되기 시작을 하는 것입니다. 왜냐하면 성령의 세례를 받으면 비로소 육이 영의 지배를 받기 시작하기 때문입니다. 육이 영의 지배를 받아야 비로소 영적인 사람으로 변하기 시작하는 것입니다. 성령으로 세례를 받지 않으면 육은 여전이 세상신이 장악하고 있으므로 예수를 30년을 믿어도 여전이 귀신의 지배를 받는 것입니다.

하나님의 말씀을 들어도 비밀을 깨닫지를 못하는 고로 육의 사람의 특성인 합리를 가지고 받아들이니 기적을 체험하지 못하는 것입니다. 왜냐하면 영의 능력은 약하고 육의 능력은 강하기 때문입니다. 저는 성도라면 모두가 예수를 영접하고 성령으로 세례를 받아야 한다고 강조합니다. 제가 말하는 성령의 세례는 성령의 내주하심이 아니라, 성령이 전인격을 장악하는 성령 폭발을 말하는 것입니다. 내주하신 성령이 폭발하여 성도의 전인격을 장악해야 이성과 육체가 치유되어 영의 지배를 받는 영의 사람으로 변하는 것입니다. 성령이 전인격을 장악해야 비로소 육체에 역사하던 세상신이 떠나가기 시작하기 때문입니다.

이는 성도에 따라 성령께서 장악하는데 시간이 다르게 걸립니다. 그래서 하나님은 "항상 기뻐하라! 쉬지 말고 기도하라! 범사에 감사하라! 이것이 그리스도 예수 안에서 너희를 향하신 하나님의 뜻이니라"(살전5:16-18). 하시는 것입니다. 전폭적으로 성령의 인도를 받으며 맡기는 성도는 빨리 변화가 되고, 그렇지 못한 성도는 변화되는데 시간이 더 걸릴 것입니다.

성도가 성령으로 빨리 장악이 되면 그 만큼 연단의 기간도 짧아지는 것입니다. 하나님은 성도가 성령으로 전인격이 장악이 되어 하나님이 원하시는 수준이 되어야 성도에게 배당된 하나님의 복을 풀어주시는 것입니다. 그러므로 성도는 부단하게 성령으로 세례를 받고 전인격이 성령의 지배를 받으려고 의지적인 노력을 해야 합니다. 자신의 생각이나 의지를 내려놓고 전폭적으로 성령의 인도하심을 따르면 좀 더 빨리 하나님이 원하시는 영적인 수준에 도달할 수가 있는 것입니다.

성령의 세례는 성도에게 와있는 영육간의 문제를 치유하는데도 지대한 영향을 미치게 됩니다. 마음을 정비하고 정화하고 강하게 하여 믿음이 성숙되는 일에도 지대한 영향을 미치게 됩니다. 성령으로 세례를 받지 않으면 치유가 되지 않습니다. 이성과 육체에 역사하는 세상신이 자신보다 힘이 강하기 때문에 좀처럼 치유가 되지 않습니다. 그러다가 성령으로 세례를 받고 뜨겁게 기도하기 시작을 하면 이성과 육체가 5차원의 성령의 지배를 받게 됨으로 치유가 되기 시작을 하는 것입니다.

그러므로 성도가 당하는 영육의 문제를 치유 받으려면 최우선으로 체험해야하는 것이 성령의 세례입니다. 성령의 세례가 없이는 아무리 능력이 강한 사역자라도 치유를 할 수가 없습니다. 치유는 초자연적이고 5차원인 성령께서 하시기 때문입니다.

하나님은 영이십니다. 영육의 문제는 영이신 하나님이 치유하시는 것입니다. 하나님이 치유하시게 하려면 영적인 상태가 되어야 하는 것입니다. 영적인 상태가 되려니 성령으로 세례를 받고 성령의 불의 역사로 성령의 깊은 지배에 들어가야 합니다. 그러면 하나님의 치유의 손길이 역사하기 시작을 합니다.

하나님의 음성을 들으려고 해도 성령으로 세례를 받아야 합니다. 내적인 상처를 치유 받으려고 해도 성령으로 세례를 받아야 합니다. 귀신을 쫓아내려고 해도 성령으로 세례를 받아야 합니다. 질병을 치유 받으려고 해도 성령으로 세례를 받아야 합니다. 재정의 문제를 해결하려고 해도 성령으로 세례를 받아야 합니다. 성령의 세례가 없이는 아무것도 이루어지지 않습니다. 그러므로 성령의 세례는 모든 성도가 꼭 받아야 합니다. 성령의 세례를 받지 못한 분들은 **"성령의 불로 불세례 받는 법"**을 읽어보시기를 바랍니다. 한번 성령으로 세례를 받았다고 다 되는 것이 아닙니다. 성령의 불세례를 받고 지속적으로 성령 충만해야 합니다. 많은 성도들이 성령으로 세례를 받고, 방언으로 기도하면 항상 성령 충만한 줄로 생각을 합니다. 그러나 잘못된 생각입니다. 항상 성령으로 충만 하려고 의지적인 노력을 해야 합니다. 사람은 육을 가지고 있기 때문입니다.

여기서 우리가 더 알아야 할 것이 있습니다. 첫째, 성령의 세례를 이론으로 알고 스스로 성령으로 세례를 받았다고 자처하는 성도들입니다. 이런 분들이 영육으로 문제가 생겨서 치유를 받으러 옵니다. 와서 본인이 기도를 하고, 안수를 해주어도 성령의 역사가 일어나지 않습니다. 몇 주를 다니면 그때에야 반응이 있기 시작합니다. 왜냐하면 자기만의 자아가 있어서 영적인 말씀이 귀에 들리지 않기 때문에 마음을 열지 않습니다.

두 번째는 몇 년 전에 성령을 체험했다고 자랑하는 성도들입니다. 얼마 전에 어느 여 집사가 2년 전에 성령을 체험했다고 하면서 치유와 능력을 받으러 왔습니다. 2일을 기도하고 안수를 하니까, 성령의 역사가 일어나 몸이 뒤틀리고 괴성을 지르는 것입니다. 한참을 안수하니 성령이 장악을 했습니다. 귀신들이 소리를 지르면서 떠나갔습니다. 지금 교회에는 몇 년 전에 성령을 체험했다고 안심하고 지내는 성도들이 있습니다.

이런 분들이 열심히 믿음 생활을 하면서도 여러 가지 문제로 고통을 당합니다. 왜냐하면 자기가 지금까지 살아오면서 쌓인 상처와 상처 뒤의 4차원의 악한 영의 역사로 일어나는 것입니다. 그러므로 한번 성령 체험했다고 다 된 것이 아니라, 지속적으로 성령으로 충만 받으며 성령으로 깊은 영의기도를 하여 영-혼-육체를 5차원의 성령으로 정화시켜야 합니다. 그래야 기도할 때마다 자신 안에서 성령의 불이 나오면서 하나님과 교통하는 기도를 할 수가 있습니다. 한번 성령을 체험했다고 자랑삼아 말하는 분들 자기 관리에 신경을 써야 할 것입니다. 우리가 육체가 있기 때문에 영성에 꾸준하게 관심을 가져야 합니다. 한번 체험했다고 멈추면 얼마 있지 않아 육으로 돌아갑니다. 지속적으로 성령 충만을 받고 유지해야 합니다.

그래서 성도는 주일날이 중요합니다. 주일날 성령 충만을 받고 뜨겁게 기도하며 영성을 유지할 수 있기 때문입니다. 충만한교회는 교회를 개척할 당시부터 주일 예배를 성령 충만한 예배로 드리고 있습니다. 오전에 40분기도, 오후 예배에 50분 기도하여 마음을 성령으로 정화하고 성령 충만을 받습니다. 이 기도 시간에 필자가 일일이 안수하여 성령이 충만하고 기도가 깊어지도록 지도합니다. 왜냐하면 세상에서 먹고 살아가다가 보니 주일 하루 밖에 교회에 오지 못하는 분들이 많기 때문입니다. 마음에 상처가 쌓이지 않게 하는 분은 성령님이십니다.

18장 마음의 치유는 지성소에서 기도하는 것

(눅 22:39-40)"예수께서 나가사 습관을 따라 감람산
에 가시매 제자들도 따라갔더니 그 곳에 이르러 그들에
게 이르시되 유혹에 빠지지 않게 기도하라 하시고"

마음을 정비정화하고 안정한 마음의 상태가 되려면 성령으
로 지성소 기도를 해야 합니다. 지성소는 마음안 깊은 곳에 있
습니다. 성소를 지나야 지성소가 있습니다. 지성소 안에 예수님
께서 주인으로 계십니다. 지성소에서 성령의 불이 타오르기 때
문입니다. 꼭 기도원이나 교회에 나가서 기도하는 것도 좋지만
항상 자신 안에 계신 성령하나님과 습관적으로 교통하는 것이
심령을 정비하고 정화하여 마음을 강하게 하는 것입니다.

항상 기도하는 습관에 대해서 말씀드리겠습니다. 많은 크리
스천들이 혼자서 기도를 하는 것이 너무 어렵다고들 토로합니
다. 많은 분들이 혼자서 하는 기도로는 운전하다가 신호에 걸
렸을 때 하는 기도 정도라고 말합니다. 기도를 하기 위해서 깊
은 산 속에 있는 기도원을 찾아 가거나, 기도 모임에 나가 여럿
이 함께 공동으로 기도를 하거나, 혹은 뜨거운 성령기도회를 찾
아보는 것도 좋은 일이지만, 마음을 정비하고 정화하는 기도를
하기 위해서는 꼭 특별한 장소를 찾아가야 한다거나 여러 사람
들이 모여야만 한다고 생각한다면 좀 문제가 있습니다. 기도는
자신 안에 예수님께 성령으로 하는 것입니다. 자신 안 지성소

에 예수님이 계시기 때문입니다. 마음을 정비하고 강화하려면 지성소에서 성령의 불이 나와야 합니다. 예수님께서 제자들에게 기도하는 법을 알려주실 때는 "골방에 들어가 보이지 않는 하나님 아버지께 기도하라"(마태6:6)고 말씀하셨습니다. 또 예수님 스스로도 자주 "조용히 기도하시려고 군중을 보내신 뒤에 산에 올라가 날이 저물 때 까지 혼자 계셨습니다"(마태14:24).

제 아무리 훌륭한 설교를 듣고 깊이 감동했다 하여도, 제 아무리 많은 사람들이 모여서 며칠 밤을 세워가며 철야기도를 한다 해도, 제 아무리 신묘한 기적을 보고 신앙이 뜨거워졌다고 하더라도 내 자신 안에서 깊이 있게 성령으로 충만하지 않고 마음이 정화되지 않는다면 그러한 외적인 차원의 경험들이 과연 며칠을 갈 수 있을까요? 그러한 외적인 차원의 경험들이 과연 나를 얼마만큼이나 변화시킬 수 있을까요?

우리들의 모든 신앙의 체험들을 내 마음 깊숙이 정착시키고 내 몸 가득히 채워서 진정으로 나를 변화시키기 원한다면 우리는 먼저 혼자 성령으로 기도하는 습관을 들여야 합니다. 혼자 있으면서 조용히 눈을 감고 보이지 않지만 살아계시는 하나님과 만나서 그 분의 음성을 듣고 따라야 합니다. 학생의 실력이 학교에서 배운 바를 이해하고 심화시키는 자율학습을 통해서 나날이 성장하듯이 성도로서의 깊이, 성도답게 심령이 변화하는 기도는 주님의 가르침을 깨닫기 위해 혼자서 조용히 눈을 감고 앉아있는 시간에 달려있습니다.

공부는 안하면서 성적이 오르기만을 기대하는 자녀와 그를 바라보는 부모님…. 기도는 안하면서 심령이 안정되고 변화가 찾아오기만을 바라는 크리스천들과 그를 바라보는 하나님 아버지…. 그 마음이 어떨까요? 아마 안타까울 것입니다.

하나님과 동행하는 표현을 바꾸어 말하면 하나님과 절친한 사람을 말합니다. 성경에는 하나님과 절친한 사람들의 삶을 드라마틱하게 그리고 있습니다. 지하 교도소에서 죽음을 기다리는 노예의 몸에서 당대 최고의 강대국의 국무총리의 자리에 앉게 되고, 호호백발 할머니의 몸에서 건강한 아들이 태어납니다. 평범한 농부의 말째아들이 어린나이에 거인 용사를 단숨에 물리치고, 온 국민이 추앙하는 국왕이 되고, 형에게 쫓겨 도망간 사기꾼이 고생 끝에 성공하고 거부가 되어 금의환향합니다.

이렇게 성경은 하나님이 기뻐하는 자녀에게 초자연적인 능력을 주고 기름진 땅의 축복과 영혼이 잘되는 하늘의 축복까지 아낌없이 주신다고 약속하고 있습니다. 그렇지만 우리는 이 땅에서조차 그러한 하나님의 약속을 누리지 못하고 있고 삶의 고단한 덫에 걸려 힘들고 어렵게 살고 있습니다. 그 이유는 간단합니다. 전지전능하신 하나님과 절친한 삶을 살지 않기 때문입니다. 하나님은 영이시므로 깊은 교제를 나누는 방법은 무시로 기도하는 수밖에 없습니다. 그렇지만 영적인 교통이 없는 기도는 아무런 쓸모가 없습니다. 지성소 기도가 되어야 합니다.

첫째, 항상 기도하는 습관이 필요한 이유. 마음의 정비와 정화와 치유를 위하여 항상 기도하는 습관이 중요합니다. 성경이 요구하는 기도의 모습을 한마디로 말하자면 쉬지 말고(살전 5:17), 항상(행 10:2), 습관을 좇아(눅 22:39)기도하는 것입니다. 그렇지만 세상에 새벽기도회에 참석하기도 쉽지 않은 판에 하루 종일 쉬지 않고 기도하는 사람이 어디 있을까요?

그래서 우리는 삶에 적용할 수 없는, 성경에만 있는 성경말씀으로 치부합니다. 마치 공룡화석처럼 그 옛날 쥐라기나 백악기 시절에 살았던 생물이지만 지금은 멸종된 동물로 생각하는 것처럼 말입니다. 그렇지만 하나님은 우리가 도저히 할 수 없는 것을 가르쳤을 리는 없습니다. 지금 우리의 관행이나 생각으로 할 수 없다고 여기는 것뿐입니다.

그래서 사도바울의 놀라운 능력을 얻고 싶지만 그가 가르친 쉬지 말고 기도하는 것을 배우려 하지 않습니다. 고넬료는 이방인인 로마 군인으로서 최초로 성령세례를 받은 인물입니다. 그가 항상 하나님께 기도하였던 것을 하나님이 기뻐 받으셨다고 성경은 전합니다. 하나님의 아들이신 예수님조차 기도하는 습관을 가지셨지만, 우리는 여전히 여기에 관심조차 없습니다.

기도란 노동이며 의무이고 괴롭고 고통스러운 시간이라는 인식이 우리를 지배하고 있기 때문입니다. 우리의 생각이 어떻든 간에 우리는 성경의 하나님의 뜻을 행하지 않기 때문에 기도의 능력이 없고 하나님의 도우심이 내려오지 않는 것입니다.

운동이 건강에 필수적이라는 걸 모르는 사람은 없지만 규칙적으로 운동하지 않는 사람이 더 많습니다. 학교를 졸업하면 책을 읽는 것도 같이 졸업입니다. 습관을 들이지 않았기에 한두 번 시도해보다가 이내 포기하고 맙니다. 기도도 마찬가지입니다. 크리스천이라면 하나님을 만나는 유일한 통로인 기도를 성실하게 해야 하겠지만, 이 역시 습관을 들이지 않았기에 겨우 주일예배만 참석하는 것으로 만족합니다.

삶의 덫에 빠진 사람은 보통 사람보다 기도하기가 더 어렵습니다. 불안과 두려움, 절망과 자포자기의 감정이 들어차 있는데 기도할 마음이 들겠습니까? 그렇기에 기도하는 습관을 들여야 합니다. 이미 어린 시절부터 양치질을 하는 습관을 들였기에 어른이 되어서도 실행하고 있으며, 자기 전에 몸을 씻고 잠자리에 들었기에 씻지 않으면 잠이 오지 않는 것입니다. 이렇게 습관의 힘은 놀랍습니다. 우리가 기도하는 습관을 들이지 않았기에 예수님을 믿고 오랫동안 교회를 다니고 있어도 여전히 지성소에서 개인적인 기도의 시간을 갖지 못하고 있습니다.

항상 기도하는 습관적인 기도는 마음으로 지성소에 계시는 예수님을 부르는 기도를 습관으로 들여야 합니다. 틈틈이 일상 생활 중에서도 기도를 해야 하는데 통성으로 할 수는 없을 것입니다. 마음으로 예수님을 찾는 기도는 고도의 집중력이 요구되는 기도의 방법입니다. 눈만 감으면 잡념이 어느 틈에 들어오고 어느새 졸고 있는 자신을 발견합니다.

이처럼 예수님을 찾는 기도는 집중하는 훈련이 선행되어야 하며 성령의 인도하심이 없다면 지속할 수 없습니다. 자신 안의 지성소에 계시는 예수님을 부르는 기도는 오랜 시간 경건의 훈련을 통해 습관을 들여야 하는 시간이 필요합니다. 필자도 쉼

없이 기도하는 기도를 할 수 있게 된 것은 목회자가 되고 나서도 무려 3년 이상의 시간이 필요했습니다. 이처럼 기도의 습관을 들이는 것은 만만치 않습니다. 그렇지만 이를 건너뛸 수도, 돌아서 지나칠 수도 없습니다. 성령님의 도우심을 의지해서 이 강을 건너야 할 것입니다.

마음에서 올라오는 잡념도 관심 끄고, 오로지 예수님만 부르면서 침묵하는 기도를 자주 하는 사람은 기도에 몰입하기가 쉽습니다. 침묵기도에 대하여는 **"기도 쉽게 바르게 하는 방법" "성령으로 기도하는 법"**을 참고해 보시기를 바랍니다.

기도에 몰입된다면 성령이 주시는 평안과 기쁨을 누리므로 기도가 즐겁습니다. 몰입하는 기도를 아는 사람은 기도보다 즐거운 일을 세상에서 찾을 수 없기에 틈만 나면 기도하려고 합니다. 그렇지만 평소에 기도를 하지 않았던 사람은 기도를 시도하는 것조차 버겁게 됩니다.

부익부 빈익빈의 법칙이 여기에도 적용되는 셈입니다. 성경에 이렇게 기록 되어 있습니다. "이것이 곧 적게 심는 자는 적게 거두고 많이 심는 자는 많이 거둔다 하는 말이로다."(고후 9:6). 기도하는 것에 시간을 많이 투자한 사람은 빨리 항상 기도하는 사람으로 바뀌고 변할 것이고, 기도하는 일에 적게 시간을 투자하는 사람은 변화되는데 오래 걸린다는 뜻입니다.

그렇지만 시작이 반이라는 말이 있습니다. 평소에 기도를 하지 않았기에 기도의 습관을 들이는 것이 어렵지, 막상 기도를 자주 시도한다면 그 다음부터는 수월할 것입니다. 항상 기도하는 기도의 습관도 처음에 들이기가 어렵지 어느 정도 시간이 지나 몸에 배고 나면 즐겁고 재미있습니다.

더구나 삶의 덫에 빠진 사람은 찬밥 더운밥을 가릴 처지가 아닙니다. 기나긴 역경의 수렁에서 벗어날 수만 있다면 그보다 더한 것도 무릅쓰고 해야 할 것입니다. 필자는 이런 말을 자주합니다. 문제가 생긴 다음에 이리 뛰고 저리 뛰지 말고 미리미리 기도하며 준비 하라고 강조합니다.

둘째, 항상 기도할 수 있는 환경을 조성해라. 시간이 없어서 기도하지 못한다는 사람이 적지 않습니다. 시간이 부족해서라기보다 다른 시간에 비해 우선순위가 떨어진다는 게 더 정확한 이유일 것입니다. 삶의 고단한 덫에 빠진 사람은 전쟁터에 나간 병사입니다. 총알이 빗발처럼 쏟아지는 그곳에서는 오직 살아야 한다는 생각밖에 없습니다. 밥맛이 없어 반찬투정을 부리는 일도, 무료해서 TV 채널을 이리저리 돌리는 일도, 심지어는 먹고 살 걱정조차 없습니다.

지금 여기에서 살아나가야 한다는 일념뿐입니다. 그렇다면 고단한 삶의 덫에서 빠져나갈 수 있는 유일한 해결책은 기도의 달인이 되는 것뿐인데, 다른 핑계를 대는 것은 아직 상황의 긴박함을 제대로 느끼지 못했거나 나름대로 자신의 능력을 믿고 있어서가 아닐까요? 그것도 아니라면 자포 자기한 심정으로 인생이 떠내려가는 것을 무기력하게 지켜보고 있는 것일 것입니다.

늘 기도할 수 있는 환경을 조성하는 것은 항상 마음으로 기도

하는 기도를 습관으로 붙이는 데 절대적입니다. 아무리 열심히 노력한다 해도 환경이 암울하고 주변에서 도와주지 않는다면 성공하기에 힘들 것입니다. 누구나 기도할 수 있는 시간은 많지 않습니다. 기도하는 시간을 새롭게 만드는 것은 다른 시간을 희생해야 한다는 것을 뜻합니다. 처음에는 어렵겠지만 기도의 숙달단계에 올라가면 아침저녁으로 1시간 이상씩 그리고 적어도 낮 시간에 1시간 정도는 기도해야 합니다.

즉 하루에 3시간 이상을 기도하는 것은 지금까지의 삶을 확 바꾸지 않으면 안 된다는 것을 의미합니다. 아침과 잠자기 전에 기도하는 습관을 들이려면 밤늦은 TV시청이나 컴퓨터 게임, 친구들과의 늦은 만남 등을 끊어야합니다. 또한 등산이나 낚시 등의 많은 시간을 소비하는 운동이나 취미도 끊거나 줄여야합니다. 그렇지 않으면 항상 마음으로 기도해야 합니다.

그래서 일찍 잠자리에 들고 머리를 복잡하게 만드는 무의미한 일상의 패턴을 바꾸어야 합니다. 즉 지금까지의 라이프 스타일을 서서히 바꾸어서 기도시간을 최우선으로 하는 삶으로 만들어야 할 것입니다. 오직 시간만 나면 기도를 시도하고 기도에 몰입하는 삶이 되어야 합니다. 그렇지만 미리 걱정하지 않아도 됩니다. 항상 기도하는 습관이 중요하지 습관만 되면 걸어가면서도 기도할 수가 있고, 전철을 타고가면서도 기도할 수가 있고, 차를 운전하면서도 기도할 수가 있고, 가게를 운영하시는 분은 손님이 없을 때 기도할 수가 있습니다. 문제는 항상 기도하는 습관을 들이는 것입니다. 항상 마음으로 기도하는 습관이 중요한 것입니다. 마음으로 기도하는 습관을 길러야 합니다.

성령이 충만한 상태인 평안과 즐거움을 느끼는 단계까지가 어렵지, 그런 상태를 자주 경험한다면 세상의 다른 어떤 행위보다 기도하는 게 더 즐거워지므로 누가 시키지 않아도 기도를 찾아서 하는 자신을 발견하게 될 것입니다. 그 단계까지 가는 과정에서 스스로 습관을 들이는 기도훈련의 시간이 필요한 것입니다.

우리가 기도하는 곳은 사방이 조용한 교회나 숲속에서의 기도원이 아닙니다. 그곳이라면 누구나 쉽게 기도에 집중하기 쉽겠지만, 일상의 삶에서 쉬지 않고 기도하려면 그런 환경에서 기도하는 것에 빨리 적응해야합니다. 아무 곳에서나 기도할 수 있어야 합니다. 기도하는 장소의 개념이 기도를 더 어렵게 만듭니다. 자신은 걸어 다니는 하나님의 성전입니다. 어디서나 자신 안 지성소에 계시는 예수님께 기도할 수가 있습니다.

그렇다면 기도를 도와주는 도구를 활용하는 것도 필요합니다. 도시에서의 삶은 소음 공해와 시선을 끄는 것들이 즐비합니다. 사방이 온통 시끄러운 상태에서 묵상으로 기도에 집중하는 것은 어려운 일입니다. 그래서 필자는 거리를 걸어갈 때에는 마음으로 하나님을 찾는 기도를 합니다. 내 안에 주인으로 계신 하나님께 집중하면서 하나님을 찾는 것입니다.

걸으면서 마음으로 기도하는 습관을 들이라는 것입니다. 걷기를 시작하려면 바른 자세부터 익혀야 합니다. 바른 자세가 중요한 이유는 첫째로 뇌가 활성화됩니다. 바른 자세로 걸으면 근육이나 감각기관에서 신경계로 전달되는 정보량이 많아져서 대뇌가 더욱 자극을 받기 때문입니다. 둘째로 걸음걸이가 바르면 걷기 편하고 쉽게 지치지 않습니다. 즉, 편하게 걸을 수 있고 피로감을 줄여주는 보법으로 걷다 보면 바른 자세에 이르게 됩니다. 셋째로 걸음걸이가 바르면 남 보기에 좋고, 밝고 활달하며 자신감 있는 이미지를 심어줄 수 있습니다. 그러면 바른 보행 자세란 어떤 것일까요? 꼭두각시 인형처럼 머리 꼭대기에 실이 연결되어 하늘에서 끌어당긴다고 의식하라는 것입니다. 그러면 후두부, 등허리, 엉덩이의 가장 높은 부분이 일직선을 이루고 두 팔은 겨드랑이를 따라 자연스럽게 내려집니다. 그 자세로 서 있는데 누군가 허리 부분을 강하게 민다고 상상하라는 것입니다.

그러면 오른발이 크게 한보 앞으로 나갑니다. 이때 상체를 똑바로 유지하면 앞으로 내디딘 오른발은 발뒤꿈치부터 착지하고 뒤에 놓인 왼발이 지면을 차는 느낌을 받습니다. 이런 동작을 연속하여 걷는 것이 바른 보행 자세입니다.

자세만큼 중요한 것이 바로 호흡법입니다. 걷기는 유산소 운동이므로 산소를 충분히 받아들이며 호흡하지 않으면 그 효과가 나타나지 않습니다. 그러면 어떻게 호흡해야 혈중 산소가 충분해질까? 호흡의 '호'가 '숨을 내쉬다.'라는 뜻이라는 데서 알 수 있듯 내쉬는 숨이 먼저입니다. 일단 폐에서 이산화탄소를 한껏 내뱉지 않으면 산소를 받아들일 수 없습니다.

따라서 걸을 때는 먼저 숨을 내쉬는 데 의식을 집중해야 합니다. 호흡의 리듬이 발걸음과 조화를 이루어야 합니다. 오른 발은 내딛으면서 코로 숨을 들이쉬고, 왼쪽 발을 내딛으면서 숨을 내쉬고, 좌우지간 본인이 하기 쉬운 방법으로 걸으면 됩니다. 이 방법이라면 호흡과 보행의 리듬을 맞추기 쉽습니다.

그렇게 걸으면서 마음으로 지성소에 계시는 성령님을 생각하거나 부르면서 걷는 것입니다. 마음속에 세상 것들이 들어오지 않고 영감이 풍성해지는 효과가 있습니다. 집중력이 좋아집니다. 폐활량이 강해집니다. 심장이 튼튼해집니다. 생활 속에서 운동하는 습관이 되어야 건강을 유지할 수가 있습니다.

마음의 상처를 기도하면서 치유하려면 기도를 바르게 해야 합니다. 바른 기도가 자신을 영적인 상태로 이끌어가기 때문입니다. 기도를 바르게 해서 기도할 때 마음의 상처가 치유되는 기도는 다음과 같이 발전된 기도를 해야 합니다.

셋째, 자신이 기도하려고 하지 말라. 자신의 노력으로 기도하여 마음의 상처를 치유하려고 하지 말라는 것입니다. 조금 어렵게 생각될 것입니다. 이는 이렇게 이해해야 합니다. 예수님을 믿을 때 죽었고, 다시 예수님으로 태어났으니 기도도 자신이 하려고 하지 말고 자신의 주인이신 성령께서 하시도록 해야 한다는 뜻입니다. 물론 기도를 시작하고 어느 정도는 자신이 마음을 열고 기도를 하려고 해야 합니다. 그러나 어느 정도 시간(기간)이 지나면 성령님이 자신을 통하여 기도하시게 해야 합니다. 자신의 열정으로 계속 기도하려고 하지 말라는 것입니다.

또 알아야 할 것이 영적인 세계입니다. 마음의 상처를 치유하고 귀신을 쫓아내는 일은 성령께서 직접 하시는 일이기 때문입니다. 성령께서 직접 하시며 마음의 상처를 치유하도록 하기 위하여 영적인 세계를 알아야 합니다. 영적인 존재마다 권위가 있기 때문입니다. 하나님은 우리가 영적 세계를 알고 실제로 체험하고 5차원의 성령의 권능으로 4차원의 사단마귀세계와 3차원의 인간세계와 물질세계를 지배하기를 원하십니다.

필자는 여기에서 영적인 세계를 쉽게 이해할 수 있도록 차원으로 설명합니다. 인간세계와 물질세계는 3차원입니다. 사단-마귀-귀신은 4차원의 초인적인 존재입니다. 성령님은 5차원의 초자연적인 분입니다. 3차원의 인간세계와 물질세계는 4차원인 타락한 마귀-귀신의 세계에 지배를 당하고 살아가는 것입니다. 4차원의 타락한 사단-마귀-귀신의 세계는 5차원인 성령님과 성령으로 거듭난 크리스천에게 지배당하고 살아가는 것입니다. 그래서 3차원의 세계에 속한 인간(자연인)이 사단-마귀-귀신을 쫓아낼 수가 없는 것입니다. 사단-마귀-귀신은 사람보다 권위 면에서 한 차원이 높기 때문입니다. 반드시 예수님을 믿으면서 죽고 다시 사신 예수님으로 태어나 성령의 지배와 인도를 받아야 마음의 상처가 치유되는 것입니다. 사람의 무의식에 쌓인 마음의 상처는 4차원의 초인적인 존재입니다. 상처 뒤에 귀신이 역사하고 있기 때문입니다.

마음의 상처는 사람의 무의식에 있습니다. 무의식의 상처를 치유하고 귀신을 쫓아내려면 무의식보다 깊은 영에서 성령의 불이 나와야 합니다. 그래서 상처치유를 정확하게 하려면 예수님을 믿고 성령으로 세례를 받아 자신 안에서 자신의 주인으로 오신 예수님으로부터 성령의 불을 받으면서 성령으로 충만해야 합니다. 성령으로 충만한 5차원의 초자연적인 성도가 되어야 합니다. 자신의 전인격이 5차원의 초자연적인 성령으로 충만해지면 4차원의 귀신은 떠나가는 것입니다. "네가 하나님은 한 분이신 줄을 믿느냐 잘하는도다 귀신들도 믿고 떠느니라."(약 2:19). 그래서 이를 밝히 알고 있는 귀신들이 예수님을 믿고 성령으로 세례를 받아 자신의 주인으로 오신 예수님으로부터 성령의 불을 받으면서 성령으로 충만하면 떠나가야 하기 때문에 성령으로 충만하지 못하도록 기를 쓰고 방해하는 것 합니다.

방해수법은 가정에 불화를 일으키고 자신들(귀신)의 하수인을 통해서 감언이설로 속입니다. 성령의 세례를 받는 교회예배당에 가지 못하게 기를 쓰고 방해를 합니다. 성령으로 세례를 받고 성령의 불을 받으면서 성령으로 충만을 받으려고 하면 귀신들이 어지럽게 하거나 두렵게 하거나 머리가 아프게 하거나 속이 울렁거리게 하거나 아랫배가 아파서 앉아 있지를 못하게 하면서 자리를 이탈하게 합니다. 더 심하면 목을 눌러서 숨을 제대로 쉬지 못하게 합니다. "귀신이 귀신의 밥(종)이 된(죽이려는) 사람의 귀에다가 너의 문제는 별 것이 아니다. 너희 병은 별것이 아니다. 교회예배당에 가서 기도하지 않아도 된다. 더 큰 문제는 심각한 질병으로 당장 치유하지 않으면 죽을 수가 있는 사람에게 별 것이 아니니까, 병원에 가지 않아도 된다. 담임목사님의 말씀에 따라 교회예배당에 가서 기도하려고 하면 교회예배당에 갈필요가 없다. 집에서 혼자 기도해도 해결이 된다."고 악랄하게 속이는 것입니다. 이와 같이 귀신은 자신의 밥(종)이 된 사람을 성령의 역사가 점령하지 못하도록 악착같이 방해하는 것입니다.

이 때 일반 성도들이 하는 기도가 대적기도입니다. 쉽게 설명하면 '떠나가라. 떠나가라.' 명령하는 기도입니다. 그런데 깨달은 분은 이해가 가시겠지만 이 기도는 아직 자신이 살아서 자신이 상처와 귀신을 떠나보내려고 하는 기도입니다. 그래서 이렇게 대적기도를 조금하다가 보면 마음이 좀 시원해집니다. 그러면 상처가 치유되고 귀신이 떠나갔다고 생각합니다. 그러나 상처는 치유되지 않았고, 귀신을 떠나가지 않았습니다. 일시적으로 숨은 것입니다. 그래서 어떤 내적치유를 하는 곳에서는 '패티병'을 두드리면서 기도하게 한다는 것입니다. 순간 시원하게 하기 위해서 그러는 것입니다. 이런 치유를 받으면 몇 칠은 지낼 만할 수 있습니다. 그러나 조금 지나면 다시 마음의 문제가 일어나기 시작하는 것입니다. 세상에서 '사이다'라는 말을 합니다. 순간 속을 시원하게 하는 것을 말합니다. 그러나 조금 지나면 갈증이 생기는 것입니다. 이렇게 기도해서는 마음의 상처와 귀신의 역사를 영원하게 치유할 수가 없습니다.

넷째, 예수님께서 온전하게 지배하는 기도를 하라. 예수님은 이렇게 말씀하십니다. "예수께서 대답하여 이르시되 이 물을 마시는 자마다 다시 목마르려니와 (14) 내가 주는 물을 마시는 자는 영원히 목마르지 아니하리니 내가 주는 물은 그 속에서 영생하도록 솟아나는 샘물이 되리라 (15) 여자가 이르되 주여 그런 물을 내게 주사 목마르지도 않고 또 여기 물 길으러 오지도 않게 하옵소서"(요4:13-15). 자기 힘으로 노력으로 기도하는 것은 "다시 목마르게 됩니다." 자신 안에 예수님이 주인이 되도록 성령으로 기도하라는 것입니다. 마음의 상처치유를 위한 기도는 성령으로 해야 합니다. 성령이 기도하게 해야 합니다.

필자가 집중치유기도를 인도할 때 이렇게 강조를 합니다. 자신 안에서 올라오는 소리에 관심을 두지 말고 밖에서 일어나는 일이나 소리에 관심을 갖지 말고 오로지 자신 안에 주인이신 예수님만 부르면서 기도하라고 합니다. 코로 숨을 아랫배까지 들이쉬고 내쉬면서 "주여! 주여! 하거나 예수님! 사랑합니다." 하면서 기도를 하라고 합니다. 그렇게 기도를 하다가 보면 자신 안에서 올라오는 성령의 불의 역사로 지배되고 장악이 되면서 예수님께서 말씀하신대로 "내가 주는 물을 마시는 자는 영원히 목마르지 아니하리니 내가 주는 물은 그 속에서 영생하도록 솟아나는 샘물이 되리라"가 몸으로 마음으로 체험하게 됩니다. 이렇게 살아계신 하나님의 성전이 되니까, 성령의 지배와 장악으로 인하여 마음의 상처가 온전하게 치유되는 것입니다. 예수님께서 말씀하신대로 "그 날에는 내가 아버지 안에, 너희가 내 안에, 내가 너희 안에 있는 것을 너희가 알리라."(요14:20)가 체험적으로 느끼고 이루어지는 것입니다. 그러니 자신의 무의식에 있던 상처가 온전하게 치유되니 하나님의 나라가 되는 것입니다. 하나님의 나라가 되는 기도를 숙달해야 합니다. 시간이 걸리더라도 인내하면서 지속적으로 하면 숙달하게 됩니다.

19장 마음의 치유는 주기적 영적 진단하는 것

(롬 12:2)"너희는 이 세대를 본받지 말고 오직 마음을
새롭게 함으로 변화를 받아 하나님의 선하시고 기뻐하
시고 온전하신 뜻이 무엇인지 분별하도록 하라"

자신의 마음(심령)의 정비와 정화와 강화를 위하여 영적진단
을 주기적으로 하여 자신의 영육의 상태를 깨달아 아는 것이 중
요합니다. 자신의 마음의 상태를 알아야 마음을 치유할 수가 있
기 때문입니다. 예수를 믿고 성령으로 거듭난 성도는 영적진단
이 습관이 되어야 합니다. 영적진단을 할 때에 성령께서 자신의
진면모를 보게 하시어 치유하도록 인도하기 때문입니다. 성도
의 문제는 영에서부터 시작이 되기 때문입니다. 자신의 육체에
문제가 생긴 것은 이미 영적인 문제가 깊어진 것입니다.

필자는 성도님들에게 예방 신앙하라고 강조를 많이 합니다.
예방신앙이라고 하는 것은 영-혼-육체에 질병이 생기기 전에
미리 진리의 말씀과 성령으로 진단하여 치유하라는 것입니다.
영-혼-육체에 질병이 생긴 다음은 치유가 오래 걸리고 잘못하
면 치유를 하지 못할 수도 있기 때문입니다.

중국의 전국 시대 명의 편작은 인도의 기파와 함께 명의의 대
명사로 불리는 인물입니다. 그런 편작이 채나라의 왕 채환후를
만난 적이 있습니다. 편작은 잠시 환후의 안색을 살피더니 "왕
께서는 피부에 병이 있는 것 같습니다. 보아 하니 지금 치료하

지 않으면 깊어지겠습니다."라고 말했습니다. 그러자 환후는
"과인은 이렇게 건강하오. 피부병이라니 이건 별거 아니오."라
고 말하였습니다.

　편작이 나가자, 환후는 이렇게 말했습니다. "의원은 우쭐거
리기 좋아해서 병이 아닌 것을 치료해 자신의 공으로 삼으려
하는 것이 문제야." 열흘 뒤 편작은 다시 환후를 만나게 되었
습니다. "아! 왕께서는 이제 그 병이 위장으로 깊어졌습니다.
지금 당장 치료하지 않으면 그 병이 더욱 깊어질 것입니다."
라고 염려하며 말했습니다. 그러나 환후는 일체 대꾸도 하지
않고 자꾸 자신이 환자라고 말하는 편작을 불편한 표정으로
돌려보냈습니다.

　열흘 뒤, 우연히 궁궐 내에서 환후는 편작과 마주치게 되었습
니다. 그런데 이번에는 편작이 아무 말도 않고 환후를 바라보더
니 인사만 나눈 채 발길을 돌려 궁에서 나가는 것입니다. 이것
을 이상하게 여긴 환후는 사람을 시켜 그 이유를 물었습니다.

　그러자 편작은 환후의 사신에게 이렇게 말했다고 합니다.
"병이 피부에 있으면 찜질로 치료하면 되고, 살 속에 있으면 침
으로 고치면 되고, 위장에 있으면 약을 달여 먹으면 됩니다. 그
러나 골수에 있으면 수명을 맡은 하늘이 관장하게 되니, 어찌할
도리가 없습니다. 이제 왕께서는 병이 골수에 파고들었으므로
내가 아무것도 권하지 않는 것입니다."

　닷새가 지난 후 환후는 몸에 통증이 오기 시작했고, 결국 그
병을 치료하지 못하고 죽고 말았습니다. 우리 속담에 "호미로

막을 것을 가래로 막는다"는 말이 있습니다.

이처럼 우리 그리스도인들도 우리 안에 들어온 죄를 가볍게 여기다가 그 죄가 결국 나의 삶을 흔드는 큰 문제가 되어서 그로 인하여 감당할 수 없는 고난을 경험하게 되는 경우가 적지 않습니다.

그렇기 때문에 건강한 인생은 예방이 중요합니다. 예방신앙이 중요합니다. 몸도 미리 미리 건강을 챙기는 습관을 가진 사람은 무병장수 할 수 있습니다. 마찬가지로 우리의 영혼도 미리 미리 말씀과 성령으로 치유로 관리한다면 큰 시험 따위는 우리에게 일어나지 않는 것입니다.

그리스도인에게 가장 위험한 죄는 영적인 방심입니다. 이것은 자신의 믿음과 도덕성에 대한 교만함으로부터 나오는 것입니다. 그래서 주님께서는 "늘 깨어 기도하는 신앙을 유지하라"고 말씀하십니다. 또한 예수님께서도 새벽마다 한적한 곳을 찾아 기도하는 습관을 놓지 않으셨습니다. 여기서 새벽이라는 시간은 중요하지 않습니다.

중요한 것은 자신의 영적인 상태를 마치 다이어트를 하는 여성이 매일 체중계 위에 올라가듯, 혈압이 높은 어른이 매일 혈압계로 자신의 상태를 체크하듯, 자신의 영적인 상태를 매일매일 점검하는 거룩한 습관이야말로 모든 그리스도인들에게는 가장 중요한 삶의 지혜입니다.

필자가 집필하여 출판한 책을 읽고 상담 전화를 하시는 분들이 있습니다. 이분들이 이구동성으로 하는 말이 기도가 되지 않는 다는 것입니다. 기도가 되지 않는다는 것은 영혼의 상처로 마음의 병이 깊어져서 영의 질병으로 발전한 것입니다. 이때에 치유법은 막힌 기도를 성령의 역사로 뚫는 것입니다.

절대로 혼자 기도하려고 해도 기도가 열리지를 않습니다. 반드시 영적인 사역자의 안수를 받아 막힌 영의 통로를 뚫는 것이 급선무입니다. 문제는 기도가 되지 않는 지경에 까지 진전되지 않게 하기 위하여 영적진단을 주기적으로 하는 것입니다.

육체를 건강하게 하기 위하여 건강진단을 주기적으로 합니다. 20세가 넘으면 건강보험 공단에서 2년에 한 번씩 건강 검진을 받게 합니다. 이때 자신의 건강 상태를 확인하고 문제가 있는 곳은 치유합니다. 그래서 건강을 유지하게 합니다. 이처럼 건강한 영적 삶을 살기 위해서는 주기적으로 영적 진단을 받을 필요가 있습니다.

그럼 성도들의 영적검진은 어디에서 해주어야 합니까? 육체의 건강검진은 국가 건강보험 공단에서 해준다고 다들 알고 계실 것입니다. 그럼 건강보험공단은 어디에 소속이 되어있습니까? 국가에 소속이 된 것으로 알고 있습니다. 그럼 성도들의 영적 건강검진은 어디에서 해야 할까요? 필자는 자신이 등록된 교회에서 해주어야 한다고 생각합니다. 등록된 교회 담임목회자가 관심을 가지고 성도들의 영적건강검진을 해주는 것이 옳다고 생각합니다. 자신이 소속된 교회에서 주일날 영적건강검진을 받아야 합니다.

저는 주기적인 영적진단을 아주 많이 강조합니다. 성령의 역사가 강한 장소에 가서 자신의 영적인 상태를 주기적으로 진단하는 것입니다. 암은 조기에 진단하면 100% 치유가 되지만, 검진을 하지 않으면 말기가 될 때까지 우리 몸은 암을 느끼지 못합니다.

그래서 의사들이 하는 말이 암을 발견하는 것은 주기적인 검진 밖에 없습니다. 라고 말을 합니다. 영적인 병도 이렇습니다. 병의 바이러스인 마귀나 귀신이 들어왔는데도 우리의 몸이 느끼지 못하는 경우가 많습니다. 영은 신호를 보내는데도 무지해서 그 신호를 놓치는 경우가 많습니다.

그러므로 주기적으로 자신의 영적인 상태를 점검할 필요가 있습니다. 주기적인 영적 상태 점검은 무엇보다 중요합니다.

세대에 역사하는 영적인 존재들은 태중에서 들어옵니다. 이것들이 평소에는 잠복하여 있다가 영-혼-육의 취약한 시기가 되면 고개를 들고 일어나 문제를 일으키는 것입니다. 이를 예방하기 위하여 주기적인 영적 검진이 필요한 것입니다. 저는 평소에 이렇게 말합니다. 예수를 믿고 교회에 들어오면 먼저 성령으로 세례를 받아야 합니다. 성령께서 자신의 영적검진을 하시기 때문입니다. 성령으로 세례를 받은 다음에 말씀과 성령으로 심령의 상처를 치유하는 것입니다. 상처를 치유 받으면서 병행하여 자아를 십자가에 매다는 것입니다.

성령의 역사로 혈통에 대물림되는 악한 영을 축귀하는 것입니다. 그리하여 영적체질을 만드는 것입니다. 이는 어려서부터 적용해야 되는 것입니다. 세대에 역사하는 악한 영을 성령의 역사로 드러내어 미리 축귀하는 것입니다. 그래서 저는 우리 충만한 교회에 다니고 있는 성도들과 청년들을 코로나19 시대에도 매월2-3회 날을 정하여 안수해서 영적으로 맑은 상태를 유지하게 하려고 노력합니다. 주기적으로 안수를 받으니 영적으로 깨끗해지는 것은 물론이고 육적으로도 건강하게 지냅니다.

기존 성도들은 주일날 영적점검을 받는 것입니다. 성령의 역사가 강하게 나타나니 세대에 대물림 되던 악한 영이 더 이상 숨어있지 못하고 정체를 폭로하는 것입니다. 폭로되어 떠나가게 하고 매 주일 성령의 역사를 체험하며 영적 상태를 유지하는 것입니다. 저는 항상 이렇게 말합니다. 성도들은 주일날이 아주 중요하다고 말입니다. 요즈음 세상 살아가는 것이 힘이 들어 주일 하루 밖에 교회를 나오지 못하는 분들이 많습니다. 이 중요한 주일을 성령으로 충만하게 예배를 드려서 영성을 유지하는 것입니다.

이렇게 신앙생활을 하지 못하니 세대에 역사하던 악한 영들이 예수를 믿어도 꼼짝하지 않고 숨어 있다가 영육으로 취약한 시기에 고개를 들고 나와 문제를 일으키는 것입니다. 취약한 시기는 스트레스를 많이 받을 때입니다. 제가 지금까지 성령치유 사역을 하면서 체험한 바로는 세대에 역사하던 악한 영이 장로가 된 다음에도 영육으로 이해 못하는 고통을 가하는 것입니다.

우리 충만한 교회 성령치유 집회와 주일 예배에 참석하여 성령의 강한 역사를 체험하고 자신 안에 도사리고 있던 중풍의 영들이 정체를 폭로하여 떠나보낸 분들이 부지기수입니다. 또 무속의 영들이 숨어 있다가 정체를 폭로하여 떠나보낸 성도 목회자가 많습니다.

이는 현재 진행형입니다. 지금도 역사가 일어난다는 것입니다. 오늘도 일어날 것입니다. 오셔서 직접 체험해 보시기를 바랍니다. 이렇게 사전에 성령의 역사로 정체를 폭로하여 떠나보내지 않고 영-혼-육체가 취약한 시기에 드러나서 고통을 당하다가 찾아오는 분들 또한 부지기수입니다.

또 매주 토요일 진행하는 집중정밀치유 시간에 자신도 모르고 지내던 영적인 문제가 드러나 치유가 됩니다. 어떤 분은 무당의 영이 정체를 밝히고 떠나갑니다. 어떤 분은 중풍의 영이 드러나 떠나갑니다. 어떤 분들은 관절염을 일으켜서 걷지 못하게 하려고 숨어있던 귀신들이 정체를 폭로하고 떠나가기도 합니다.

저는 모든 성도와 목회자가 집중 치유를 받아서 자신의 영적인 상태를 진단 받아야 한다고 강조합니다. 영적인 진단은 나이가 젊을 때 받는 것이 아주 좋습니다. 저는 아이들은 초등학교 다닐 때 받는 것이 가장 좋다고 생각을 합니다. 영적인 진단을 주기적으로 하시기를 바랍니다.

고통을 당하다가 이렇게 해도 안 되고, 저렇게 해도 안 되니, 할 수 없이 저희 교회 같은 곳에서 치유를 받는 것입니다. 그런데 때는 이미 늦은 것입니다. 이미 정체를 드러냈기 때문에 치유하려면 시간이 많이 걸리는 것입니다. 집중치유가 필요합니다.

세대에 역사하는 악한 영은 태중에서 침입을 합니다. 침입하여 정체를 드러내는 시기는 두 가지가 있습니다. 첫째, 성령세례 받을 때 성령의 역사에 의하여 정체를 드러냅니다. 이것이 제일로 좋은 현상입니다. 두 번째는 상처와 스트레스를 해소하지 못하고 쌓여서 영-혼-육체의 상황이 좋지 못하여 약해져 영육으로 취약한 시기에 드러내는 것입니다. 이 상황이 제일로 나쁜 것입니다. 이런 취약한 시기에 드러나는 것을 방지하기 위하여 주기적인 영적 점검을 하여 악한 영들을 드러내는 것입니다.

그래서 성도는 교회를 잘 정해야 합니다. 그리고 주일을 효과적으로 보내면서 주기적인 영적 점검을 받아야 합니다. 많은 성도들이 이렇게 주기적인 영적 점검을 받지 않음으로 인하여 불필요한 고통을 당하고 있습니다.

어떤 분은 목사가 된 다음에 악한 영들이 드러나 고생을 합니다. 어떤 분은 안수 집사가 된 다음에 악한 영이 드러나 말로 표현 못하는 고통을 당하기도 합니다. 저는 하나님의 은혜로 성령 치유 기도사역을 하고 있습니다. 사역을 하다 보면 영적으로 무지하여 예수를 잘 믿으면서도 불필요한 고통을 당하면서 사는 분들을 볼 때 참으로 안타깝기 짝이 없습니다. 기독교 신앙은 예방 신앙입니다. 주기적인 영적검진이 필요한 것입니다.

다시 한 번 강조합니다. 우상 숭배가 혈통에 대물림되는 성도는 반드시 드러납니다. 어떤 사람은 15-16세(중2) 어떤 사람은 17세(고1)에 발생합니다. 어떤 사람은 20세에 발생합니다. 어떤 분은 26세에 발생하기도 합니다. 어떤 분은 34세에 발생할 수도 있습니다. 대략 이런 증상이 발생하는 사람의 유형을 보니 집안에 우상의 숭배가 심한 집안의 내력이 있는 가문에서 발생합니다. 그리고 태중에서나 유아시절에 충격 상처를 많이 받은 분들이 많이 발생됩니다. 대개 심장이 약하여 잘 발생합니다.

그러므로 제가 강조하는 것과 같이 불같은 성령을 체험하고 내적치유를 미리 받아야 합니다. 그러면 성령의 지배로 사전에 상처가 드러나서 치유가 됩니다. 정기적인 영적 진단이 아주 중요합니다.

그리고 병이 들었을 때 주변에서 안다고 해서 그 사람이 고치지 못하듯이 영적 질환도 같은 이치입니다. 병이 들면 전문의의 도움이 필요하듯이 영적 질병 역시 전문 사역자의 도움이 필요한 것입니다. 영적 병은 자랑해야 합니다. 목회자는 부분적으로 고칠 수는 있습니다. 그러나 전문가가 접근하는 방식과는 다릅니다. 전문가는 총체적으로 접근하며 병의 뿌리를 제거합니다.

그래서 전문가가 있는 것입니다. 영적 진단은 주기적으로 받아볼 필요가 있습니다. 병의 근원을 조기에 발견하면 치유가 쉽습니다. 그러나 그 시기를 잃게 되면 거의 치유가 되지 않습니다. 치유가 된다하더라도 시간과 노력이 많이 듭니다. 조기 검진 이것이야말로 효과적인 치유의 지름길입니다. 자신의 귀중한 영혼을 관리하기 위하여 영적진단을 주기적으로 받는 습관을 들이시기를 바랍니다.

주기적 영적진단을 하려면 본인이 마음의 정비 정화의 중요성을 알고 영적진단을 받으려고 해야 합니다. 본인이 마음의 세계와 영적진단 중요성을 느끼지 못한다면 주기적인 영적진단은 할 수 없는 것입니다. 영적진단을 주기적으로 하려면 다음과 같은 본인의 적극성이 있어야 합니다.

첫째, 마음이 자신의 전인격에 영향을 미친다는 것을 알아야 한다. 심령의 중요성을 알아야 마음을 열고 영-혼-육체의 진단을 받아들이기 때문입니다. 성령의 역사가 심령을 정비하고 정화하면서 영적인 상태를 진단하기 때문입니다. 성령의 역사는 마음을 열고 사모하며 받아들여야 역사하십니다. 많은 목회자와 성도들이 심령에 대하여 알지 못합니다. 눈에 보이지 않기 때문입니다. 알지 못하니 심령을 관리를 할 수가 없습니다. 심령에 대하여 알지 못하는 성도가 주기적으로 영적인 진단을 받는 다는 것은 어불성설이 되는 것입니다.

영적인 진단을 주기적으로 받는 것에 앞서서 심령의 정비와 정화에 대하여 알고, 중요성을 인식해야 합니다. 그래서 마음이 열려서 자신의 심령을 진단하기 위하여 시간을 투자하여 진단받는 것입니다. 거기다가 심령의 세계가 있다는 것조차 알지 못하는 성도가 어떻게 영적인 진단을 받겠습니까?

그럼 언제 영적인 진단을 받으려고 할까요? 앞에서 설명한 대로 자신이 영적으로 정신적으로 육체적으로 환경적으로 문제가 있으면 그때서야 자신에게 찾아온 문제를 해결하기 위하여 이리 뛰고 저리 뛰다가 마음의 정비와 정화에 대하여 알게 되고, 마음을 정비와 정화를 하려면 성령의 역사가 있어야 한다는 것을 깨닫게 됩니다. 이때가 되면 영적검진의 중요성을 이해하고 마음을 열고 받아들이는 것입니다.

기독교는 체험의 종교입니다. 필자가 지난 20여 년간 성령치유 사역을 하다가 체험한 결론은 목회자나 성도들이 자신에게 문제가 발생해야 영적인 눈이 열리기 시작하더라는 것입니다. 자신의 마음을 투시하는 영적인 눈에 대하여는 이 책의 앞부분에 많이 설명했습니다. 성도가 하루라도 빨리 심령의 세계와 영적인 면을 깨닫는 것은 축복 중에 축복입니다.

둘째, 개인이 영적진단을 받으려면 성령의 역사를 알고 있어야 한다. 성령의 역사에 대하여 알아야 성령으로 세례도 받고 성령으로 충만 받으면서 영적인 진단을 받는 것입니다. 성령의 역사가 없이는 영적진단이 불가능합니다. 영적인 진단을 받으면서 성령으로 충만 받아야 예수님께서 하신 일도 하는 성도로 성숙하게 됩니다. 예수님이 하신 일을 할 수 있는 성도가 되는 길은 어떤 길입니까? 그것은 먼저 말씀과 성령으로 거듭나야 합니다. "예수께서 대답하시되 진실로 진실로 네게 이르노니 사람이 물과 성령으로 나지 아니하면 하나님의 나라에 들어갈 수 없느니라"(요 3:5).

물과 성령으로 거듭나려면 성령으로 세례를 받아야 합니다. 성령의 세례는 성령에 대하여 바르게 알고 있어야 받을 수가 있습니다. 바울이 예배소의 교회에 가서 성도들에게 성령에 대하여 질문을 합니다. "이르되 너희가 믿을 때에 성령을 받았느냐"(행19:2상). 예배소 교회 교인들이 이렇게 대답을 합니다. "이르되 아니라 우리는 성령이 계심도 듣지 못하였노라"(행 19:2 하). 예배소 교인들이 성령에 대하여 듣지 못하여 알지 못하니 성령세례를 받지 못한 것입니다.

그래서 바울이 예수님에 대하여, 복음에 대하여, 성령에 대하여, 상세하게 설명하면서 말씀을 전하고 안수를 하니 성령을 받았다고 말씀하고 있습니다. "바울이 그들에게 안수하매 성령이 그들에게 임하시므로 방언도 하고 예언도 하니"(행 19:6). 이로 보아 성령으로 세례를 받으려면 성령님에 대하여 바르게 알고 믿어야 합니다. 그런데 성령님은 보이지 않습니다. 보이지 않기 때문에 성령을 실제로 체험해보지 않은 목회자나 성도라면 설명하기가 난해 합니다. 그러니까 두루뭉술하게 말씀 몇 구절로 설명하고 지나갑니다.

그러한 이유로 교회예배당에 성령의 세례가 아주 귀한 것입니다. 체험해 보지 않으면 설명하기가 곤란하기 때문입니다. 말씀을 아무리 많이 알아도 권능 있는 성도가 되지 못합니다. 말씀 안에서 살아계신 성령님의 역사가 자신을 지배해야 권능 있는 성도가 되는 것입니다. 성령님은 보이지 않기 때문에 살아계신 성령하나님이라고 믿어야 밖으로 나타나는 역사가 일어납니다. 성령님이 살아계신다는 것을 믿는 성도에게 나타내 주시는 것입니다. 그래서 기독교는 체험의 종교입니다.

셋째, 영적검진의 중요성을 알고 성령의 역사가 일어나는 교회예배당에 참석해야 한다. 심령을 정비하고 정화면서 영적상태를 진단 받으려면 성령의 역사가 있는 장소에 가는 것이 빠릅니다. 저의 경험으로는 심령을 정비하고 정화하려면 성령으로 세례를 받고 성령으로 충만 받으면서 성령께서 투시하며 심령의 상태를 진단하는 체험을 했다는 것입니다. 심령을 정비하고 정화하려고 성령의 역사가 있고 심령을 성령으로 치유하는 은혜의 장소에 갔을 때 성령의 강한 지배와 체험이 있었습니다.

그러므로 자신의 심령을 진단하고 영적인 상태를 진단 받으려면 성령의 역사가 있는 장소에 가는 것이 좋습니다. 성령의 역사가 있어야 마음이 치유되기 때문입니다. 자신이 과거 한번 성령의 세례를 체험했었다면 혼자 기도해도 심령의 상태를 진단할 수가 있다고 생각됩니다. 자신이 한 번도 성령의 세례를 체험하지 못했다면 성령의 기름부음심이 있고 성령의 불의 역사가 나타나는 장소에 가서 성령의 불로 충만 받으면서 영적진단을 받는 것이 맞습니다. 성령의 체험과 장악은 장작불의 원리와 같습니다. 성령의 불로 충만하고 성령의 역사를 체험한 사람들이 많이 모이는 장소는 성령의 역사가 강합니다. 성령은 어디에 계시는가, 먼저 내 안에 계십니다. 그리고 성령 세례받은 우리 안에 계십니다. 또 성령으로 충만한 상태에서 목회자가 전하는 말씀 안에 계십니다.

그러므로 성령체험을 하지 않았다면 성령의 역사가 있는 장소에 가셔야 성령을 쉽게 체험하고 장악 당할 수가 있습니다. 그리고 또 한 방법은 성령 받은 자에게 가서서 말씀을 듣고 안수를 받는 방법이 있습니다. 위로부터 임하시는 성령의 역사는 오순절 마가의 다락방에서 임하셨습니다. 그 이후는 그때 성령 받은 사람이 말씀전하고 안수 할 때 임했습니다(행19:1-7). 성령의 불로 충만한 사람에게 안수 받으며 전이 받는 것입니다.

성도가 영적인 진단을 받으면서 영적으로 변하려면 인간적인 욕심은 적이 됩니다. 그래서 성경은 야고보서 1장 14절로 15절에서 이렇게 말합니다. "오직 각 사람이 시험을 받는 것은 자기 욕심에 끌려 미혹됨이니 욕심이 잉태한즉 죄를 낳고 죄가 장성한즉 사망을 낳느니라."

성령의 세례를 체험하고 불로 충만 받으면서 심령을 정비하고 정화하면서 영적인 상태를 진단받으려면 모든 인간적인 욕심을 버리시기를 바랍니다. 성령의 세례를 받아 성령의 불이 임하고 지성소에서 올라오는 기도를 하여 심령을 정비하고 정화하면서 영적인 진단을 하는 것은 하나님의 자녀답게 권세를 가지고 하나님의 나라확장에 큰일을 감당하기 위해서 그렇게 하는 것입니다.

그리고 성도를 성도되게 하는 것은 전적으로 성령께서 하시는 일입니다. "너희는 주께 받은바 기름 부음이 너희 안에 거하나니 아무도 너희를 가르칠 필요가 없고 오직 그의 기름 부음이 모든 것을 너희에게 가르치며 또 참되고 거짓이 없으니 너희를 가르치신 그대로 주 안에 거하라."(요일 2:27)

조금이라도 인간적인 욕심이 결부된다면 성령으로 충만하던 성도도 육체로 돌아가게 됩니다. 육체로 돌아가면 그 심령에는 마귀가 역사를 하는 것입니다. 그래서 마귀는 항상 인간적인 욕심을 추구하게 하려고 성도들을 미혹하는 것입니다. 그 미혹에 아담과 하와가 넘어졌습니다. 왜 넘어졌습니까? 성령의 인도 없이 육체적으로 행동했기 때문입니다. 그러나 예수님은 마귀의 시험을 이기셨습니다. 어떻게 이겼습니까? 육적인 욕심이 하나도 없이 오직 말씀으로 하나님의 영광을 구했기 때문입니다. 그리고 성령의 인도를 받았기 때문에 승리한 것입니다.

우리도 성령으로 세례를 체험하고, 지성소에서 기도하여 성령의 불이 올라와 성령으로 충만 받는 기도를 하며 심령을 진단하여 사람들에게 자랑을 하려하는 인간적인 욕심이 조금이라도 결부되면 가차 없이 마귀의 밥이 된다는 것을 명심해야 합니다.

오로지 하나님의 영광을 위하여 성령의 세례를 구하시기 바랍니다. 어린아이와 같이 사심 없이 성령 하나님의 인도를 받으면 성령으로 세례도 받고 성령으로 충만 받으면서 성령으로 장악 당하게 됩니다. 그러면서 영적인 진단을 할 수가 있는 것입니다.

그리하여 기도를 할 때 성령의 충만이 임하고, 깊은 영의 기도를 할 때 성령의 불이 마음에서 올라오게 될 것입니다. 그러면서 심령이 정비되고 정화되면서 성령의 지배 속으로 들어가면서 성령께서 자신의 영적인 진면모를 정확하게 투시하여 보게 하십니다. 자신의 상태를 정확하게 보고 치유해야 되겠다고 마음을 열으니 성령께서 치유하시는 것입니다. 절대적으로 인간적인 욕심이 아닌 성령의 인도를 받아야 합니다.

20장 마음의 치유는 기도를 숨을 쉬듯 하는 것

(요20:22)"이 말씀을 하시고 그들을 향하사 숨을 내
쉬며 이르시되 성령을 받으라"

마음(심령)이 성령으로 충만하여 성숙하려면 성령으로 숨을
쉬면서 기도하는 것을 숙달해야 합니다. 숨을 쉬면서 성령으로
기도하여 성령으로 충만하게 하는 방법입니다. 분명하게 숨을
쉬면서 기도하는 것은 마음으로 예수님을 생각 하면서 찾으면
서 숨을 코로 아랫배까지 들이쉬고 내쉬는 것입니다.

세상 사람들이 하는 것과 같이 아무 생각 없이 숨을 쉬는 것
이 아닙니다. 바르게 적용해야 할 것입니다. 사람의 생명은 숨
에 있습니다. 하나님께서는 흙으로 사람을 지으시고, 그 코에
생기를 불어 넣으셨습니다(창 2:7). 그것이 숨입니다.

숨이 있기 전까지 사람은 생명이 없었으나 숨이 시작되면서
사람은 생명을 얻게 되었습니다. 숨이 풍성한 사람은 생명이
풍성한 것이며, 숨이 약하고 위축된 사람은 생명이 연약한 것
입니다. 그러므로 사람이 살기 위해서는 음식과 물을 잘 먹고
마셔야 하지만, 이에 못지않게 숨을 잘 쉬어야 하는 것입니다.
숨을 잘 들여 마시는 것이 생명의 풍성함을 줍니다.

이는 단순한 공기, 산소의 마심이 아니고, 영을, 생명을 마시
는 것입니다. 숨을 쉬는 기도를 하려면 반드시 성령의 세례를
받아야 합니다. 반드시 예수님을 생각하면서 숨을 쉬며 기도해

야 합니다. 성령으로 충만한 가운데 발성으로 기도하여 영의 통로가 뚫려야 합니다. 영의 통로가 뚫리지 않은 성도가 숨으로 기도하면 악한 기운의 영향으로 영이 막힐 수도 있습니다. 우리가 바르게 알아야 할 것은 기도는 영의 활동입니다.

고로 기도는 성령으로 해야 합니다. 많은 분들이 기도하면 무조건 성령이 충만해지는 것으로 알고 있습니다. 이는 한번 잘 생각해 보아야 합니다. 세상 사람들도 기도합니다. 세상 사람들이 기도할 때 누가 들어오겠습니까? 갈구하는 기도의 대상의 귀신이 들어옵니다. 예수믿고 거듭난 성도의 기도가 세상 사람들과 같은 기도를 한다면 어떤 영이 침입을 하겠습니까?

일부 크리스천이나 목회자들이 숨을 들이쉬고 내쉬면서 기도하는 것에 대하여 의문을 가지고 대하는 분들이 있습니다. 숨을 들이쉬고 내쉰다는 것은 숨을 쉴 때 마음이 열리기 때문입니다. 예수님께서도 "이 말씀을 하시고 그들을 향하사, 숨을 내쉬며 이르시되 성령을 받으라(요 20:22)" 말씀하셨습니다.

숨을 내쉬면서 성령을 받으라고 말씀하신 것입니다. 성령께서 예수님 안에 계시면서 숨을 통하여 분출되기 때문입니다. 크리스천들도 마찬가지입니다. 하나님은 자신 안에 있는 마음 속 지성소에 주인으로 계십니다. 자신 안에서 성령의 역사가 분출되어야 합니다. 그래서 숨을 들이쉬고 내쉬면서 기도하라는 것입니다. 성령께서 사람이 마음을 열어야 역사하실 수가 있기 때문입니다. 이상하다고 거부하면 성령께서 자신 안에서 역사하실 수가 없을 것입니다.

첫째, 숨을 쉬며 기도하는 원리. 숨은 기도입니다. 죄를 토하고 의를 받아들인다는 의미에서 기도는 숨입니다. 숨은 생명입니다(창2:7). 히브리말로 "영"을 의미하는 루아흐는 바람-기운-숨을 말합니다. 예전에 성령님을 거룩한 숨님이라고 번역한 곳도 있습니다. 숨은 영의 공급과 영을 내쉬는 것입니다. "숨을 내쉬며 가라사대 성령을 받으라(요20:19-23)." 숨은 주님을 들여 마십니다. "나 여호와가 말하노라 사람이 내게 보이지 아니하려고 누가 자기를 은밀한 곳에 숨길 수 있겠느냐 나 여호와가 말하노라 나는 천지에 충만하지 아니하냐(렘23:24)." 내쉬는 숨은 주님의 권능(기름부음)이 흘러나옵니다. 영적인 숨을 합시다. 숨은 자연적 숨(생명을 연장하는 숨)과 영적인 숨 두 종류가 있습니다. 영적인 숨이란 예수 믿고 성령의 세례를 받고 성령의 인도를 받으면서 하는 것을 말합니다.

숨과 생명의 충만은 같습니다. 강한 숨은 생명의 충만 입니다. 마시는 숨과 내보내는 숨을 합시다. 들이쉬는 숨은 영적 충전입니다. 내보내는 숨은 영과 신체 정화입니다. 숨은 혈액과 같은 역할을 합니다. 물은 구름, 바람이 움직이듯이 숨이 혈액의 흐름을 움직여줍니다. 숨은 강하고 깊어야 합니다. 자신의 성품을 바꾸게 될 것입니다.

이단들이 영은 보이지 않다고 하면서 자신에게 예수님의 영이 임재 했다고 신도들을 속입니다. 그것은 시뻘건 거짓말입니다. 성령님이 사람을 통과하면 보입니다. 예수님이 얼굴에 나타납니다. 언행으로 나타납니다. 행동으로 나타납니다. 열매로 나타납니다. 숨으로 기도하여 성령으로 충만하여 마음이 강하게 되면 자신에게서 보이는 형상으로 나타난다는 것입니다. 얼굴을 보면 알 수가 있는 것입니다. 그러므로 성도들은 성령의 역사와 귀신의 역사를 분별하는 분별력을 개발해야 합니다. 숨은 심령을 강하게 하는데 참으로 중요합니다.

약한 숨은 문제가 있습니다. 심 패 기능이 약하기 때문에 숨이 약한 것입니다. 숨을 쉬면서 기도를 하는데 숨이 잘 쉬어지지 않는 다면 마음의 세계가 불안정한 것입니다. 하루라도 빨리 성령으로 세례 받고 주여! 주여! 부르짖으며 영의 통로를 뚫어야 합니다. 숨은 에너지이며 생기이며 기운입니다. 숨이 약한 사람은 원수 마귀 귀신의 노예 생활에 가까워집니다. 비난 충격과 꾸지람 듣고 야단을 맞게 되면 숨이 약해집니다. 숨과 기운은 이렇습니다. 숨을 쉬는 힘은 그 사람의 생명력입니다.

풍선을 많이 불면 힘이 빠지고 어지러워집니다. 숨의 풍성은 생명의 풍성입니다. 운동은 숨을 확장시켜줍니다. 숨은 나쁜 기운을 배출합니다. 한숨, 눈물, 불평도 배출합니다. 그러나 근심 두려움 원망 분노 등 악한 생각이나 감정에 사로잡힘은 자살 행위입니다. 악한 기운이 자리 잡으면 온갖 재앙을 일으킵니다.

기체의 악성 에너지가 시간이 지나면 암, 결석 등 고체에너지가 됩니다. 주여! 하면서 발성 기도를 통하여 숨을 충분히 배출해야 합니다. 거친 숨은 심장과 폐의 경고입니다. 주님의 음성을 들으려면 성령의 임재 가운데 부드럽고 깊고 자연스러운 숨을 쉬는 훈련을 해야 합니다. 대화중 제3자가 들어오면 싸늘해지기도 합니다. 호랑이도 제 말하면 옵니다. 영혼의 감각으로 알게 됩니다. 중보기도 자는 상대의 상태를 느낍니다. 쓰레기를 정화 시킬 능력이 없으면 대화와 접촉을 조심해야 합니다.

둘째, 숨을 쉬면서 기도하는 방법

1) **숨을 쉬면서 하는 기도**: 꼭 성령으로 세례를 받고 성령의 지배가운데 성령으로 진행해야 합니다. 성령 세례 받지 않고 하는 숨 기도는 사찰에서 하는 명상기도와 다를 바가 없습니다. 반드시 성령으로 숨 기도를 해야 합니다. 그래야 전인격이 성령의 지배를 받게 됩니다.

① 아랫배에 의식을 두고 코로 숨을 들이 마시며 "예수님 사랑합니다." 숨을 내쉬면서 "예수님 사랑합니다."

② 아랫배에 의식을 두고 코로 숨을 들이 마시며 "예수님" 숨을 내쉬면서 "사랑합니다."

③ 입을 벌려 작은 마음의 소리로 하기도 합니다. 입이나 목으로 하는 기도는 될 수 있는 대로 하지 않는 것이 좋습니다. 목이 마르고 상할 수가 있기 때문입니다. 숨을 코로 아랫배까지 들이 마시고 내 쉬면서 주여! 숨을 들이 마시고 내 쉬면서 주여! 하면서 기도해도 마음이 정화됩니다.

④ 마음 속으로 예수님이나 성령님을 생각하면서 기도를 드리기도 합니다. 성령님은 마음으로 찾을 때 역사하십니다.

⑤ 손을 심장에 대고 심장의 고동에 맞추어서 계속합니다. 반복합니다. 수 천, 수 만 번을 반복합니다. 그리스도인들이 예

수님을 부르는 것은 주님과 가까운 교제를 위하고, 성령으로 충만하게 하기 위하여 부르는 프러포즈입니다.

이런 기도를 심장기도, 예수 기도라고도 하며, 숨-심장박동-걸음걸이에 맞추어서도 해보세요. 필자는 하루에 80분정도 걷기를 합니다. 그 때 예수님을 부르면서 숨을 쉬며 기도를 합니다. 예수 충만(성령 충만), 예수 사랑, 나의 하나님 식으로 바꾸어서도 할 수 있습니다. "오~ 주님! 제 마음 안에 충만하게 채워지소서." 기도하면서 숨을 쉬는 것이 좋습니다. 마음으로 예수님을 생각하고 집중하면서 숨을 쉬는 기도를 합니다.

2) 코로 숨을 쉬십시오. 들이쉬는 숨에 마음을 싣고 감사와 기도를 심어서 드립니다. 입으로 숨을 쉬면 입이 마르거나 목이 붓거나 아플 수도 있습니다. 주님의 기운이 임하심을 믿고 합니다.

3) 숨을 의식하십시오. 숨이 기도인 것을 의식하고 주님께 사랑과 감사의 마음으로 고백하면서 하는 것이 중요합니다.

4) 배출 숨을 쉴 때 가슴이 답답함을 느낄 때는 장애물이 있는 경우입니다. 예수님을 부르면서 계속 숨을 쉽니다. 성령이 충만한 가운데 가슴에 힘을 주고 트림하여 배출합니다. 안되면 후~, 하~ 하고 숨을 토해내세요. 안되면 숨을 들이쉬고 내쉬면서 주여! 하면서 기도하십시오. 절대로 성령의 역사가 일어나야 배출이 된다는 것을 명심해야 합니다. 숨을 깊고 강하게 들이쉬고 내쉬면서 "예수의 이름으로 나쁜 기운은 나가라""떠나간 곳에 성령으로 충만하게 채워질지어다." 마음으로 명령 기도도 할 수도 있습니다. 거울을 보면서 명령할 수도 있습니

다. 조용히 숨을 쉬면서 내보낼 수도 있습니다.

5) **충분히 숨을 쉬십시오.** 경외감을 가지고 감사하는 마음으로 숨을 쉬어야합니다. 숨이 차단되면 썩기 시작합니다. 지하방, 또는 창문 비닐로 막아도 공기가 상하기 시작합니다.

6) **강한 숨을 쉬는 기도는 가능하면 아랫배에 힘을 주고 숨을 깊게 많이 들어 마셔야 합니다.** 배꼽아래까지 바람이 들어오도록 들이마셔야 합니다. 오랫동안 하면 성령의 역사가 일어나기 시작을 합니다. 부르짖는 기도와 비슷합니다.

7) **깊은 숨을 쉬는 기도는 아랫배에 힘을 주며 천천히 숨을 쉽니다.** 마음 가라앉히고 조용히, 코를 통하여 깊이 숨을 들여마시고 내쉬고 합니다.

8) **정지 숨 기도는 히브리서 6장 4-6절의 내세의 능력을 맛보는 기도, 성령의 깊은 지배(입신)상태같이, 숨을 멈출 수도 있습니다.** 숨을 멈춘다는 것은 자신이 숨을 쉬고 있지만 숨을 쉬는 것을 느끼지 못한다는 말입니다. 은사는 영의 영성 아닌 육체의 영성입니다. 은사는 육체로 나타납니다. 은사에 치우치면 영이 안자라고 영에 치우치면 삶은 아름답지만 무능합니다. 그러므로 양자가 균형을 이루어야 합니다. 성령의 은사는 자신의 마음이 정비되고 정화되어 성령충만하고 영적으로 성숙하면 나타나지 말라고 해도 은사는 나타납니다.

9) **배로 숨을 쉬면서 하는 기도는 배에는 공기가 들어갈 수 없지만, 아랫배에 힘을 주고 생명력이 배에 충만하도록 숨을 들이 마십니다.** 강한 숨기도와 비슷합니다. 성령으로 충만해집

니다. 영적인 파워 힘이 생깁니다. 자신감이 생깁니다. 자연스럽게 내면 마음의 세계가 정비되고 정화됩니다. 요한복음 7장 38절 말씀과 같이 배에서 생수의 강이 흐릅니다. 처음에는 뜨겁지만 후에는 시원하고 평안하여 자유와 행복을 느낍니다.

10) **가슴으로 숨을 쉬는 기도는 심장기도로서 내적 깊은 기도와 비슷합니다.** 감정이 섬세하고 눈물 많아집니다. 내적 기름부음을 일으켜줍니다. 영이 강하게 됩니다. 부드럽고 온유한 예수님의 성품이 됩니다. 불안할 때 숨을 쉬며 낮은 발성 기도를 하면 5분 안에 평안해집니다. 성령이 충만하기 때문에 불안이 떠나가는 것입니다. 머리가 혼란할 때는 배에서 나오는 소리로 조금 높은 찬양을 하면 시원해집니다. 가슴 답답할 때는 배에 힘주고 배에서 나오는 소리로 방언하면 후련해집니다. 처음에는 배기도, 강한기도 후 심장기도로 진행합니다. 아름답고 사랑스러우며 따뜻한 예수님의 사람이 됩니다.

11) **머리로 숨을 쉬는 기도는 주의 이름을 부르며 머리에 마음을 집중하고 숨을 쉽니다.** 코로 숨을 들이쉬고 코로 내쉬면서 합니다. 머리가 혼미하고 생각이 복잡한분에 효과가 있습니다. 악몽은 머릿속 정화 과정입니다. 환상이나 신비한 체험을 동반할 수도 있습니다. 머리는 영적 문 역할을 하기에 주의가 요망됩니다. 반드시 성령으로 해야 합니다.

12) **성경 말씀으로 성령을 마시는 숨 기도는 반복되는 짧은 문장으로 깊은 영향주어서, 처음 3,000번, 그 다음 6,000번, 12,000번 후에는 자유롭게 합니다.** 평안과 자면서도 성령님의

지배와 임재 느낍니다. "주님! 저를 불쌍히 여기시옵소서" "예수님 사랑합니다." 반복할 때 성령이 충만해져서 긍휼과 자비 느낍니다. 성경 전체를 묵상하며 할 수도 있습니다. 성경을 간절한 마음으로 소리 내어 읽는 영성훈련 방법도 있습니다. 소리는 안 내고 강하게 부드럽게 숨을 쉬며 마시는 것도 좋습니다. 말씀을 눈으로 보며 코로 마셔도 됩니다.

13) **마시는 숨을 다양하게 사용하세요.** 찬양 테 잎을 눕거나 쉬는 상태에서 들을 때도 숨을 쉬며 들으세요. 독서하면서도 숨을 쉬며 하는 기도를 적용하세요. 간증이나 설교 테 잎을 들을 때도 적용하세요. 설교를 들을 때도 적용하세요.

14) **즐거움으로 계속 하십시오.** 억지로 하는 것은 좋지 않습니다. 습관이 되게 해야 합니다. 듣지 않고 간구만 했으면 듣는 기도와 선포기도로 자신을 정화하세요. 숨을 쉬면서 기도를 하는데 불안하고 즐거움이 사라진다면 재고해 보아야 합니다. 영혼 깊은 곳의 즐거움과 기쁨은 주님의 감동과 인도입니다. 주님은 우리에게 기쁨과 평안을 주시는 분입니다.

셋째, 걸으면서 숨을 쉬며 마음으로 기도하라. 숨을 쉬면서 걸으면서 마음으로 예수님을 부르면서 기도하는 습관을 들이라는 것입니다. 걷기를 시작하려면 바른 자세부터 익혀야 합니다. 바른 자세가 중요한 이유는 첫째로 뇌가 활성화됩니다. 바른 자세로 걸으면 근육이나 감각기관에서 신경계로 전달되는 정보량이 많아져서 대뇌가 더욱 자극을 받기 때문입니다.

둘째로 걸음걸이가 바르면 걷기 편하고 쉽게 지치지 않습니다. 즉, 편하게 걸을 수 있고 피로감을 줄여주는 보법으로 걷다 보면 바른 자세에 이르게 됩니다.

셋째로 걸음걸이가 바르면 남 보기에 좋고, 밝고 활달하며 자신감 있는 이미지를 심어줄 수 있습니다. 그러면 바른 보행 자세란 어떤 것일까요? 꼭두각시 인형처럼 머리 꼭대기에 실이 연결되어 하늘에서 끌어당긴다고 의식하라는 것입니다.

그러면 후두부, 등허리, 엉덩이의 가장 높은 부분이 일직선을 이루고 두 팔은 겨드랑이를 따라 자연스럽게 내려집니다. 그 자세로 서 있는데 누군가 허리 부분을 강하게 민다고 상상하라는 것입니다. 그러면 오른발이 크게 한보 앞으로 나갑니다. 이때 상체를 똑바로 유지하면 앞으로 내디딘 오른발은 발뒤꿈치부터 착지하고 뒤에 놓인 왼발이 지면을 차는 느낌을 받습니다. 이런 동작을 연속하여 걷는 것이 바른 보행 자세입니다.

자세만큼 중요한 것이 바로 숨을 쉬는 방법입니다. 걷기는 유산소 운동이므로 산소를 충분히 받아들이며 숨을 쉬지 않으면 그 효과가 나타나지 않습니다. 그러면 어떻게 숨을 쉬어야 혈중 산소가 충분해질까? 숨의 '호'가 '숨을 내쉬다.'라는 뜻이라는 데서 알 수 있듯 내쉬는 숨이 먼저입니다.

일단 폐에서 이산화탄소를 한껏 내뱉지 않으면 산소를 받아들일 수 없습니다. 따라서 걸을 때는 먼저 숨을 내쉬는 데 의식을 집중해야 합니다. 숨의 리듬이 발걸음과 조화를 이루어야 합니다. 오른 발은 내딛으면서 숨을 들이쉬고, 왼쪽 발을 내딛으면서 숨을 내쉬고, 좌우지간 본인이 하기 쉬운 방법으로 걸으면 됩니다. 이 방법이라면 숨과 보행의 리듬을 맞추기 쉽습니다. 그렇게 걸으면서 마음으로 성령님을 생각하거나 부르면서 걷는 것입니다. 필자는 십 수 년을 이렇게 실천하며 걷고 있습니다. 마음속에 세상 것들이 들어오지 않고 영감이 풍성해지는 효과가 있습니다. 집중력이 좋아집니다. 폐활량이 강해집니다. 심장이 튼튼해집니다. 생활 속에서 운동하는 습관이 되어야 건강을 유지할 수가 있습니다.

넷째, 숨을 쉬며 기도하는 효과

1)마음속의 세계가 성령으로 정화된다. 마음을 이용하여 예수님을 찾음으로 인하여 성령이 충만하게 됩니다. 자연스럽게 영이신 예수님을 찾음으로 영적인 상태가 되는 것입니다. 영적인 상태가 되니 성령께서 전인격을 사로 잡음으로 마음속의 세계가 정화되고 영-혼-육체가 건강해지게 되는 것입니다. 심장과 소장 대장 기능이 튼튼해집니다. 살아가는 것이 행복해집니다.

2)스트레스 해소 효과. 이렇게 숨을 쉬면서 기도를 할 경우에는 성령이 충만해져서 부교감신경이 활발해져 마음이 편안해지기 때문에 우울증, 불면증, 공황장애와 같은 불안 장애를 완화시켜주고 스트레스를 해소시켜 주며, 치매를 예방해줍니다.

3)집중력 향상 효과. 두뇌로 산소공급이 활발해지면서 집중력을 향상하는 효과를 느낄 수 있어 학업 및 업무의 능률이 오르지 않는 사람에게도 도움이 됩니다.

4)**내장운동 활발 효과.** 아랫배를 사용하는 숨 쉬는 것이니 위장, 소장, 대장의 운동도 활발해지기 때문에 소화 장애와 변비를 없애주는 역할을 합니다.

5)**혈액순환 원활 효과.** 혈액순환을 원활하게 도와주어 혈관 내 콜레스테롤을 줄여 심혈관 질환을 예방하고 심폐기능을 향상시키는 효과가 있습니다. 실제로 필자는 숨을 쉬면서 하는 기도를 장기간에 걸쳐서 한 결과 심장 기능이 강화되어 장이 튼튼해졌습니다. 그리고 배에서 올라오는 소리로 설교를 함으로 성대가 상하지를 않았습니다.

6)**다이어트 효과.** 가슴으로 숨을 쉬는 것 보다 배를 이용하여 숨을 쉬는 것이 칼로리 소모가 높고 신진대사를 활발하게 하여 체중감량에 도움이 됩니다.

7)**영력과 권능이 강해집니다.** 숨을 깊게 들이쉬고 내쉬는 가운데 성령으로 충만해집니다. 성령으로 충만해지면 지성소에 계시는 예수님으로부터 성령의 불과 권능이 자신을 지배하게 됩니다. 그러면 하늘나라 천국을 누리게 되면서 영력이 강해지고 권능이 강해져서 숨만 쉬어도 자신의 내면이 역사하던 세상 것들이 떠나가는 것입니다. 걸어 다니는 성전이 되는 것입니다.

숨을 쉬며 기도하는 것이 이제 얼마나 우리의 영-혼-육에 영향을 끼치는지 잘 아시겠지요? 건강을 위해서 복식호흡 숨 기도 효과를 잘 숙지하시고, 습관처럼 가슴이 아닌 아랫배로 숨을 쉬면서 예수님을 부르며 기도하는 것이 참으로 좋습니다.

5부 투시하며 마음상처 완치하는 여러 비결

21장 기도하며 마음을 투시하며 완전치유 비결

(엡6:18)"모든 기도와 간구를 하되 항상 성령 안에서 기도하고 이를 위하여 깨어 구하기를 항상 힘쓰며 여러 성도를 위하여 구하라."

하나님은 예수를 믿는 모든 사람의 상처들을 치유하기 원하십니다. 내적 치유는 과거로부터 무의식에 쌓여서 자신을 망하게 하는 잘못된 고정관념과 부정적인 사고방식과 깊은 상처를 푸는 것이요, 정리정돈 해 주는 것이고, 바르게 쌓아 주는 것입니다. 이 상처는 자신이 보지 못하고 알 수 없는 무의식과 잠재의식에 형성되어 하시라도 문제를 일으키려고 대기하고 있습니다. 그래서 성령으로 기도하지 아니하면 무의식의 상처를 치유할 수가 없습니다. 무엇보다도 기도가 깊어져서 기도할 때 마음 안에서 성령의 역사가 영에서 마음을 거쳐서 육체를 뚫고 흘러야 무의식에 형성된 마음의 상처를 치유할 수가 있습니다. 사람의 기교나 지혜나 기술로는 마음의 상처를 치유할 수가 없습니다.

과거로부터 쌓여 온 상처는 후회, 좌절, 분노, 미움과 같은 감정을 드러내어 사물을 바르게 보지 못하게 만듭니다. 인생관, 세계관을 비뚤어지게 만듭니다. 그래서 투시하며 내적 치유가 필요한 것입니다. 과거의 부정적 사고방식과 습관, 상처를 성령의 도우심으로 밝게, 긍정적으로 재조명함으로 상처의 쓴 뿌리를 뽑고, 거기서 더 이상 쓴 물이 나오지 못하게 해야만 합니다.

오히려 그곳에서 생명과 사랑과 건강과 축복이 흘러나오게 하는 것입니다. 과거에 대한 원망, 미움이 있으면, 현재와 미래를 충실하게 건설해 나갈 수가 없습니다. 썩게 하고, 부서지게 만드는 것입니다. 부정적인 과거를 가진 사람은 건전한 현재와 미래를 건설할 수가 없습니다. 아무리 노력해도, 긍정적인 생각을 하려고 해도, 잠재의식에서 솟아오르는 부정적인 영향을 물리칠 수가 없습니다. 이것들을 치유하는 것이 내적 치유입니다.

성령의 지배가운데 성령으로 투시하며 내적 치유를 통하여 현재가 밝아질 때, 비로소 미래에 대한 밝은 소망이 생겨납니다. 이렇게 밝아진 현재로부터 밝은 미래에 대한 소망과 믿음이 솟아오릅니다. 그러므로 내적 치유는 과거를 치유하는 것이지만, 사실은 현재를 치유하는 것이며, 미래를 치유하는 것입니다.

어떠한 사건이든지 그 속에 하나님의 도우심의 손길이 역사하면 그 사건은 긍정적이고, 합력하여 선을 이룰 수 있는 사건이 됩니다. 거기서 나를 위해서 역사하시는 하나님을 인정하고, 감사하는 것이 내적 치유입니다. 그리고 과거의 사건 속에 숨어서 현재에도 부정적으로 역사하고 있는 악한 세력을 성령의 지배가운데 예수의 이름으로 공격해 물리치는 것이 내적 치유입니다.

우리에게 과거는 지나간 것처럼 보이지만, 하나님에게는 과거나 현재나 미래나 다 같이 바로 앞에 있는 것입니다. 우리는 과거를 건드릴 수 없지만, 우리의 가장 깊은 곳에 계신 성령님은 과거를 건드릴 수 있습니다. 깊은 곳에 계신 성령님은 과거를 이끌어내어 치유할 수 있습니다. 주님이 보실 때, 과거는 사라진 것이 아니라, 계속 우리 속에 들어 있는 것입니다. 주님은 과거를 고치실 수 있습니다. 내적 치유는 오직 하나님이 하시는 것이고, 우리는 치유의 과정에 내가 마음을 열고 내 자신을 들어냄으로 하나님을 도와드리는 것입니다. 그렇게 해야 건강한 미래를 건설할 수 있습니다. 크리스천은 시간을 초월하는 존재가 된 것입니다. 과거를 바로 세울 수 있는 존재입니다. 좋은 열매를 맺기 위해서 뿌리를 바로 세울 수 있는 것입니다.

과거의 쓰라린 기억을 포함한 정서적, 심리적인 상처들은 우리 자신이 저지른 죄, 또는 다른 사람들이 저지른 죄로 인한 피해 때문에 마음에 생기게 되며, 시간이 흐르면서 기억에서는 사라지지만 무의식, 잠재의식에 남습니다. 세상의 상담에서는 "과거는 흘러간 것입니다. 긍정적인 생각으로 앞으로 가자!"고 합니다. 그러나 아무리 그렇게 하려고 해도 잠재의식 속에 있는 상처가 건강한 미래로 가는 길을 막는 걸림돌이 됩니다. 잠재의식은 엄청난 능력, 맹목적인 능력입니다. 인간이 가진 진정 놀라운 능력이 무의식에 감추어져 있습니다.

육체도 상처나 아픔을 기억합니다. 감정도 기억이 있습니다. 감정의 기억은 나무의 나이테처럼 이성의 기억보다, 이성이 기억하고 있는 것보다 더 많이, 더 깊이 기억하고 있습니다. 예를 들어 과거의 사건은 정확히 기억하지 못하지만, 그 때의 감정은 기억하고 있는 것입니다. 그러나 영의 기억용량은 이런 것보다 훨씬 더 큽니다. 예를 들어 임진왜란의 아픔들이 아직도 우리의 아주 깊은 부분에 기억되어 있습니다.

내적 치유는 성령의 지배 하에 죄 성으로 인해 발생한 상처를 다 드러내어 성령으로 치유하는 것입니다. 그럼 어떻게 무의식과 잠재의식의 상처를 드러나게 할까요? 먼저 성령의 임재가 충만하여 영육을 장악하게 해야 합니다. 그리고 상처로 인하여 발생 가능한 상황을 많이 생각해야 합니다.

첫째, 성령의 지배 속으로 들어가야 한다. 성급하게 먼저 치유의 기도에 들어가지 말고 성령의 지배와 역사와 임재와 인도함을 받을 수 있도록 간구해야 합니다. 이를 위해 마음 문을 열고 긴장을 풀어 영적인 분위기가 되어야 합니다. 성령님은 내 마음 속에 계시면서 내 영을 도와 모든 내적 상처를 치유하심으로 마귀가 역사하지 못하게 하고 하나님의 주시는 사랑과 생명이 늘 넘쳐나게 하시는 분입니다. 마귀는 상처, 특히 내적 상처에 역사하는 존재입니다. 상처가 있는 한 떠나지 않는 존재입니다. 초인적인 4차원입니다. 상처를 주고, 상처를 부여잡고, 치유 받지 못하게 하는 존재입니다. 십자가의 보혈은 상처를 치유하는 하나님의 능력입니다. 성령님은 상처를 치유하시는 분입니다. 성령님은 용광로처럼 고철을 가지고 새 제품을 만드시는 분입니다. 마귀는 바이러스처럼 좋은 것을 망치는 존재입니다.

인간은 하나님에게 쓰임 받을 수도 있고, 마귀에게 쓰임 받을 수도 있는 존재입니다. 상처를 주고, 상처를 움켜잡고 살면 마귀에게 쓰임을 받는 것이고, 치유 받고, 치유를 주는 것은 성령에게 쓰임 받는 것입니다. 진정한 크리스천은 내 속에서 오는 기쁨, 하나님의 은혜 때문에 밖에서 오는 어떤 감정에도 흔들리지 않고 하나님의 나라를 향하여 나아가는 사람입니다. 하나님에 의해서 우리가 변화 받지 않으면 우리는 점점 마귀에 의해서 마귀 쪽으로 변화됩니다. 점점 하나님답게 되지 않으면 점점 마귀답게 되어 가는 것입니다. 치유 받지 않으면 점점 더 마귀화 되어 갑니다. 성령의 임재가운데 상처를 현실로 끌고 나와서 밖으로 배출해야 합니다. 그리고 성령의 임재를 위하여 자신의 장애요인들이 제거되어야 합니다. 다음으로 성령의 임재가 조용하게 자신에게 임하여 만져 주심을 느낄 때까지 여유를 가지고 기다리는 습관과 훈련이 필요합니다(5분 이상). 성령님은 여러 가지 영감과 느낌과 환상으로 자신의 내면의 상처를 깨우쳐 주십니다. 내적치유는 자신이 하는 것이 아니고 성령께서 상처를 알려주시고 드러내어 치유하는 것입니다. 그러므로 성령의 깊은 임재를 유지하도록 성령으로 깊은기도를 해야 합니다.

둘째, 성령의 지배가 되었으면 마음의 상처를 진단해야 한다. 진단이 중요합니다. 무조건 상처를 치유할 수는 없는 일입니다. 성령님께 질문하면서 무슨 상처가 있어서 자신의 인생이 꼬이고 영육으로 고통을 당하면서 살아가는 지 알아내야 합니다. 성령님은 모든 것을 알고 계십니다.

1) 상처가 있어 내적 치유해야 하는 증상은 이렇습니다.

○ 특별하게 화를 낼 일도 아닌데 화를 심하게 내며 화를 조절하지 못합니다. 마음의 상처가 포화 상태입니다. 마음에 여유가

없습니다. ○ 잦은 감정의 변화와 함께 불쾌한 감정을 다른 사람에게 나타내어 남을 불쾌하게 만듭니다. ○ 대인관계가 어렵고 새로 사람을 사귀거나 좋은 관계를 지속하기가 힘듭니다. ○ 감정의 변화와 함께 두통, 속 쓰림, 두근거림 등의 신체적인 반응이 민감하게 일어납니다. ○ 부정적 감정이 살아나면 모든 일에 의욕을 잃고 자신을 조절하지 못합니다. ○ 신앙생활이 무미건조하며 영적인 일보다 세속적인 일에 관심이 많습니다. ○ 자기중심적이며 배타적, 의존적입니다. 나이를 먹어도 자립하지 못합니다. ○ 심한 열등감, 부끄러움, 두려움, 우울, 도피증상이 있습니다. ○ 매사에 부정적이며 무질서하고 산만합니다. 극단적인 성품이 있습니다. ○ 폭음, 폭식, 늦잠, 게으름 등 나쁜 습관을 가지고 있습니다. ○ 기운이 없고 눕고 싶고 시름시름 아픕니다. ○ 불건전하거나 더러운 생각들이 자꾸 머리에 떠오릅니다. ○ 죽음에 대한 생각들을 하거나 자살을 생각합니다. ○ 하나님을 먼저 찾기보다 자신이 먼저 행동합니다. ○ 점점 더 깊은 죄악 속으로 들어가는 악순환이 계속됩니다. ○ 믿음이 잘 자라지 않습니다. 늘 어린아이 믿음입니다. ○ 말씀이 귀에 안 들어옵니다. 성령의 감동이 일어나지 않습니다. ○ 용서나 회개가 잘 안 됩니다. 마음에 응어리가 뭉쳐있습니다. ○ 하나님의 말씀을 듣지만 그 말씀이 믿어지지 않습니다. ○ 탐욕이 강하여 돈을 하나님보다 사랑합니다. ○ 세상적인 향락, 여행 등에 매여 있습니다. 예수를 믿으면서도 세상 사람들과 어울리는 것이 즐겁습니다. ○ 세상일 때문에 하나님께로 가까이 나아가지 못하고 예수님을 내 영혼의 깊숙한 그곳까지 모셔 들이지 못합니다.

2) 육체적인 질병도 여기에 해당됩니다.

○ 병원에서도 치유되지 않는 불난치병이 있습니다. ○ MRI를 촬영해도 아무 이상 없으면서 머리가 아픕니다. ○ 병원에서는 아무 이상이 없다하는데 배가 자주 아픕니다. 칼로 돌려내는 것과 같이 아픕니다. ○ 병원에서도 치유되지 않는 난, 불치병이 있습니다. ○ 가슴이 답답하여 숨을 쉬기가 힘이 듭니다. 명치끝을 건드리거나 누르면 죽는 것과 같은 통증이 있습니다. 스트레스를 받거나 밥을 조금만 먹으면 답답해지기 시작을 합니다. ○ 어깨 등허리의 근육통증으로 고통을 당합니다. 허리요통도 해당이 됩니다. ○ 공황장애가 있어서 사람노릇을 못하며 살아갑니다. ○ 원인 모를 정신 질환이 있습니다. ○ 우울증에 시달리고 있습니다. ○ 불면증에 시달리며 살아갑니다. ○ 아토피 피부병으로 잠을 자지 못합니다. ○ 대인관계가 잘되지 않아 친구가 없습니다. ○ 부모의 안 좋은 모습이 나에게서 강하게 나타나 자학하고 있습니다. ○ 열등의식이 심하여 매사에 의욕이 없고 몸이 늘 피곤합니다. 성령의 지배가운데 자신과 가정에 대하여 진지하게 마음을 열고 진단하여 보시기 바랍니다. 그리고 그것을 하나님께 아뢰기 바랍니다. 하나님 아버지께, 예수님께, 특히 성령님께 아뢰기 바랍니다. 되도록 구체적으로 아뢰십시오.

우리가 때로는 자신의 문제조차도 모르는 경우가 의외로 많습니다. 나도 모르고 당하는 경우가 많습니다. 어디가 아픈지를 모르는 경우입니다. 그럴 때 "성령님, 가르쳐 주세요!" 하고 도움을 구하십시오! 병원에 가도 자기가 어디가 아픈지를 설명 못 하는 분들이 있을 수가 있습니다. 그럴 때는 어떻게 합니까? "저를 진단하여 주세요!" 이렇게 말합니다. 그러면 의사가 그 사람의 형편을 알고 알아서 첨단기기로 진단하여 줍니다.

셋째, 임재 가운데 고통을 성령님께 말씀드려라. 그로 인한 고통을 속속들이 말씀드려야 합니다. 고통스러웠던 그 경험을 아뢰십시오! 마치 어린이가 엄마에게 꾸밈없이 감정에 충실하게 다 일러바치는 것처럼 사탄의 역사로 인하여 받은 모든 아픔을 적나라하게 말하십시오! 화장지를 준비해 놓고 기도하는 중에 목구멍에서 나오는 오물을 처리하세요. 주변이 방해가 된다면 혼자 있다고 생각하고 말씀과 성령의 방법으로 그렇게 하여 보십시오! 그러나 어떤 경우에는 믿음의 형제가 함께 있는 자리에서 더 강하게 감동이 올 수가 있습니다. 자신을 의지하지 말고, 옆을 의식하지 말고, 주님께만 충실하십시오! 시간에 쫓기지 마시고 충분하게 하십시오! 긴장을 풀고 성령님을 의지하십시오! 성령님께 도움을 요청하십시오! 문제의 원인을 찾아야 합니다.

넷째, 상처의 원인을 발견했으면 상처 속으로 들어가야 한다. 오늘부터 과거를 쭉 생각하시면서 절망, 분노, 고통당했던 일, 실수했던 부분을 찾아보세요. 그리고 성령님께 여쭈어 보세요. 내가 왜 그런 행동을 하는지, 왜 그렇게 했어야 했는지, 왜 그런 성격이 고쳐지지 않는지, 내가 왜 다른 사람들(교인, 배우자, 자식 등)에게 고통을 주고 있는지를 성령님께 여쭈어 보세요. 혹시 성장 과정 속에 무슨 문제가 있었는지를 구체적으로 여쭈어 보십시오. 예를 들면 이렇게 여쭈어 보는 것입니다.

"어떤 사람이 나에게 별말을 하지 않았는데도 내가 왜 그렇게 화를 냈는지를 알게 하소서. 아무것도 아닌데 내가 그 소리들을 때 왜 그렇게 혈기를 냈는지요? 지금 생각하면 아무 것도 아닌데 왜 그 소리 듣고 화를 냈는지요. 왜 나는 사람 앞에 서는 것이 두려운가요? 알게 하소서. 깨닫게 하소서. 내가 성장해 온 과정 중에서 무슨 상처가 없었는지요? 성령님, 깨닫게 하소서…."

당시에 받았던 상처로 인한 감정이 내면에서 떠오르거나 되살아나면 억제하거나 감추지 말고 의식 수준으로 끌어 올려 표현하십시오. 두려움, 거부감, 불안, 수치심, 외로움, 답답함, 분노, 좌절감, 깊은 슬픔(어떤 경우 전혀 기억나지 않던 슬픔이 떠오릅니다.), 두려움과 같은 감정이 떠오르면 그 상처 입은 감정을 주님께 드리십시오. 이때 기침이 심하게 나거나 기침과 함께 침, 가래, 음식물이 나오므로 휴지를 준비해야하며, 간혹 피가 섞여 나올 수도 있습니다. 그러나 치유되는 것이니 놀랄 이유가 전혀 없습니다. 어느 정도 축출이 된 후부터는 기침보다는 호흡을 통하여 나오라고 명해서 치유를 계속합니다. 몸 안에 있던 것들을 기침으로 내보낸 후 머리에 숨어 있는 것들을 내보내야 합니다. 머리에 손을 얹고 뇌 속에 숨어 있는 것들에게 코를 통하여 나가라고 명하면 코로 호흡을 하면서 뱉듯이 떠나갑니다. 머리에 붙어 있던 것들이 배출된 후 머리 아픈 증상, 불면증, 축농증 등이 치유됩니다. 마지막에 자유 함과 평안함, 건강을 간구하시고 성령의 임재와 동행을 기도하십시오.

다섯째, 이때 자신의 상처와 관련된 사람을 용서하는 작업을 한다. 용서는 반드시 성령의 지배 인도가운데 받은 상처를 일일이 빠짐없이 하나님께 말하는 것입니다. 하나님께 벌을 주라고 부탁하는 것입니다. 큰 사건, 큰 상처일수록 이 부분에 세심한 주의를 기울여야 하며, 세심하게 치유를 했어도 같은 감정이 되살아나면 몇 번이고 계속해서 치유해야 합니다. 자신의 마음에 상처를 준 사람을 용서하지 않으면 진정한 치유가 되지 않으며, 어두움과 저주의 세력에게 자신을 묶어 놓고 있는 것입니다.

여섯째, 자신이 잘못한 경우라면 회개한다. 회개는 상처치유의 꽃입니다. 반드시 성령의 지배하에 회개합니다. 회개는 믿음의 기초적 본질입니다. "예수님을 믿습니다!"라는 고백은 회개로 나타나는 것입니다. 왜 그렇습니까? 회개는 예수님 십자가의 죽으심이 나의 죄 때문임을 믿는 사람에게만 있는 증거입니다.

일곱 번째, 일회적 치유보다 지속적인 치유 과정이 필요하다. 오래되고 깊은 상처는 일회적인 치유보다 장기적이고 지속적인 치유를 해야 합니다. 치유 받은 후에는 마음에 평안함을 느끼게 되는데 지속적으로 이 평안을 유지하는 것은 자신의 책임입니다.

여덟 번째, 성령님과의 지속적인 교제를 위하여 성령의 뜻을 따라 순종해야 한다. 진정한 치유란 지속적인 성령 하나님과의 동행입니다. 성령으로 기도하면서 성령의 이끌림을 받고, 늘 마음에 성령님을 모시고, 성전으로 동거 동행할 때 성령의 열매를 맺으며 항상 마음이 맑고 자유스럽고 평안한 삶을 살 수 있습니다. 성령의역사가 없이는 마음 상처치유는 불가능합니다.

아홉 번째, 지속적으로 영적 싸움에서 이겨야 한다.

○ 우리가 믿음으로 승리하기 위하여 성령 충만하고 깨끗한 그릇이 되어야 합니다. ○ 하나님의 전신갑주를 입어야 합니다. 전신갑주는 생명의 말씀과 성령으로 충만한 상태를 말하는 것입니다. ○ 쉬지 말고 성령으로 기도해야 합니다. ○ 주의 말씀 안에 거해야 합니다. 말씀 순종은 우리를 보호하는 울타리입니다. ○ 성령이 주시는 사랑과 화평과 기쁨으로 이웃 사람들과 좋은 관계를 유지해야 합니다. 시간이 걸림으로 인내해야 합니다.

열 번째, 마음상처를 어떻게 치유하는 가? 잠재의식에 자신도 모르게 쌓여있는 상처가 육체적으로 문제를 일으키고, 정신적으로 문제를 일으키고, 환경적으로 문제를 일으킵니다. 이를 말씀과 성령으로 찾아내서 정화하고 정비하고 치유하는 영적인 활동이 투시하며 마음상처를 완전치유 하는 것입니다.

1)서러움에 휩싸이는 경우가 빈번할 때, 많은 목회자들이 성도가 기도하면서 울게 되면 은혜를 받아서 우는 줄 압니다. 필자가 20년이 넘도록 마음의 상처를 치유하면서 깨닫고 보니 무의식에 서러움의 상처가 있어서 기도하기만 하면 우는 경우가 많았습니다. 이런 분들은 안수를 하여 성령의 깊은 역사가 지배하도록 기도를 오래 집중적으로 하게 해야 합니다. 경솔하게 서러움의 귀신이 있어서 그렇다고 "예수님의 이름으로 명하노니 서러움의 영아 떠나가라," "예수님의 이름으로 명하노니 서러움의 영아 떠나가라," 한다고 서러움이 치유되지 않습니다. 기도를 오래 깊게 하여 성령의 깊은 임재가 장악하면 본인이 성령

님께 물어보아야 합니다. 성령님! 제가 어찌하여 이렇게 기도만 하면 서러움이 올라옵니까? 성령님! 제가 어찌하여 이렇게 기도만 하면 서러움이 올라옵니까? 이렇게 오랫동안 질문하면 성령께서 서러움이 올라오는 근본을 환상이나 감동이나 음성으로 알게 하시고 뿌리가 뽑히게 하십니다. 사역자가 치유하는 방법은 기도를 오래하여 성령님께서 지배하시면 안수를 하는 것입니다. 안수를 지속적으로 3-5분씩 3-5회하면 깊은 속에 있는 서러움의 상처가 떠나갑니다. 서서히 서러움이 약해지면서 치유가 됩니다. 치유되면 울지 않습니다. 좌우지간 성령님의 지배가 되어야 서러움의 상처가 치유됩니다.

2)사람을 죽이고 싶은 분노가 빈번하게 일어날 때, 어떤 성도님들은 성령으로 기도하여 어느 정도 충만해지면 마음속에서 분노가 올라와 악을 쓴다던지, 욕설을 한다 던지, 죽이고 싶은 충동이 일어난다고 하시는 분들이 있습니다. 이는 지난 시절 어떤 사람에게 상처를 받으면서 마음속 무의식에 죽이고 싶은 충동이 일어났는데 참고 견디면서 생긴 분노의 상처입니다. 이를 치유하기 위하여 기도하는 가운데 분노를 따라가면서 떠나가라, 떠나가라, 한다고 분노가 떠나가지 않습니다.

성령의 깊은 역사가 지배를 하도록 기도를 오래 많이 해야 합니다. 분노가 올라오더라도 절대로 떠나가라, 떠나가라, 하면서 분노를 따라가면 죽을 때까지 분노를 치유할 수가 없습니다. 성령의 깊은 역사가 장악하면 성령님께서 분노의 상처가 생긴 이유를 깨닫게 하면서 치유하십니다. 그렇기 때문에 기도를 오래

하면서 성령의 지배가운데 성령님께 질문을 계속해야 합니다. 성령님! 제가 어찌하여 기도만 하면 분노가 올라옵니까? 성령님! 제가 어찌하여 기도만 하면 분노가 올라옵니까? 계속 기도하다가 보면 영적인 상태가 됩니다. 이때 성령께서 분노의 상처가 생기게 된 원인을 깨닫게 하시면서 치유하십니다.

사역자가 치유하는 방법은 기도를 오래하여 성령님께서 지배하시면 안수를 하는 것입니다. 안수를 지속적으로 2-3분씩 4-5회하면 깊은 무의식속에 있는 분노의 상처가 성령의 역사에 의하여 녹아지면서 분노의 상처가 떠나갑니다. 분노가 서서히 약해지면서 치유가 됩니다. 좌우지간 성령님의 지배가 되어야 분노의 상처가 서서히 치유되면서 떠나갑니다.

3)어떤 상황에 처한 다음에 힘이 없어 만사가 귀찮은 현상이 빈번할 때, 많은 성도들이 남편하고 부부싸움을 한 다음에, 시부모에 인격적인 충격을 받았다던 지, 친구에게 인격적인 상처를 받았다던 지, 야밤에 길을 가다가 자동차나 사람에게 놀랐다던 지, 한 연후에 힘이 없고 우울하고 가슴이 답답하고, 숨이 컥컥 막혀서 정상적인 생활을 하지 못하여 드러누워 있거나 심하면 병원에 입원하여 3-4일 있어야 정상적인 생활을 할 수 있는 분들이 있습니다. 이런 분들은 무의식에 상처가 쌓여있어서 나타나는 현상입니다. 잠재의식에 쌓여있던 상처가 충격을 당하니까 밖으로 드러나면서 전인격을 사로잡으면서 나타나는 것입니다. 이런 분들의 치유는 성령의 깊은 지배가 되어야 치유가 됩니다. 성령의 지배가운데 성령님께 질문하여 원인을 찾아야

치유가 됩니다. 절대로 서두르면 치유가 되지 않습니다. 성령으로 세례를 받고 성령 충만 받으면서 기도하면 성령께서 무의식에 쌓여있으면서 고통을 당하게 하는 상처가 서서히 드러나면서 치유가 됩니다. 시간이 걸립니다. 인내해야 합니다.

사역자가 치유하는 방법은 기도를 오래하여 성령님께서 지배하시면 안수를 하는 것입니다. 안수를 지속적으로 4-5회하면 깊은 속에 있는 마음의 상처가 성령의 역사에 의하여 녹아지면서 무의식에 응어리진 상처가 떠나갑니다. 마음속의 응어리가 서서히 약해지면서 치유가 됩니다. 좌우지간 성령님의 지배가 되어야 마음안의 응어리가 서서히 녹아지면서 떠나갑니다. 절대 귀신아 떠나가라. 귀신아 떠나가라 한다고 치유되지 않습니다. 상처가 치유되어야 정상적인 삶을 살아갈 수가 있습니다.

4)기도가 깊어지면 아랫배나 등허리에 통증이 일어나는 현상이 빈번할 때, 기도하면서 성령의 깊은 역사가 일어나면 아랫배나 등허리나 가슴이나 어깨에 통증이 일어나는 분들이 있습니다. 이는 통증이 일어나는 부분에 과거 충격을 받았거나 다쳤거나, 상처가 뭉쳐있거나 하여 상처가 드러나면서 일어나는 현상입니다. 쉽게 말하면 상처가 떠나가려고 일으키는 현상입니다. 통증이 일어나면 놀라지 말고 성령의 깊은 지배가 되면 손을 얹고 숨을 깊이 들이쉬고 내쉬면서 기도를 하면 덩어리진 상처가 녹아지면서 치유됩니다. 본인이 직접 하기가 힘들면 숙달된 사역자의 도움을 받으면 쉽게 치유됩니다. 상처가 치유 되는데 시간이 걸립니다. 절대로 성격대로 빨리 치유 되지 않습니다.

22장 성령으로 무의식을 투시하며 완전치유 비결

(고전 2:10-12)"오직 하나님이 성령으로 이것을 우리
에게 보이셨으니 성령은 모든 것 곧 하나님의 깊은 것까
지도 통달하시느니라. 사람의 일을 사람의 속에 있는 영
외에 누가 알리요 이와 같이 하나님의 일도 하나님의 영
외에는 아무도 알지 못하느니라."

마음의 상처는 무의식에 형성되어 있기 때문에 성령의 지배
가운데 자신의 마음을 성령으로 투시하며 상처를 치유해야 합
니다. 내적치유는 생명의 말씀과 성령의 역사로 무의식과 잠재
의식을 치유하는 것입니다. 그렇기 때문에 반드시 마음속에서
성령의 역사가 일어나야 합니다. 사람의 기교나 지혜나 능력을
가지고는 내면의 상처를 치유할 수가 없습니다. 내적치유는 자
신 안의 성령께서 하시는 것입니다. 그렇기 때문에 반드시 성령
으로 세례를 받고 성령으로 기도하며 성령의 이끌림을 받을 수
가 있어야 합니다. 하나님은 우리 안에 깊이 잠재하여 있으면서
나를 묶는 깊은 상처를 치유하시기를 즐겨하십니다.
　내적치유는 단지 악한 영이 쫓겨나가는 사역이 아니라, 깨달
음입니다. 악한 영에게 잃었던 것을 되찾는 것이고, 내 안에 있
는 것을 진정한 보화로 여기게 되는 가치관의 변화입니다. 실패
와 좌절, 어두운 과거에 대한 새로운 개념을 가지게 하는 사역

입니다. 새로운 마음을 가지려는 용기와 창의력을 필요로 하는 사역입니다. 평생을 두고 지속해야 하는 사역입니다. 성령님의 역사로 이루어지는 사역입니다. 이를 위해서 끊임없이 지혜를 구하고, 영성을 성장시키기 위하여 노력해야 하는 사역입니다.

첫째, 내적치유는 무의식의 상처를 치유하는 것이다. 우리는 과거에 경험했던 어떤 고통스러운 기억으로 말미암아 인간관계가 좋지 않고, 과거의 실패 감에 사로잡혀 있으므로 무엇인가를 시도해도 잘되지 않는 경우가 있습니다. 오늘을 잘 살기 위해서는 과거의 부정적인 기억을 치유해야 합니다. 과거를 잘 정리해야 합니다. 실패는 교훈입니다. 실패하지 않고 성공하는 사람이 없습니다. 문제는 실패가 아니라, 우리에게 남아서 늘 부정적인 영향을 주는 실패 감입니다. 과거가 주는 실패 감을 잘 정리해야합니다. 하나님은 언제나 우리에게 꿈을 주고 새로운 시도를 통하여 창조적인 삶을 살게 하지만, 마귀는 실패 감을 부여잡고 쓰러져 있게 만듭니다. 아무런 시도도 하지 못하게 만듭니다. 실패 감에 사로잡혀 환경에 이끌려 다니게 만듭니다.

하나님은 우리를 마음으로부터 새롭게 시작하게 하십니다. 실패를 넘어 성공을 향해 새롭게 도전하게 하십니다. 이렇게 함으로 하나님을 닮은 우리자신의 가치를 높이게 하십니다. 아무 것도 하지 않는 것은 스스로 쓸모없는 존재, 무가치한 존재로 전락하는 것입니다. 구원받은 인간은 계속 가치가 올라가다가 마지막에는 천국까지 가는 것입니다. 이를 위해서는 과거가 주는 실패 감, 부정적인 감정에서 벗어나야 합니다.

그리고 자꾸 자신을 가꾸어야 합니다. 생명의 말씀과 성령으로 마음을 가꾸고, 과거를 가꾸고, 영성을 가꿔야 합니다. 그래야 하나님이 주인되시고 쓰십니다. 새로운 것에 대한 도전은 과거를 정리해야 가능합니다. 과거가 정돈되지 못하면, 새로운 도전을 할 수 없고, 결국 하나님께서 원하시는 행복하고 성공적인 삶을 살지 못하게 됩니다.

○무의식을 기억하여 치유하는 것은 성령의 지배가운데 과거를 회상하여(투시하여) 부정적인 영향을 주는 것들을 새롭게 정리함으로써 현재에 나타나는 나쁜 영향을 좋은 영향으로 바꾸어주는 것입니다. 과거의 사건이 현재의 삶에 계속해서 수치심, 죄의식, 실패감, 좌절감과 같은 나쁜 영향을 주는 것으로부터 자유 함을 얻게 하는 것입니다. 미움의 감정이 있으면 다른 사람에 대한 사랑의 감정이 약화됩니다. 미워하는 사람이 있는 사람은 가족들을 제대로 사랑하지 못합니다. 하나님과 사람에 대한 사랑의 감정이 자꾸 막히는 것은 누군가를 미워하고 있는 것입니다. 이 미움의 감정을 정리하십시오. 미워하는 사람을 용서해야 사랑하는 사람에게 사랑이 흐르게 됩니다.

사람을 용서해야 하나님을 사랑하게 됩니다. 어려운 환경, 실패한 과거를 수용하십시오. 그래야 하나님과 가까이 할 수 있게 됩니다. 그래야 환경을 이기게 됩니다. 하나님과 가까이 하는 것이 이미 치유가 시작되는 것입니다. 하나님을 용서하십시오. 하나님에게 섭섭하고, 하나님에게 상처받은 것을 용서하십시오. '왜 하나님이 내 인생을 이렇게 어렵게 만드시는가?'

이런 마음을 씻어 내야합니다. 하나님의 마음은 어디에 계시는가? 세리와 죄인, 낮고 고통이 있는 곳입니다. 아픔이 있는가? 하나님의 마음이 오고 있음을 깨달으세요. 힘든 내 환경, 내 삶을 통하여 하나님이 내 안에 계시고, 나와 하나가 되십니다. 그러므로 힘든 환경을 받아들이세요. 그리함으로 그곳으로 임하시고, 그 속에서 역사 하시는 하나님의 사랑의 손길을 깨달으세요.

그리고 내 안에, 나와 함께 하시는 하나님을 믿음으로 담대함을 가져야합니다. 모든 부정적인 것을 마음에서, 잠재의식에서 쏟아버리세요. 청소해버리세요. 실패는 성공의 어머니입니다. 사람은 용서하고, 실패는 감사하고 수용하십시오. 그리고 겸손하게 실패를 감사함으로 수용하는 낮은 마음에 함께 하시는 하나님의 도우심으로 그 실패를 딛고 일어서세요. 실패에서 성공의 조건을 찾아내는 것이 내적치유입니다.

○무의식을 기억하여 치유하는 것은 과거의 사건자체를 바꾸는 것이 아닙니다. 우리는 과거를 바꿀 수 없습니다. 하나님의 은혜와 능력을 통하여 과거의 사건이 품고 있는 부정적이고 칙칙한 감정을 제거하고, 그 대신 진취적, 소망적, 밝고 맑은 감정을 가지는 것입니다. 부정적인 것들을 하나님에게 드리고, 대신 하나님이 주시는 밝은 것을 가지는 것입니다.

○어린 시절의 감정, 습관, 꿈은 성인이 되어도 계속 영향을

미칩니다. 이런 것들이 좋은 것이라면 괜찮으나 좋지 않은 영향을 주고 있다면 치유되어야 합니다. 아프고 부끄러운 상처일수록 깊이 묻혀 있고, 스스로 파내어서 치료받으려고 하지 않습니다. 상처가 크고 부끄러울수록 깊이 묻혀 있고, 깊이 묻혀 있는 만큼 인생에 깊이 영향을 미칩니다.

○인간의 자아방어를 위한 심리적인 본능으로 이처럼 아픈 감정을 기억에서 잊혀지고 깊이 파묻게 하는 것은 우리의 자아를 상처로부터 보호하려는 하나님의 은총이십니다. 만일 인간이 아픈 감정을 모두 생생히 기억한다면 괴로워서 스스로 삶을 포기하게 됩니다. 인간은 고통의 기억보다 좋은 기억을 하게 되어 있습니다. 그러나 상처와 감정을 깊이 묻게 하는 것은 억제, 방어의 기능이지 치료의 기능은 아닙니다. 치료는 그리스도의 십자가의 보혈의 공로와 성령님의 도우심으로 과거의 상처를 억제된 부분에서 현실로 가지고 와서 치유하는 것입니다.

○자신 스스로 치유하거나 변화될 수 없고, 다른 사람도 치유하거나 변화시킬 수 없습니다. 오직 성령님만이 하실 수 있습니다. 성령님의 도우심을 간구하십시오. 성령님의 역사는 마음을 감동시키심으로 나타납니다. 감동해야 마음이 열리기 때문입니다. 마음에 감동을 받으려 하십시오. 마음에 감동을 주려고 하십시오. 크리스천의 사역은 감동을 통한 사역입니다.

모든 일에 대하여 감동을 달라고 성령님에게 간구하십시오. 내적치유를 위한 기도에 성령님의 감동이 임하시게 하십시오.

그런 기도가 되게 하십시오. 자꾸 이러한 기도를 하십시오. 이러한 기도의 훈련을 하십시오. 머리에 손을 얹고 기도하고, 가슴에 손을 얹고 기도하십시오. 입술로 기도하고, 마음으로 기도하십시오. 성령의 감동이 임하시게 하십시오. 성령님이 앞서시게 하십시오. 내 감정이 앞서지 않게 하십시오. 나를 낮추면 성령님이 역사하십니다. 내가 높아지고 강해지면 성령님은 뒤로 들어가십니다.

둘째, 치유를 돕기 위한 과거의 기억을 위한 질문들

○ 유아 때에 잦은 질병으로 고통을 당한 경우. 유아 때나 소년기에 잦은 질병으로 고생을 하신 분들이 어른이 되어 마음의 질병과 상처로 고통을 많이 당하는 것을 봅니다. 이런 분들을 내적 치유하다가 성령이 임재 하여 장악하면 병원에서 고통 당하던 행동을 그대로 하는 경우를 많이 봅니다. 질병으로 끙끙 앓는 소리를 내는 경우가 많았습니다.

○ 이별로 인한 고아로 지낸 분들이 상처가 많다. 부모와 이별하여 친척집에서 자랐거나 고아원에서 자란 경우 무의식에 분노와 증오심이 많아서 내장 기관이 약한 경우가 많이 있습니다. 필자는 부모가 죽거나 이혼하여 고아원과 친척집에서 자란 사람들이 상처로 인하여 위궤양과 과민성 대장염 등으로 고생하는 사람들을 많이 치유하여 보았습니다.

○ 부모와 떨어져서 지내도 상처를 받는다. 부모가 바쁜 생활로 다른 사람에 의해 길러졌다면 상처가 있을 수 있습니다. 미

리 치유하여 예방 신앙을 하는 것이 좋습니다. 필자는 부모가 돈돈돈 하면서 돈을 벌기 위하여 자식을 다른 사람에게 기르게 했는데 자식이 나중에 정신적인 질환으로 공황장애로 사람노릇을 못하는 것도 많이 치유하여 보았습니다.

○ 부모의 무관심 속에서 자라도 상처가 된다. 부모의 무관심 속에서 자란난 사람의 경우 부모에게 관심을 받으려고 노력을 많이 합니다. 가정에서는 부모에게 직장에서는 상사에게 아부를 잘하는 사람이 되어 항상 동료들로부터 왕따의 문제를 가지고 사는 사람이 될 소지가 많습니다.

○ 오랜 기간 스트레스를 받는 부정적인 환경에서 자라도 상처가 된다. 자라면서 가정의 잦은 불화를 겪으면서 자랐다든지, 부모에게 심한 잔소리를 들으면서 자랐다든지, 엄한 권위 밑에서 무섭게 양육 받았다든지, 잔혹한 여러 형태의 억압이나 압박을 받고 자랐다면 무의식에 상처가 자리 잡고 있을 수 있습니다. 그래서 반항적인 사람이 잘 됩니다.

○ 어려서 부모로 부터의 잦은 거절을 당한 경우. 유아기에 부모에게 잦은 거절을 당한 경우 상처가 무의식에 형성되어 있을 수가 있습니다. 왜냐하면 유아기는 자기중심적이기 때문에 부모로부터 받은 것 보다 받지 못한 것에 대하여 심각하게 생각하게 되고 상처를 받게 되기 때문입니다. 그리고 부모가 유아 때부터 귀찮아하고 천덕꾸러기 취급을 했다면 천덕꾸러기 영이 붙어서 어디를 가나 천덕꾸러기가 되기 쉽습니다. 이렇게 되면

직장에서도 천덕꾸러기가 되고 시댁에서도 천덕꾸러기가 되기 쉽습니다.

○ 부모에게 받은 상처들. 자라면서 부모에게 구타나 폭행이나 무시나 차별대우를 받은 경우에 상처가 무의식에 잠겨 있습니다. 이런 분들이 분노영이 있어서 항상 윗사람들에게는 고분고분 잘하지만 자기보다 약한 사람들에게는 분노를 발하는 경우가 많습니다. 분노는 시한폭탄과 같습니다. 언제 터질지 자신도 모릅니다. 찾아서 치유해야 합니다. 자신의 무의식에 분노가 있으면 분노의 영이 역사하여, 되는 것이 하나도 없을 수 있습니다. 상처는 만 가지 문제의 근원이 됩니다. 말씀과 성령으로 찾아서 치유합시다. 그리하여 예수를 믿으면서 하나님의 나라 천국을 누리면서 행복하게 살아갑시다.

○ 자주 심한 질병으로 고통당하면서 사는 경우. 이는 태중에서나 유아 시절에 상처가 있었던 사람일 수가 있습니다. 필자가 지금까지 성령치유 사역을 하다가 보니 성장하면서 또는 어른이 되어 몸이 약하거나 심장에 문제가 있거나 난치병이 있거나 빈혈로 고생을 하거나 위장이나 대장질환으로 고생하는 분들을 치유하여 본 결과 모두 태아시절에 상처를 당한 분들이 많았습니다. 그리고 유아시절에 상처를 당한 분들도 다수가 되었습니다. 그러므로 자주 질병으로 고생을 한다면 예수를 믿고 내적치유를 받아야 건강하게 지낼 수가 있습니다. 절대로 현대 의술로는 치유가 불가능합니다.

○ 어려서 이별 사건을 당한 경우. 어려서 부모가 이혼했거나 죽었거나 이민을 갔거나 친척집에서 자랐거나 고아원에서 자란 경우에 무의식에 분노의 영이 자리하고 있습니다. 부모에게 버림을 당했거나 부모가 행방불명이 되어 고아원에서 자랐을 경우 부모를 향한 분노가 무의식에 자리 잡고 있어서 믿음 생활이나 사회생활을 제대로 못하는 분들이 있습니다. 필자가 십년이 넘도록 내적치유 사역을 하면서 상담하고 치유한 분들 중에 부모님을 향한 분노의 영이 무의식에 있어서 고통을 당하는 경우를 많이 봤습니다. 만약에 이런 분들이 계시다면 미리 말씀과 성령으로 내적치유를 받는 것이 좋습니다.

○ 부모의 이성적인 부정사건을 경험하고 자란 경우. 자라면서 부모님의 이성적인 부정 사건을 경험하고 자란 경우 의부증이나 의처증이 될 확률이 다른 사람보다 높습니다. 필자가 지금까지 내적치유 사역을 하면서 경험한 바로는 대부분의 의처증 환자는 어린 시절 어머니가 이성적인 부정 사건을 저지르는 것을 보고 자란 경우가 많았습니다.

그리고 의부증 환자는 대부분 어린 시절 아버지가 이성적인 부정 사건을 저지르는 것을 많이 보고 자란 경우에 의부증 환자가 되는 경우가 많았습니다. 이는 남편이나 부인을 어머니나 아버지와 같은 동종으로 보기 때문입니다. 만약에 이렇게 부모님의 좋지 못한 면을 보고 자란 여성 성도님이라면 자신의 남편은 아버지와 절대로 같지 않다는 것을 알아야 합니다.

그리고 남성 성도님이라면 자신의 아내는 절대로 자신의 어머니와 같지 않다는 것을 알아야 합니다. 이렇게 자신의 아버지나 어머니와 같이 생각하고 보게 하는 것은 절대로 마귀의 계략입니다. 속지 마시고 행복한 가정을 이루시기를 바랍니다. 행복한 가정을 이루기 위하여 자신의 부모님으로부터 받은 상처를 내적치유 받고 부모님을 용서하기를 바랍니다.

○ 어려서 가정불화를 많이 겪고 자라난 경우. 어려서 부모님들의 부부싸움 하는 것을 많이 보고 자라난 성도가 불안과 두려움의 상처로 고생을 많이 하는 것을 봅니다. 이런 분들이 부모가 싸울 때 무서워서 밖으로 도망을 가서 싸움이 끝날 때까지 기다리다가 추위에 떨고 두려움에 사로잡혀서 고생하는 분들이 있습니다. 이런 분들이 내적치유 사역을 할 때 성령으로 장악되면 그 때 밖에서 추위와 두려움에 떠는 모습 그대로 오그리며 떨고 있습니다. 필자는 내적치유 사역할 때 나이가 50이 되신 분들이 그런 모습을 하고 떨고 있으면 정말 마음이 아프고 그 때 당시의 상황을 이해 할 수가 있습니다. 만약에 이런 경우를 당하면서 자란 분이 계시다면 빨리 치유 받으시기를 바랍니다. 치유는 빠를수록 좋습니다. 어려서 물질로 고통을 당하면서 자란 분들은 돈돈돈 하다가 어느 정도 형편이 풀리면 질병으로 고생을 하는 경우를 많이 봅니다. 이런 분들도 빨리 치유 받는 것이 자신의 건강을 위해서 좋습니다.

○ 어려서 물이나 불이나 교통사고, 천재지변을 당한 경우.

어려서 물이나 불이나 교통사고, 천재지변을 당한 경우에 상처가 무의식에 그대로 남아 있습니다. 이렇게 사고를 당한 많은 분들이 영적인 상처로 전환되어 영적인 문제로 고생하는 분들이 많습니다. 우울증이나 불면증이나 정신적인 문제로 고생하는 분들이 많습니다.

○ 학교에서 선생님에게 체벌 받은 경우. 초등학교 다니던 어린 나이에 학교에서 선생님으로부터 체벌을 당한 경우 상처가 무의식에 잠겨 있습니다. 이 상처로 인하여 무의식적으로 권위자들에게 반항하는 습관이 있을 수 있습니다. 이 일로 인하여 믿음도 자라지를 않을 수 있습니다.

○ 학교에서 친구들에게 따돌림 받은 경우. 많은 분들이 학교에서 따돌림을 당하는 경우 따돌림을 하는 사람들에게 문제가 있는 것으로 생각하는 경향이 있습니다. 그런데 필자가 내적치유 사역을 하면서 경험한 바로는 따돌림 당하는 장본인에게 문제가 있는 것이었습니다. 장본인이 하는 행동이 부자연스러워 아이들에게 왕따 당하는 것이었습니다. 그러므로 만약에 왕따를 당하는 아이가 있다면 그 아이의 상처를 치유하는 것이 맞습니다.

○ 어려서 시체에 놀란 경우. 어느 남자 집사님이 토요일 날 퇴근하여 아파트 거실에서 쉬고 있는데 창밖으로 이불 같은 것이 떨어지더랍니다. 그래서 창문을 열고 아래를 내려다보니 사람이 떨어져서 죽은 것이었습니다. 그런데 그 사건을 보는 순간 두려움이 엄습하여 밤에 잠을 자지 못하고 우울증에 다가 불면

증으로 고생을 하다가 내적치유를 받으러 왔습니다. 그래서 머리에 손을 얹고 기도를 했습니다. 그러니 성령께서 감동하시기를 어려서 놀란 일이 있었다고 감동하시는 것입니다.

그래서 본인에게 어려서 놀란 일이 있었는지 생각해보라고 했더니 이런 말을 하는 것입니다. 초등학교 2학년 때에 학교를 가는데 사람이 죽어서 거적으로 덮어놓았는데 발이 나온 것을 보고 소스라치게 놀랐다는 것입니다. 그래서 그때 들어온 놀람의 상처를 내적치유하고 귀신을 축사했더니 정상으로 회복되었습니다. 우리들은 이렇게 과거 놀란 일이 있다면 미리 내적치유를 하는 것이 좋습니다.

○ 병원에 입원하여 수술한 경우. 어느 여 집사님의 경우입니다. 이 집사님이 나이가 43세 이었습니다. 그런데 자궁에 질병이 생겨서 진단을 해보니 수술을 하지 않아도 견딜만한 질병이었다고 합니다. 그런데 여러분들에게 물어보니까, 자궁 수술을 해버리니까, 그렇게 시원하고 좋았다고 수술을 하라고 했다는 것입니다. 그래서 자궁을 수술하려고 수술실에 가기 전에 꼭 죽는 것 같은 두려움이 찾아왔다는 것입니다. 그래서 수술 전에 하는 마취 실에 들어가기도 전에 놀라서 기절을 했다는 것입니다. 그런데 수술 후 후유증으로 심장병(심장부정맥)에다가 우울증에다가 위장병에다가 불면증 등의 합병증이 생겨서 1년 동안 너무나 힘들고 사람 구실을 못해서 남편이 직장을 그만두고 병 수발을 했는데 두려움의 상처를 내적 치유 받고 완치된 것입니

다. 말씀과 성령의 역사로 하는 내적치유는 이렇게 좋은 것입니다. 만약에 수술한 경험이 있다면 그 때 들어온 두려움의 상처를 내적치유 받는 것이 좋습니다. 만약에 이런 분들이 내적치유를 받지 않으면 병원만 가면 가슴이 두근두근 하고, 병원치료를 하고 오면 상처가 뒤집어져서 고생을 할 수 있습니다. 어떤 분은 심장에 문제가 생겨 몸이 심하게 붓기도 합니다.

○ 군대에서의 상급자에게 심한 폭행을 당한 경우. 필자가 지금까지 내적치유 사역을 하다가 보니까, 군대에서 상급자들에게 얼차려나 폭행을 당할 때 생긴 상처로 인하여 고통을 당하는 성도들을 많이 보았습니다. 멀쩡한 사람이 사람 구실을 못하고 사는 경우가 많습니다. 필자가 지금까지 군대에서 폭행을 당할 때 들어온 두려움의 영과 악한 영을 축사한 경우가 몇 번 있습니다. 그리고 군대에서 받은 상처로 정상적인 생활을 못하는 분들도 몇 명을 보았습니다. 만약에 군대에서 이와 같은 상처를 받았다면 속히 내적치유를 받는 것이 좋습니다. 신앙은 예방 신앙이어야 합니다. 상처가 노출되기 전에 미리 성령의 역사로 치유하는 것이 좋습니다.

○ 현재의 삶에 대해서 분별해야 합니다. ① 현재 자신의 삶에 과거의 상처와의 관계성은? ② 자신의 성품이 고쳐지거나 교정되어 가고 있는가? ③ 어떤 일을 시도하려고 할 때 과거의 경험이 되살아나서 포기해 버리지 않는가? ④ 아무 일도 아닌 것에 심하게 스트레스를 받고 쉽게 좌절하거나 우울함에 빠

지지 않는 가? ⑤ 성격의 흐름이 부정적인 쪽으로 흐르지 않는 가? ⑥ 특정한 성별의 사람을 미워하지 않는 가? ⑦ 나에게 해 끼친 부모와 동성을 동종으로 보고 있지는 않는 가?

○ 미래에 대해서 생각해 보아야 합니다. ① 자신에게 나쁜 일이 닥칠 것이라고 예감하지 않는가? ② 미래에 대한 계획을 세우려 할 때 포기가 앞서지 않는가? ③ 새로운 일을 시도하려고 하기 보다는 현실에 안주하고 있지 않은가? ④ 결혼 등 중요한 결정을 하는 데 과거 사건이 영향을 줄 것이라고 생각하지 않는지 여부를 성령의 지배와 임재 가운데 생각하세요. 찾아서 고쳐야 하나님의 축복 안에서 살아갈 수가 있습니다.

셋째, 상처의 기억과 적극적인 치유.

① 성령의 지배와 임재로 마음이 평안한 상태가 되어야 합니다. 마음이 외부의 영향을 받지 않는 상태(성령 임재로 평온한 상태)가 되어야 합니다. 치유에 집중하는 마음 상태가 되어야 깊은 곳에 숨겨진 상처를 성령님의 도우심으로 치유 받을 수 있습니다. 외적 침묵과 내적 침묵이 중요합니다. 외적 침묵이란 밖에서 들리는 세상 소리나 말과 관계를 끊는 것입니다. 내적인 침묵은 마음이나 생각에 번뇌와 잡념을 따르지 않는 것입니다.

② 성령님의 임재를 간구합니다. 영에서 마음으로, 이성으로 임재가 나타나시도록 간구합니다. 성령님의 도우심으로 자신의 과거로 돌아가서 과거에 받았으나 묻혀 있는 크고 작은 상처의 기억을 떠올리며, 상처와 함께 그때 겪었던 당황함, 부끄러움을

회상한 후, 하나씩 그 상처를 주님께 드립니다.

③ 당시에 받았던 상처로 말미암는 감정이 내면에 떠오르거나 감정이 되살아나면(수치감, 답답함, 분노, 좌절감, 깊은 슬픔, 두려움 등) 억제하거나 감추지 말고 의식수준으로 표현하십시오. 그리고 그것을 주님에게 드리세요.

④ 이 때 자신의 상처와 관련된 사람을 용서하는 작업을 해야 합니다. 용서하지 않고 단순히 감정만 처리하는 것은 상처의 근원은 그냥 두고 감정만 치유하는 것이며, 이러한 치유는 후에 다시 재발됩니다. 큰 사건, 큰 상처일수록 이 부분에 세심한 주의를 기울여야 하며, 세심한 치유를 했어도 같은 감정이 오면 몇 번이고 계속해서 치유해야합니다. 자신의 마음에 상처를 준 사람을 용서하지 않으면 진정한 치유가 되지 않습니다. 어두움과 저주의 세력에게 자신을 묶어놓고 있는 것입니다.

⑤ 성령님의 능력으로 치유 받은 후에는 마음에 평안함을 느끼게 됩니다. 계속하여 이 평안을 유지하는 것은 자신의 책임입니다. 오래된 상처나 깊은 상처는 일회적인 치유보다 장기적이고 지속적인 치유를 해야 합니다.

⑥ 성령님과 교제를 통하여 악한 생각이 나지 않도록 성령으로 기도생활을 해야 합니다. 진정한 치유란 지속적인 성령 하나님과의 동행입니다. 늘 마음에 하나님을 느끼고, 하나님과 동행하고 하나님을 의지하여야 합니다. 그리함으로 늘, 점점 마음이 맑아지고, 자유해지고, 평안해지는 삶을 살아야 합니다.

23장 무의식의 태아기를 투시하며 완전치유 비결

(시22:9-11)"오직 주께서 나를 모태에서 나오게 하시고 내 모친의 젖을 먹을 때에 의지하게 하셨나이다. 내가 날 때부터 주께 맡긴바 되었고 모태에서 나올 때부터 주는 내 하나님이 되셨사오니, 나를 멀리하지 마옵소서 환난이 가깝고 도울 자 없나이다."

필자가 지금까지 내적치유 사역을 인도하여 오면서 체험적으로 느낀 것은 태아가 모태에서 성장하면서 형성된 것들이 아이가 자라서 어른이 되었을 때 성공과 실패를 결정한다는 것입니다. 태교를 잘하고 태어난 아이는 인생을 영육이 건강하여 인생을 성공하면서 살아갑니다. 반대로 어머니의 모태에서 받은 상처로 말미암아 육체의 질병으로 고생을 하면서 살아갑니다. 또한 영적인 문제로 고통을 당하면서 살아가는 사람도 많이 있습니다. 이 사람들이 예수를 믿지 않는 세상 사람들이 아니라는 것입니다. 필자는 항상 강조하는 것이 모태에서 받은 것들은 인생을 성공하게 할 수도 있고, 실패하게 할 수도 있는 오만 가지 문제의 근원이라고 하는 것입니다.

모태에 있는 태아에 대하여 바르게 이해하시기를 바랍니다. 그리하여 미리미리 예방하여 불필요한 고통을 당하지 않는 것은 물론이고, 건강하고 영특한 자녀를 출산하여 자손 대대로 영광이 되기를 바랍니다. 부모의 꿈은 자녀가 잘되는 것입니다. 많은 분들이 태중에서는 상처를 받지 않는 것으로 알고 있습니다. 그런데 아기는 엄마 태중에 잉태될 때부터 생명입니다. 그리고 이때가 가장 취약한 시기입니다. 왜냐하면 보이지 않기 때문입니다.

인간은 태아에 있을 때부터 이미 인간이며 인간이 지니는 대부분의 기능을 지닙니다. 상처는 본인이 기억하는 것보다 기억하지 못하는 것이 더 많습니다. 기억하지 못하는 이 부분이 삶에 더 많은 영향을 줍니다. 사람은 무의식의 상처가 자신의 인생에 70% 이상의 영향을 끼친다는 것을 아시기를 바랍니다. 인간에게 가장 많은 영향을 주는 때가 바로 태아의 시기입니다. 한 인간의 삶을 지배하는 성품, 정서, 지능 지수는 부모로부터 유전적으로 받는 영향 보다 환경적인 영향에 의해서 대부분 받습니다. 태아는 귀로 듣고 눈으로 보기보다는 감정, 느낌으로 외부의 상태를 느낍니다. 인간은 보고 듣는 것 보다 감정, 감성으로 얻고 배우는 것이 많다고 합니다. 태아는 어머니와 모든 부분이 연결되어 있습니다. 어머니가 느끼는 대부분은 태아에게 전달되며 기억이 됩니다.

첫째, 태아의 잠재의식은 알고 있다. 임신기간 동안 태아는 엄마와 함께 호흡하며 엄마의 시각적, 청각적, 감성을 그대로 배우게 되는데, 바로 이 때문에 아기의 잠재력을 올바르게 발육시키는 것도 엄마의 막중한 역할인 것입니다. 태아는 자궁안에서 8주를 보내는 동안 급격하게 뇌의 성장이 진행되어 5개월이면 질서 형성이 시작되는데, 세포는 분화되고 조직화되어 점차 뇌의 기능을 갖추며, 시각을 맡은 신경세포는 스스로 메시지를 전달할 수 있도록 시신경이 자리 잡기 시작하고, 청각세포는 귀에서의 메시지를 전달하는 신경으로 늘어서게 됩니다. 또한 소뇌의 세포는 대뇌와 이웃하여 기능하는 기관이 되기 위해 모이며, 이 시점에서부터 뇌의 기능이 시작되는데, 뇌의 기능이란 즉 학습입니다.

3개월째부터 청각의 기능이 확실해질 뿐 아니라. 태아는 자기와 연결된 어머니를 통해 어머니 자신은 물론이고 다른 사람이 자신에 대한 태도를 감지할 수 있는 능력이 있습니다. 태아가 모태에서 산모의 안정감과 따뜻함과 평안을 느끼면 태아는 산모와 자신의 환경의 정서를 느끼며 태아의 정서가 됩니다. 태아와 산모는 한 육체이므로 임신 중의 산모가 어떤 음식을 먹느냐, 어떤 마음의 상태를 지니느냐에 의하여 태아에게 주는 영향은 태어나서 아이를 성장시키면서 주는 영향력 보다 크다고 할 수 있습니다. 그래서 태교가 중요하다는 것입니다. 어머니란 자녀의 육체만 만들어 줄 뿐 아니라, 그 자녀의 성품, 그리고 두뇌의 건강과 기질이나 인격, 더 나아가서는 재능과 잘못되는 것까지도 만들어 준다는 것을 명심해야 합니다.

태아 때부터 이미 지적 학습은 시작되어 엄마를 통한 외부 세상의 감각을 습득하며 상호작용 하는 것입니다. 5개월 이후의 태아는 사고기관이 조작되며, 그 사고가 자동적으로 일어나고, 이미 엄마의 자궁안에서 엄마의 소리를 따라 일정한 반응을 보이게 됩니다.

    1974년 보스턴대학 의 콜든박사와 산더박사는 태아의 반응을 고속 촬영해서 분석한 결과 엄마의 주위에서 떠드는 소리에 일정한 방식으로 반응을 나타내는 것을 발견했다고 합니다. 이것은 결국 아기가 태내에 있을 때부터 이미 언어를 의식한 채 학습을 한다는 것으로 해석할 수 있으며, 요즘은 태아 때부터 이미 학습이 시작된다는 사실을 보편적으로 이해하고 있습니다. 엄마의 뱃속은 태아의 심신과 뇌의 안전지대이며, 이 안전지대에서 안정을 얻고 모체로부터 충분한 산소와 영양을 공급받아 뇌의 성장과 지능을 발전시킵니다. 태아의 지능발달환경은 태내의 안정성과 모체에서 주어지는 에너지며, 또한 선천적으로 갖추는 성장 가능성과 태아에 대한 엄마의 영향 등입니다.

    태교는 태아와 모체의 신체적 건강의 유지가 필요합니다. 임신부는 올바른 태교를 통해 태아의 신체적인 발육진행과 태내 환경의 중요성을 인식하고, 이에 따라 태아 및 자신의 영적 심신적 건강을 유지하는 방법에 주의를 기울여야 합니다.

    태교는 태아의 성품과 기질을 올바르게 형성하는데 중요합니다. 태아는 어머니의 태내에서 10개월이라는 긴 기간 동안 모체에 의존하여 성장, 발달하기 때문에 어머니의 정서 상태나 심리적, 기질적 성품을 그대로 닮게 됩니다. 즉 오랫동안 어머니의 특이한 기질적 성향에 익숙해짐에 따라 태아의 기질과 성품도 닮게 되는 것입니다. 전통 태교에서도 임산부, 스스로 자신의 성품을 맑고 고요하게 할 것과 악하고 잘못된 것을 멀리 할 것을 강조하고 있습니다.

둘째, 태교를 잘해야 한다. 필자가 지난 20년 이상을 사람의 무의식 세계에 대하여 치유사역을 하면서 체험한 바로는 태교는 참으로 중요합니다. 태중의 상처로 고생하는 사람들을 치유하면서 체험한 결론은 아기를 임신한 산모가 영적으로 정신적으로 육적으로 건강하지 못했다는 것입니다. 산모가 건강하지 못하지 자신의 몸이 괴로운데 태아에게 관심을 갖지 못하는 것은 당연한 것입니다. 산모가 건강하지 못한데 태교를 잘했다는 것은 어불성설입니다. 그러므로 임신을 한 어머니의 건강이 태교의 실패와 성공을 가늠하는 잣대입니다.

어머니가 아이를 임신했을 당시 태교는 중요합니다. 태교에 관심을 가질 거라면 건강한 방법으로 영재를 낳기 위한 태교 방법이 좋을 것입니다. 실제로 많은 연구가들이 태교의 중요성을 알고 논문, 책 등을 내 놓기도 했습니다. 태아가 엄마의 뱃속에서 자랄 때 시기별로 태교를 적절히 해주면 신체발달, 두뇌발달, EQ, IQ 등 많은 면에 영향을 준다고 생각합니다.

부모가 머리가 좋지 않더라도 좋은 태교로 인해 아기가 영재로 태어날 것을 기대하면서 태교를 합니다. 어머니의 생각은 대부분 태아의 잠재의식에 저장이 되기 때문입니다. 그리고 건강하고 똑똑한 아이였으면 하는 기대는 어떤 부모나 다 같을 것입니다. 태교보다도 먼저는 임산부가 건강해야 합니다. 건강해야 엄마가 영육이 안정이 되어 태교도 잘 할 수 있을 것입니다. 임신한 어머니가 영적으로 정신적으로 육적으로 건강하지 멋하여 자신의 몸과 마음도 챙기지 못하는데 태아를 위한 태교를 할 수 있는 여력이 없는 것은 사실입니다. 어머니가 건강하지 못하면 태교를 잘할 수가 없는 것입니다. 필자가 항상 말하는 하나님과 관계가 열려야 영육의 문제가 해결이 되기 시작을 한다는 말과 같은 이치입니다. 엄마가 건강해야 태아도 건강할 것입니다.

필자가 그동안 태아상처를 치유하면서 체험한 바는 태아상처로 고생하는 자녀를 둔 부모역시 태아상처로 고생을 하고 있었다는 것입니다. 엄마가 영적으로 정신적으로 육적으로 건강하지 못하여 괴로우니 태아에게 관심을 갖지 못했다는 것입니다. 태아 상처로 고생하는 분들은 부모님을 원망하기보다는 당시 어머니의 상황을 이해하려고 하는 것이 중요합니다. 불쌍하게 보라는 것입니다. 고의적으로 그렇게 한 것이 아니고 어머니 역시 괴로움의 나날을 살았다는 것입니다. 잠재의식은 의식의 내부에 깊숙이 숨겨진 엄청난 능력입니다. 태아시절의 잠재의식은 어머니가 느끼는 의식의 명령을 받고 그대로 받아들입니다. 잠재의식은 엄마가 내리는 생각의 명령이 좋은 것이든 나쁜 것이든 구분을 못하고 그대로 받아들입니다. 태아의 잠재의식은 엄마가 생각하는 대로 형성됩니다. 엄마가 생각하고 느끼고 보고 들은 것은 모두 잠재의식의 깊은 곳에 저장됩니다.

잠재의식에 관심(태교)은 의식이 아닌 산모의 마음을 풍요롭게 하는 것입니다. 엄마의 마음을 평안하게 하는 것입니다. 어머니의 마음이 그대로 태아에게 전달이 되기 때문입니다. 같이 태어난 아기라도 울며 시끄럽게 하는 아기와 혼자서도 잘 노는 아기, 잘 돌봐줘야 하는 아기가 있습니다. 구역 예배를 인도하면 어떤 아기는 엄마와 함께 찬송을 부르면서 잘 놉니다. 어떤 아기는 이리저리 다니면서 산만하게 행동하여 예배를 제대로 드리지 못하게 합니다. 아기가 갖고 태어난 인격이나 잠재의식에 형성된 어떤 것이 그렇게 시키는 것일 겁니다. 사람들 속에는 바로 눈에 띄는 아이와 가만히 있으면 그 존재가 기억에서 사라져버리는 아이가 있습니다. 그걸 타고난 소질이라고 해서 자유롭게 안 된다고 많은 사람은 믿고 있습니다만, 이러한 의식 이전의 마음을 풍요롭게 키우는 것이 잠재의식의 관심입니다.

그런 까닭에 요육(치료하면서 교육)은 수태와 동시에 시작해야 한다고 전문가들은 말씀하고 있습니다. 우리들은 지금 "응애"하며 태내에서 태 외로 나온 때를 탄생으로 하고 그것을 이 세상에서의 생애의 시작처럼 생각하고 있지만, 그렇지 않으며 이미 태내에서부터 우리들의 생활은 시작되고 있는 것입니다. 그러므로 우리들이 엄마의 태내에서 보냈던 시간이야 말로 진정한 탄생이며, 그러므로 사람의 연령은 정확하게는 태내의 264일 간도 포함해야 한다는 이론에 일리가 있다고 생각합니다.

성장기의 인간에게 있어 언제, 무엇을 하지 않으면 안 되는가, 어느 시기에 무엇을 하는 것이 가장 적절한가가 교육에서는 대단히 큰 문제라고 생각하고 있는데 이것을 일반적으로 "임계기"로 표현합니다. 어떤 일에 있어서 시기를 놓치면 모처럼의 능력을 키우기 힘들게 되는 타이밍이 있다는 의미입니다. "능력이 자라는 기간을 임계기라 합니다." 시기를 놓치지 않는 현명한 어머니가 되세요. 임계기란 동물의 발달 과정에서 어떤 시기에 적절한 자극을 주면 그 시기에 한하여 반응이 확립되어 나중의 발달에 유리하게 작용하는 시기를 말합니다. 특정의 자극에 대한 감수성이 높아지는 시기입니다. 태아는 대개 4-12주를 임계기라고 합니다.

태교기도를 하는 것이 좋습니다. 내용은 시중에 유통되고 있는 태교축복기도문을 활용하시면 좋습니다. 태아는 엄마 배속에 잉태될 때부터 생명입니다. 귀중한 생명을 잉태했으니 하나님께 감사하시기를 바랍니다. 요즈음 결혼을 했는데 10년이 넘도록 임신을 하지 못하는 부부가 있습니다.

임신을 허락하신 하나님께 감사하시고 귀중한 생명을 귀하게 대접하시기를 바랍니다. 산모가 명심해야 할 것은 간단하게 요약해서 "항상 기뻐하라. 쉬지 말고 기도하라. 범사에 감사하라. 이것이 그리스도 예수 안에서 너희를 향하신 하나님의 뜻이니라(살전 5:16-18)"입니다. 영적으로 정신적으로 육적으로 평안한 영적인 상태를 유지하라는 뜻입니다.

셋째, 임신 중의 성품과 상처를 찾아라. 사전에 찾아서 치유 받는 것이 좋습니다. 어머니 뱃속에서 상처가 들어온 경우 반드시 인생을 살아가면서 영육간의 문제가 발생합니다. 미리 예방하는 것이 무엇보다도 중요합니다.

○ 원하지 않는 아이를 임신했을 경우. 지나치게 남의 관심을 받으려고 합니다. 남을 기쁘게 하려고 노력합니다. 왜냐하면 살아야 하겠다는 욕구가 무의식에 잠겨 있기 때문입니다. 거부당

하기 전에 먼저 거부합니다. 변명을 잘하고, 죽음을 원하고, 거부, 소외감을 못 견디며, 끊임없이 사랑을 받으려고 하지만 사랑을 주지 않고, 정서가 불안정하고, 자신의 정체감이 없습니다. 자신감이 결여되고, 부모에게 자신을 소중한 존재로 마음에 들게 하기 위해 노력합니다. 잦은 질병을 앓게 되고 애정을 회피하거나 애정에 대한 그치지 않는 욕망이 있기도 합니다.

○ 혼외 관계-임신에 대한 지식-준비가 전혀 없는 상태에서의 잉태되었을 경우. 깊은 수치감을 느낍니다. 소속감이 결여됩니다. 자신을 부끄러워합니다. 자신이 부모에게 짐이 된다고 생각합니다. 내성적이며 매사에 부정적인 아이가 되기도 합니다.

○ 부모가 원하지 않는 성을 가지고 태어났을 경우. 다른 성이 되려는 노력을 과다하게 합니다. 다른 사람을 기쁘게 하려는 노력을 많이 합니다. 패배의식에 잘빠집니다. 여자를 원한 가정에 남자로 태어난 아이는 부모를 만족시키지 못한 것에 대한 죄의식을 지닙니다. 그래서 남자가 여자처럼 행동하거나 여자이면서 남자인 것처럼 행동합니다. 심하면 동성연애자가 되기도 합니다. 나는 처음부터 잘못된 존재야 라고 믿는 마음이 무의식에 자리 잡고 있습니다.

○ 태아를 유산시키려는 계획과 생각을 했을 경우. 부모에 대한 미운 마음을 가지고 있습니다. 가담 하려한 사람에게 적대감을 가집니다. 폭력적입니다. 반항적인 성격입니다. 죽음에 대한 두려움을 잘 느낍니다. 극단적인 생각을 잘합니다. 어려움이 오면 죽음을 쉽게 생각하거나 극단적인 행동을 합니다.

심장에 문제가 있습니다. 심장의 문제로 인하여 빈혈이나 순환기 계통의 질병으로 고생을 합니다. 과민성 대장으로 고생하기도 합니다. 필자가 지금까지 내적치유 사역하면서 체험한 바로는 이런 유의 상처를 받은 사람들이 심혈관에 문제를 많이 가지고 고생을 하다가 치유 받고 정상 생활을 하게 됩니다.

○ 유산 다음에 태어난 아기의 경우. 부모의 잃은 것에 보상하려는 노력을 많이 합니다. 대타가 된 것에 대한 분노를 느낍니다. 자기 자신이 주체가 되지 못한 것에 대한 분노를 가지기도 합니다. 아기는 자아에 대한 낮은 의식으로 낮은 자존감을 갖기도 합니다. 타인의 흉내를 잘 냅니다. 자신감이 부족합니다. 두려움을 잘 탑니다.

○ 산모가 임신 중 출산에 대한 두려움을 갖은 경우. 아기가 작은 일에도 두려움을 갖습니다. 불안감을 느낍니다. 아기를 갖는 것에 대한 두려움을 갖기도 합니다. 그러므로 산모가 출산에 대한 두려움이 찾아 올 경우 신속하게 영적인 치유를 받는 것이 좋습니다. 영적치유를 전문으로 목회하는 목회자의 안수를 두 번만 받으면 출산의 두려움은 떠나갑니다.

○ 임신 중에 부모나 친한 사람이 사별했을 경우. 깊은 슬픔에 잘 빠집니다. 낙심을 잘 합니다. 죽고 싶은 마음을 잘 먹습니다. 외로움을 잘 탑니다. 죽음에 대한 두려움을 느끼기도 합니다. 공포심이 많습니다. 사후 세계에 대한 궁금증을 많이 가지고 있어 사이비성 종교에 빠지기도 합니다. 자신 외에는 아무도 의지할 수 없다는 마음이 강합니다. 사랑하는 사람을 잃

을 것에 대한 두려움이 많습니다. 자신 외에는 아무도 의존할 사람이 없다는 느낌을 자주 갖습니다.

○ 고부간의 갈등. 남편과의 가정불화를 당한 경우. 정서적인 불안을 가지고 있습니다. 긴장을 잘합니다. 차분하지 못하고 집중력이 저하됩니다. 두려움을 잘 탑니다. 불안함을 잘 느낍니다. 분노를 잘합니다. 임신 중에 어머니를 괴롭힌 사람을 미워합니다. 상처나 스트레스를 쉽게 받으며 남에게 상처를 잘 줍니다.

○ 임신 중에 남편을 잃은 경우. 죄책감을 잘 느낍니다. 자기 탓을 잘합니다. 분노를 가지고 있습니다. 버림받을 것을 기대하기도 합니다. 대신할 것을 찾으려는 지나친 욕심을 갖고 있습니다. 그래서 집착감에 잘 빠집니다. 죽고 싶은 마음이 잘 틈탑니다. 삶에 대한 애착감이 없습니다. 쉽게 포기하며 허탈감에 잘 빠집니다. 우울함이 잘 틈탑니다. 염세주의자가 되기도 합니다.

○ 임신으로 인한 원치 않은 결혼을 했을 경우. 어머니에 대한 부담감과 죄책감을 가지고 살아갑니다. 항상 부모에게 미안한 마음을 가지고 살아가기도 합니다. 심하면 우울증에 빠지기도 합니다. 정신적인 문제로 고생하며 살아가기도 합니다.

○ 출산 당시 심한 진통과 오랜 고통을 당했을 경우. 태아는 함께 고통을 느낍니다. 자라면서 불안에 잘 빠집니다. 두려움을 잘 탑니다. 고통에 대한 두려움을 갖기도 합니다. 우울증에 걸리기도 합니다. 다른 사람에 비해 인내력이 약합니다.

○ 임신 후 태아에게 관심을 갖지 못할 정도로 바쁜 생활을 했을 경우. 외로움을 잘 느낍니다. 고독감을 잘 갖습니다. 쉽게

놀라거나 불안해합니다. 작은 것에도 잘 놀랍니다. 자신에게 관심을 갖도록 여건을 만듭니다. 예를 들어서 아프다고 하고, 힘없다고 하고, 나는 못한다고 하면서 자신에게 끊임없는 관심을 갖도록 유도합니다.

○ 엄마가 담배나 술 또는 커피를 심하게 했을 경우. 엄마로 하여금 술을 마시게 한 부정적 태도를 아기가 흡수합니다. 그러므로 엄마가 아기를 임신 했을 때 먹는 것도 적당히 먹어야 합니다. 많이 먹을 경우 태아가 어머니 뱃속에서 이미 비만의 유전인자를 가지고 태어날 수가 있습니다.

○ 임신 기간 중 폭력적이거나 건전하지 못한 성관계, 한명 이상의 성경험 대상자의 경우. 남자와 성관계에 대한 거부감이 강합니다. 임산부가 성폭행을 당한 다음에 여자가 태어났다면 남자의 성기에 대한 두려움을 갖습니다. 건전하지 못한 성적 태도를 취하기도 합니다.

○ 오랜 진통이나 제왕절개로 태어났을 경우. 대인관계 형성에서 어려움을 겪습니다. 육체적 접촉에 대한 강한 욕망을 갖기도 합니다. 인내력이 정상아에 비하여 부족하기도 합니다. 성적으로 타락할 수도 있습니다. 목에 관련된 문제가 있을 수 있습니다. 늦게 까지 말을 못한다든지, 소리내어 울지를 못한다든지 할 수가 있습니다. 이는 영아를 영적치유를 하는 목회자에게 데리고 가서 안수를 받으면 쉽게 치유가 됩니다.

○ 지나치게 고통스런 분만을 했을 경우. 정도 이상으로 지나친 분노를 표현하기도 합니다. 심하면 우울증으로 발전하기

도 합니다. 이 아기도 영아 때 영적인 치유를 받아야 합니다. 영적인 치유를 받으면 모든 것이 정상으로 화복이 됩니다.

○ 탯줄이 목에 감긴 경우. 갑상선이나 목에 관련된 문제들이 생깁니다. 삼키는 데 관련된 문제가 생길 수가 있습니다. 언어 장애가 올 수도 있습니다. 비사교적인 행동을 유발하기도 합니다. 이 아기도 영적인 사역을 하는 목회자의 영적치유를 영아 때에 받는 것이 좋습니다. 필자는 이런 영아들을 치유한 경험이 많습니다. 안수 두 번만 받으면 정상으로 화복이 됩니다.

넷째, 상처의 기억과 적극적인 치유

1) 성령님의 도우심으로 자신의 태아, 유아 시절로 돌아가서 그때 받았던 크고 작은 상처의 기억을 떠올리면서 상처와 함께 겪었던 불안, 우울, 공포, 수치감, 두려움을 회상한 후 떠오르는 상처를 하나씩 주님에게 드려야 합니다. 상처 치유 사역을 하다가 보니 모태에서 심한 상처를 받은 사람은 성령의 임재가 되면 모태에서 있던 상태로 오그라드는 경우가 많았습니다.

그리고 커서도 배내 짓을 합니다. 눈을 가만히 뜨고 두리번두리번 잘합니다. 유심히 관찰을 해보세요. 그럴 경우 아직 태아 때의 상태로 머물러 있는 경우로 보면 맞습니다. 공부도 못합니다. 아직 아이의 지능에서 벗어나지 못한 것입니다. 불쌍한 것입니다. 뱃속에서 심한 스트레스로 기능이 정상되지 못한 것입니다. 이런 아이는 태아나자 마자 성령의 역사로 터트려 주면 정상으로 자라는 데 몰라서 그냥 지난 것입니다.

2) 당시에 받았던 상처의 숨겨진 감정이 내면에 떠오르거나

감정이 되살아나면 억제하거나 감추지 말고 의식 수준으로 끌어올려 표현해야 합니다. 조금 있으면 상처의 근본이 떠납니다.

3) 두려움, 거부감, 불안, 수치심, 외로움, 답답함, 분노, 좌절감, 깊은 슬픔(어떤 경우 전혀 기억나지 않는 슬픔이 떠오른다), 두려움과 같은 감정이 떠오르면 상처로부터 입은 감정을 주님께 드려야 합니다.

4) 이 때 자신의 상처와 관련된 사람을 용서하는 작업을 해야 합니다. 용서하지 않고 단순히 감정 처리만을 하는 것은 상처의 근원은 묻어 두고 상처 자체(감정)만을 치유하려는 것이며, 이러한 치유는 어느 정도 시간이 흐르면 다시 재발하게 됩니다. 큰 사건, 큰 상처일수록 세심한 주의를 기울여야하며 현재 치유를 했지만 시간이 지나 같은 감정이 다시 일어나면 몇 번이고 계속해서 치유해야 합니다. 감정에 상처 준 사람을 용서하지 않는 것은 감정의 상처의 세력, 미움의 세력 아래 자신을 묶어 놓는 것과 다름이 없습니다.

5) 성령님의 능력으로 치유를 받으면 자신의 마음에서 어두움의 세력이 떠나가고 평안을 느끼게 됩니다. 이것은 어떤 느낌이 아니라 실제적이며 체험적인 것입니다. 계속하여 이러한 마음을 유지하는 일은 자신의 책임입니다. 오래된 상처나 깊은 상처는 순간적인 치유보다 장기적인 치유를 해야 합니다.

6) 악한 생각이 나지 않도록 성령과 교제하며 기도 생활을 해야 합니다. 무엇보다도 치유 후에 관리가 중요합니다.

24장 자녀의 마음을 투시하며 완전치유 비결

(딤전5:8)"누구든지 자기 친족 특히 자기 가족을 돌보지
아니하면 믿음을 배반한 자요 불신자보다 더 악한 자니라."

하나님의 뜻은 자신이 먼저 마음의 상처를 치유하여 살아서
천국을 누리면서 살아가는 것입니다. 가정을 돌보면서 자녀들
의 상처를 치유하여 가정을 하나님의 나라가 되기를 소원하십
니다. 그런데 필자가 성령치유 사역을 하면서 체험한 바로는 가
정을 돌보지 않고, "교회 봉사다, 철야기도다, 기도원에 기도하
러간다." 하면서 자녀들을 팽개치는 경우를 많이 보았습니다.

마음의 상처를 가지고 살아가는 것을 보았습니다. 이들이 어
머니의 이해하지 못하는 신앙으로 교회를 다니지 않는 경우가
다반사입니다. 어느 집사님은 아무개 목사로부터 나무 십자가
를 받았다고 기도원에서 살다시피 하여 자녀들에게 관심을 갖
지 못하여 자녀 5명 중에 한 명도 예수를 믿지 않는 다는 것입
니다. 참으로 안타까운 현실입니다. 사람이 준 나무십자가가 무
엇이기에 가정도 팽개쳤는지 알다가도 모를 일입니다.

우리가 알아야 할 것은 십자가는 죽었다가 살아나는 것이 십
자가입니다. 나무 십자가를 주었다는 것은 자신의 육성이 너무
강하여 하나님의 역사를 이루지 못하니까, 예수님이 십자가에
서 돌아가신 것과 같이 죽었다가 다시 살라는 뜻입니다. 무슨
사명이니 목회자가 되어야 하느니, 하면서 과대망상에 빠질 일

이 아닙니다. 자신이 죽어 없어지고 주님이 주인되는 일부터 해야 할 것입니다. 자녀들도 예수 믿게 하고 교회로 인도하지 못한 사람이 어찌 목회자가 됩니까? 부모가 자녀들의 마음의 상처를 치유하려면 먼저 자신이 치유되어 어느 정도 성령의 지배를 받아야 합니다. 마음의 상처는 사람이 치유하는 것이 아니고 전적으로 자신 안에 계신 성령께서 하시는 일이기 때문입니다.

자신이 먼저 치유도 받고 성령으로 세례를 받아 성령님과 인격적인 관계가 된 다음에 자녀들을 치유해야 할 것입니다. 알아야 할 것은 지금 목회를 하고 계시는 목회자 중에 어떤 목회자는 상처에 대하여 관심이 없습니다. 아예 마음의 상처를 무시하고 살아 가라고 합니다. 어떤 목회자는 상처에 대하여 말씀을 전하여 상처만 드러나게 합니다. 어떤 목회자는 이론은 박식한데 전하는 말씀과 같이 성령의 역사가 함께하지 않습니다. 이는 각각 목회자마다 추구하는 방향이 다르기 때문입니다. 상처를 치유 받으려면 이론과 실제가 같이 가는 목회자를 만나야 합니다.

이렇게 상처의 치유가 말과 같이 쉬운 문제가 아니기 때문에 자신이 상처를 치유하고 성령으로 충만한 상태에서 자녀들을 치유하려고 해야 합니다. 그런데 실상은 그렇지 못한 경우가 있습니다. 다음 사례들을 읽어보시면 이해가 될 것입니다.

첫째, 사례입니다. 얼마 전에 어느 자매를 치유하면서 체험한 일입니다. 필자가 상담을 하게 된 이유는 딸이 감사헌금 봉투에 자신의 사정을 기록해서 올렸는데 읽어보니 심각한 내용들이

적혀있어서 상담을 하게 된 것입니다. 적힌 내용은 신학대학을 다니는데, ① 휴학을 하고 치유를 받아야 할지, ② 음란, 혈기, 살인충동의 문제 해결 받을 수 있도록, ③ 가위눌림, 악한 영들이 보이고, 들리고, 느껴지지 않도록, ④ 자살 충동이 일어나지 않도록, ⑤ 사람이 죽는 악몽에 시달리지 않도록, 치유해달라는 내용이었습니다. 이것이 아버지는 장로이고, 엄마는 권사인 딸의 영-혼-육의 상태입니다. 그것도 신학대학을 다니는 신학생의 상태입니다. 지금 교회에 이런 상태로 살아가는 직분자의 자녀들이 많습니다. 모두 성경을 많이 알면 믿음이 있다는 신앙과 율법적인 신앙으로 창피해서 드러내지 않으므로 틀 속에 갇힌 믿음생활을 함으로 생기는 현상입니다. 거기다가 샤머니즘의 신앙의 잔재가 남아있기 때문에 발생하는 현실입니다.

그래서 본인과 어머니에게 정확한 치유방법을 알려주려고 상담을 하게 된 것입니다. 먼저 딸에게 이런 일이 언제부터 일어나기 시작을 했느냐고 했더니 어렸을 때부터 일어났다는 것입니다. 성령께서 어머니의 영적인 문제가 아이에게 흘려 내려가고 있다는 감동을 주시는 것입니다. 그래서 어머니에게 질문을 했습니다. 아이가 이런 상태라면 정상적인 가계의 내력이 아닙니다. 분명하게 가계의 내력이 좋지 못합니다. 가계의 내력을 바르게 이해하실 분들은 **"영안열리면 귀신들이 보이나요."**책을 읽어보시면 쉽게 이해가 갈 것입니다. 필자가 어머니에게 예수는 언제 믿었습니까? 20살 때 믿었습니다. 남편은 결혼한 후에 믿기 시작을 했습니다. 혹시 남편이나 어머니의 웃어른 중에 우상을 심하게 섬기거나 무당이 있거나 이방신을 섬기는 사람이 없습니까? 하니까, **자신의 친정어머니가 영적으로 고통을 심하게 당하면서 때로는 혼절(기절)을 하기도 했는데 얼마 전에 천리교를 믿기 시작을 했다는 것입니다.**

이렇게 말하는 것으로 보아 담임목회자로부터 자신만 예수를 믿으면 혈통의 문제는 상관이 없다는 것으로 배운 모양입니다. 원래 목회자들이 그렇게 말합니다. 저도 평신도일 때 그렇게 듣고 알고 있었습니다. 그러면서 목사님들이 들이대는 말씀이 "그런즉 누구든지 그리스도 안에 있으면 새로운 피조물이라 이전 것은 지나갔으니 보라 새 것이 되었도다(고후 5:17)."를 들이대는 것입니다. 순간 하나님의 나라가 되면 얼마나 좋겠습니까? 실제는 이성과 육체가 성령의 지배를 받는 시간이 걸립니다. 성령께서 완전하게 장악이 되면 웃어른들이 아무리 우상을 숭배했더라도 상관이 없습니다. 그러나 이론적으로 새것이 되었다고 우겨 성령님의 지배를 받는 상태가 아니라면 지속적으로 우상숭배의 영의 영향이 후대에 흘러가게 되어있습니다. 하나님은 이론의 하나님이 아닙니다. 귀신도 이론의 귀신이 아닙니다. 모두 눈에 보이지 않지만 살아서 역사하는 실제적인 존재입니다. 자신이 살아서 역사하시는 성령으로 장악이 되지 않으면 계속 선조들을 괴롭게 하던 영적인 존재들의 영향을 받게 됩니다. 이 자매의 어머니는 먼저 자신이 성령의 지배를 받아 하나님의 나라가 되도록 해야 합니다. 자신 안에 있는 마음 성전을 견고하게 지어야 한다는 말입니다. 지금 어머니도 딸도 혈통을 타고 역사하는 영적인 문제로 고생하는 것입니다.

그런데 다른 문제가 있었습니다. 상담 중에 딸이 이렇게 말하는 것입니다. 어머니가 자기네 교회 담임목사에게 배에다가 안수하는 것을 배워가지고, 자기에게 잠자기 전에 기도를 배에다가 대고 기도를 해주는데, 안수기도를 받고 자면 꿈자리가 사나워서 깊은 잠을 자지 못한다는 것입니다. 그러자 어머니의 얼굴색이 싹 변하는 것입니다. 어머니의 권위가 손상당한 것입니다. 거기서부터 어머니의 마음에 문을 닫게 한 것입니다. 한마디로 어머니가 망신당했다는 것입니다. 이는 영적으로 보면 어머니에게 역사하는 귀신이 어머니를 통하여 은연중에 딸을 장악하도록 돕는 행동을 하도로 했다는 것입니다. 영적으로 보면 문제가 심각합니다. 그리고 안수를 배워서 하는 것이 아니고 성령께서 보증하여 주시는 권능으로 하는 것입니다. 이런 경우가 되지 않으려면 부모가 영적인 수준이 되어 자녀가 부모의 권위를 인정하고 존경하도록 해야 할 것입니다. 부모의 신앙생활을 자녀가 본받게 해야 자녀들의 상처를 치유할 수가 있는 것입니다. 섣불리 덤비다가 문제만 만들 수가 있습니다.

둘째, 사례입니다. 어느 분이 외국에서 필자에게 메일로 상담한 내용입니다. 내 아들을 어찌하면 좋을 까요? 우리아들은 지금 10학년(고1) 인데 순하고 조용한 아이입니다. 1년 반전쯤 제가 밤에 꿈을 꾸었는데 아이가 머리부터 등 뒤로 뱀처럼 우둘투둘한 것으로 덮여있고 가느다란 혀를 날름거리는 그런 모습이었습니다. 며칠 후 또 꿈을 꾸었는데 이번에는 아이가 누워있고 가슴뼈가 이상하게 튀어나와서 내가 그것을 붙들고 막 아이를 흔들며 야단치는 꿈이었습니다.

평소에 제가 영적인 꿈을 자주 꾸는 편이어서 3년 전부터 꿈을 기록해놓는 편입니다. 그런 꿈을 꾸고 나서 걱정은 되었지만 특별한 증상도 없고 저의 경험도 짧아서 어쩌지 못하다가 작년 여름부터 아이가 친구들을 잘 사귀지 못하는 것을 알게 되어 상담도 3개월 가량 받고 했습니다. 상담사는 큰 문제는 없고 아이가 내성적이어서 그런 것 같다고 하고 끝을 맺었습니다.

그러다가 올해 2월 어느 날 새벽기도에서 오랜만에 충만히 기도하고 집으로 돌아와 평소대로 아이 방에 들어가 손을 얹고 기도해주는데 속에서 "리워야단"이라는 단어가 올라왔습니다. 참고적으로 "리워야단"은 타락한 천사를 말하는 것입니다. 그 날부터 갑자기 아이가 아프기 시작하면서(두통 복통) 학교에 가지 못하기 시작하였는데 3주 정도는 정말 의식을 잃은 것처럼 열이 나면서 하루 종일 깊은 잠에서 빠져 나오지 못했습니다. 그 이후에는 아픈 것은 사라졌는데 지금까지 4달간 학교에 가지 않고 있습니다. 매일 11시까지 잠을 자며 깨우면 난폭해집니다. 오후에는 예전과 같은 착한 아이입니다.

저도 한인교회에 다니기 때문에 목사님께 말씀드리고 기도해 주십사고 했는데 목사님은 아이가 어려서 안수기도는 하지 않으시겠다고 하시고 제 이야기가 사실이라고 해도 아이가 신앙을 가지는 것 외에는 방법이 없다고 하십니다. 아이가 모태신앙이기는 하지만 몇 년 전에 성령체험도 했지만 아직 자신 만에 신앙은 없는 것 같습니다. 저도 방법이 없어서 아이를 달래며, 또 아이가 힘들어하는 부분들을 찾아서 도와주려 하면서 기도하고 기다리고 있는데 너무 답답하고 애가 탑니다. 저도 힘이 없어서 어떻게 이 영적전쟁을 해 나가야 할지 모르겠습니다. 목사님, 제가 어떻게 해야 할까요? 도와주세요.

필자가 이렇게 답변을 했습니다. "할렐루야! 걱정이 되시겠습니다. 아이의 상태는 이렇습니다. 원래부터 상처가 있던 아이입니다. 안수기도를 하니까. 깊은 곳에 숨어있던 상처가 드러난 것입니다. 그때 열이 나고 일어나지 못할 때 영적치유를 받았으면 아무런 문제가 없이 치유가 되었을 것입니다. 자녀가 안수받고 열이 나는 것은 성령의 역사로 그런 현상이 일어난 것입니다. 성령의 역사와 악한 영의 역사가 대립할 때 그런 일이 일어납니다. 쉽게 설명하면 성령의 권능에 의하여 상처 뒤에 역사하던 악한 세력이 정체를 폭로한 것입니다. 그때 완전하게 몰아내면서 치유를 했어야 하는데 영권과 경험이 없어서 그렇게 된 것입니다. 지금은 상처에 역사하던 악한 영이 아이에게 강하게 영향을 끼치고 있는 것입니다. 담임 목사님이 안수를 하지 않겠다고 하는 것은 자신이 없어서 그러는 것입니다. 안수한번 받아서 치유될 일이 아니라는 것을 알기 때문입니다. 집중적인 치유를 받아야 합니다. 안수만 받는 것이 아니고 본인이 뜨겁게 기도하며 말씀을 듣고 성령으로 충만하여 스스로 일어서려는 의지를 발동시켜야 합니다. 절대로 안수만 받아서는 해결이 되지 않습니다. 시간이 자꾸 흐르면 흐를 수 록 강해집니다. 나빠진다는 것입니다. 주변에 전문적인 영적치유를 하는 분을 찾아보세요. 아무나 치유할 수 없습니다. 전문성이 있어야 해결할 수가 있습니다. 하루 이틀에 치유된다고 생각하면 안 됩니다. 시간이 걸릴 것입니다. 도움이 되질 못해서 죄송합니다. 워낙 멀어서 말입니다. 빠른 시간 내 치유가 되기를 바랍니다. 정말로 안타깝습니다. 조금만 영적인 지식이 있었으면 이런 일을 사전에 예방할 수 있었을 것입니다."

필자가 지난 세월 성령치유 사역을 하다가 내린 결론은 어린 시절부터 성령으로 충만한 믿음생활을 해야 한다는 것입니다. 어려서부터 영적체질이 되어야 한다는 것입니다. 성령으로 세례를 받아 상처를 치유하고, 자아를 부수고, 혈통의 문제를 치유하여 성령님이 주인되는 영적으로 밭을 만드는 것입니다. 어린 시절의 신앙생활은 어른이 되어도 영향을 미칩니다. 어렸을 때 성령을 체험하여 영적인 체질이 되면 어른이 되어도 그와 같은 믿음생활을 하기 때문입니다. 어려서 성령을 체험하고 상처를 치유하면 건강에도 좋습니다.

일부 성도들이 아이들이 그저 교회에 나가는 것으로 만족을 하는 경우가 많습니다. 그러나 그렇지 않습니다. 아이가 부모의 보살핌으로 순탄하게 자랄 때는 아무런 문제가 없는 것 같습니다. 그러나 나타나지 않았을 뿐이지 문제는 아이의 마음 안에 잠재해 있을 수 있습니다. 잠재해 있는 문제는 취약시기가 되면 고개를 들고 나타납니다. 고개를 들고 나타나기 전에 성령으로 세례를 받고 치유를 해버리는 것입니다. 그러면 어른이 되어도 강건하게 지낼 수가 있습니다.

이런 방법으로 안수를 합니다. 아이를 안고 머리에 손을 얹어서 기도를 합니다. 자그마한 소리로 기도를 합니다. 어머니가 해도 됩니다. 아버지가 해도 좋습니다. 성령이 충만한 목사님이면 더욱 좋습니다. 그런데 큰 교회 목사님들이 아이까지 안수 기도할 수가 없습니다. 그러나 작은 교회 목사님은 할 수가 있습니다. 성도님들은 교회를 잘 정하고 다녀야 합니다.

기도는 이렇게 하면 됩니다. "성령님 임하소서. 사로잡아 주옵소서. 우리 사랑하는 아이를 축복하여 주옵소서. 하나님의 은혜로 이 세상에 태어나게 하신 하나님 감사합니다. 우리 아이가 강건하게 하옵소서. 어려서부터 성령으로 충만하게 하옵소서. 안정한 심령이 되게 하여 주옵소서. 영육으로 강건하게 하옵소서. 집중하고 몰입을 잘하게 하여 주옵소서. 사람을 잘 만나는 복을 허락하여 주옵소서. 형통의 복이 함께하여 가는 곳마다 잘 되게 하옵소서." "내가 나사렛 예수의 이름으로 명하노니 아이에게 성령으로 충만한 역사가 일어날지어다. 아이에게 역사하는 상처는 치유될지어다. 아이에게 잠재하여 있는 질병의 영은 떠나갈지어다. 태중에서 받은 상처는 치유될 지어다. 태중에서 받은 두려움의 상처는 치유되고 그 때 들어온 악한 영은 떠나갈지어다. 심장에 있는 두려움의 상처는 떠나갈 지어다. 심장이 강심장이 될지어다. 오장 육부 사지백체가 강건하여 질지어다. 정신도 건강할 지어다. 머리에 산소가 잘 공급되고 피가 잘 순환될지어다. 위장이 튼튼해질지어다. 안정한 심령이 될지어다.

집중하고 몰입을 잘하는 아이가 될지어다." 예수님의 이름으로 기도합니다. 아멘. 지속적으로 안수를 하세요. 어릴 때부터 성령으로 충만한 영적체질이 되어서 아주 좋습니다.

무의식의 세계를 잘 아는 영적인 목사님을 만나 지속적으로 안수기도를 받으면서 치유를 해야 합니다. 지속적인 관심이 필요한 아이입니다. 그래야 아무런 문제없이 세상을 살아가면서 아브라함의 복을 누릴 수가 있습니다. 당신의 아들은 영적인 관심이 지극히 많이 필요한 자녀입니다. 그렇다고 과잉보호를 하라는 말이 아닙니다. 영적인 관심을 갖으라는 말입니다. 성령의 지배와 장악 속에서 자라게 하라는 말입니다.

결론적으로 자녀들을 부모님이 직접 치유하는 것이 하나님의 뜻입니다. 그러나 부모가 먼저 생명의 말씀과 성령으로 치유되어 성령으로 세례를 받고 성령의 지배와 인도를 받는 수준이 되어야 합니다. 자녀들의 상처를 치유할 수 있는 영권이 되려면 성령님과 인격적인 관계가 열려야 합니다. 섣불리 덤비다가는 앞에서 말씀드린 사례와 같이 문제만 만들 수가 있습니다.

그래서 교회가 중요합니다. 어느 시점까지 담임목사가 돌보면 되기 때문입니다. 필자는 부모님들이 예수를 믿지 않았고, 자신의 대에서 처음 믿기 시작을 했다면 성령의 역사가 있고 무의식의 세계를 잘아는 목회자가 목회하는 교회에서 믿음 생활을 하라고 권면합니다. 스스로 영적 전쟁하는 기술을 배우면서 상처치유와 영적인 능력을 강하게 하기 위해서 성령의 역사가 강한 교회가 필요한 것입니다. 이점 유념하시기를 바랍니다.

25장 토설을 통해 마음을 투시하며 완전치유 비결

(삼상1:10)"한나가 마음이 괴로워서 여호와께 기도하
고 통곡하며 서원하여 가로되."

하나님은 말씀과 성령으로 내면의 상처가 치유된 성도를 사
용하십니다. 많은 분들이 내적치유하면 질병이 있어야 받는 것
으로 알고 있습니다. 우리가 바르게 알아야 할 것은 내적치유는
에덴동산에서의 영성을 회복하는 적극적인 방법입니다. 에덴동
산에서는 죄가 없었기 때문에 하나님과 동행하며 대화를 했습
니다. 아담이 죄를 짓자 하나님과의 관계가 끊어지고 에덴동산
에서 쫓겨나게 된 것입니다. 죄로 인하여 하나님과의 교통이 끊
어진 것입니다. 사랑이 많으신 하나님은 예수님을 우리에게 보
내주셔서 십자가에서 죽으심으로 예수님을 믿는 우리의 죄를
단번에 사해주셨습니다. 예수를 믿음으로 원죄가 사해져서 하
나님과 교통할 수가 있게 된 것입니다. 예수를 믿는 우리는 말
씀과 성령으로 내면의 상처를 치유함으로 영성을 회복하여 주
님과 동행하며 살아가야 합니다. 마음의 상처는 자신 안의 주님
과 영의 통로를 열고 교통하며 살아가는데 큰 방해물이 됩니다.
또, 상처는 자신의 건강에도 좋지 못한 영향을 미칩니다. 우리
는 깊은 영성을 유지하고 강건하게 살아가기 위하여 의지를 가
지고 무의식의 상처를 치유해야 합니다. 토설기도를 통한 내면
의 상처를 치유 받으려면 대략 이런 순서로 진행을 합니다.

첫째, 성령의 지배를 느끼고 받아드리라. 기도를 통하여 스스로 내적치유를 하려면 먼저 성령의 임재와 불의 역사가 강한 곳에 가셔서 성령을 체험해야 합니다. 스스로 상처를 치유하여 뿌리를 뽑으려면 먼저 성령의 세례를 받아야 한다는 말입니다. 성령의 세례를 쉽게 체험하려면 저의 저서 **"성령의 불세례에 숨은비밀"**과 **"성령의 불로 충만 받는 법."**을 참고하시기를 바랍니다. 성령을 체험하였으면 이제 깊은 영의기도로 깊은 경지에 들어갈 수가 있어야 합니다. 영상기도를 할 줄을 알아야 한다는 것입니다. 영상기도란 상처를 받는 실제 상황을 영상으로 보면서 하는 기도를 말합니다. 영상으로 상처를 받는 자신의 모습을 보면서 상처받을 때 느끼는 감정을 하나님에게 드리면서 치유하는 것을 말합니다. 그래서 스스로 기도를 통한 내적치유는 성령의 임재와 지배가 중요합니다. 성령께서 무의식에 들어있는 상처를 알게 하고, 느끼게 하고, 보게 하기 때문입니다. 따라서 성령의 깊은 임재를 받고, 느껴야 합니다. 이를 위하여 자신이 성령의 임재가 되면 자신에게 어떤 현상이 나타나는지 체험하고 유지를 하려고 해야 합니다. 성령은 살아있는 역사이기 때문에 반드시 자신을 장악하면 무슨 현상이 나타난다는 것입니다. 절대로 성령이 임재 되었다고 말로 하는 것이 아니고, 실제로 살아서 역사하는 성령의 임재를 느끼고 체험해야 합니다. 대략적으로 성령의 임재로 일어나는 현상은 이렇습니다.

성령이 임재해서 성도를 장악하면 뜨거움을 체험합니다. 뜨거움은 성령의 임재를 상징하기 때문입니다. 성령님이 전인격을 장악하시면 쓰러지는 현상이 나타날 때가 많습니다. 이는 성령 안에서 육신의 이성적 기능이 잠깐 동안 멈추는 현상입니다. 그래서 성령의 이끌림에 의한 깊은 임재(입신)에 들어가서 여러 가지 신비한 것들을 체험하는 분들도 많습니다. 환상을 보고 예수님을 만나서 말로 표현 할 수 없는 이야기를 듣기도 합니다. 어떤 경우에는 하나님을 찬송하기를 몇 시간이나 쉬지 않고 계속하는 현상이 나타나기도 합니다. 어느 분은 잠을 자다가도 찬양을 했다는 간증을 하기도 합니다. 성령의 임재로 방언이 터지기도 합니다. 많은 분들이 방언통역의 은사가 같이 임하기도 합니다. 성령이 임재 하여 역사하기 시작하면 여러 가지 이해 할 수 없는 현상이 우리 교회 예배 때에 일어납니다. 손발을 움 추리면서 바다에 사는 게발 처럼 되거나 얼굴을 찌푸리며 몸이 경직되는 현상이 나타납니다. 이는 특정한 죄를 해결하게 되는 경우입니다. 몸이 뒤틀리거나, 호흡이 가빠지거나 빨라지기도 합니다. 슬픔이 솟구치며 울음이 터집니다. 가슴을 찌르는 아픔, 위장이나 아랫배 부근에서 뭉치가 움직이고, 큰소리가 터지고, 가슴이 답답해지고 기침을 합니다. 하품이나 트림이 나오고, 심한 구토현상, 멀미하는 것처럼 속이 울렁거리며 토할 것 같은 현상이 일어나기도 합니다. 몸 안에서 무엇인가 빠져나가는 느낌이 생깁니다. 이는 귀신이 떠나가는 경우와 상처가 치유되는 현상이기도 합니다. 때로는 사람들에게 마음과 몸이 술에 취했을 때와 같이 몸이 흔들리는 현상이 일어나기도 합니다. 그래서 의자에 앉아 있지 못하고 의자에서 내려와 드러눕기도 합니다.

이런 술 취함을 체험한 후에 몸이 가벼워져서 걸음걸이가 비틀거리며 말까지 더듬게 되는 경우도 있습니다. 그리고 말로 표현할 수 없는 황홀함과 환희를 체험했다고 간증하기도 합니다.

지금까지 설명한 것은 분명하게 나타나는 현상이지만 그런데 미세하게 나타나는 현상도 있습니다. 그래서 우리가 성령께서 임하심을 영으로 깨닫지 못한 채 지나치게 되는 경우도 있습니다. 즉 몸이나, 눈까풀의 미세한 떨림, 깊은 호흡, 약간의 땀 흘림, 가슴이 울렁거리는 증상이 있습니다. 커피를 많이 마신 것과 같은 현상이 나타납니다. 때로는 가슴이 짓눌리는 것 같은 기분이 들거나 공기가 답답하게 느껴지기도 합니다. 많은 분들이 이러한 현상을 느꼈다고 성령을 체험했다고 나름대로 단정하고 계시는 분들이 있다는 것입니다. 반드시 밖으로 축출하는 체험을 해야 된다는 것을 아시기를 바랍니다. 그런데 더 큰 문제는 많은 분들이 이런 현상이 나타나면 두려워하거나 자리를 이탈하려고 합니다. 그러나 참고 인내해야 성령의 세례를 받고 성령으로 자신의 영-혼-육이 장악을 당할 수가 있습니다. 만약에 성령이 역사하여 자신을 사로잡을 때 두려움을 견디지 못하고 성령의 역사를 거부하고 자리를 이탈하면 성령의 역사를 훼방하는 행동이 될 수도 있습니다. 자신이 기도하며 스스로 내적치유를 하시려면 반드시 불같은 성령으로 세례를 체험해야 합니다.

둘째, 성령의 이끌림을 받아라. 기도 통해서 스스로 내적치유를 하려면 성령의 이끌림으로 상처 안으로 들어가야 합니다. 그러므로 상처 받는 자신의 모습을 정확하게 보기 위해 성령의 이끌림을 받아야 합니다. 자신은 상처를 모를 수 있습니다. 그러나 성령님은 정확하게 알고 계십니다. 그러므로 자신의 의지를 내려놓고 성령의 이끌림을 따라 사건 현장 속으로 들어가야 합니다. 사건의 현장 속에 들어가 자신이 상처를 받고 있는 모습을 보면서 감정을 속이지 말고 가감 없이 마음을 토설하며 기도를 하는 것입니다. 그래서 성령의 이끌림이 중요합니다.

셋째, 성령님에게 질문하라. 자신의 상처가 무엇인지 성령님에게 물어보는 것입니다. 자신의 상태를 성령님에게 아뢰면서 물어보는 것입니다. 예를 든다면 왜 자신에게 혈기가 심한가 물어보는 것입니다. 왜 스트레스를 받으면 소화가 며칠씩 안 되는 것입니까? 왜 나는 조그마한 일에도 잘 놀랍니까? 왜 놀라고 나면 기도가 되지를 않습니까? 왜 나는 이렇게 가슴이 답답합니까? 왜 나는 마음이 우울 불안 한가요? 왜 나는 다른 사람이 조금 섭섭한 말을 하면 속에서 서러움이 올라옵니까? 상처를 받아서 인가요? 아니면 혈통으로 대물림되는 문제인가요? 아니면 다른 무슨 문제가 있어서 그러는지 성령님에게 물어보는 것입니다. 성령의 임재와 지배하에 치유 과정에 집중하면서 물어보아야 합니다. 금방 알려주시기도 하지만, 어느 정도 시간이 걸립니다. 절대로 중간에 포기하지 말고 집중적으로 물어보는 것입니다. 반드시 성령께서 알려주신다는 생각을 하고 물어보기를 바랍니다. 무의식의 치유는 인내력과 끈기도 있어야 합니다.

성도가 영성이 깊어지고 치유를 받아 심령이 변하려면 기도를 바르게 해야 합니다. ①성령 충만을 받는 기도는 호흡을 코로 들이쉬고 내쉬면서 지속적으로 합니다. 최대한 깊이 호흡을 들이쉬고 내쉬고 해야 깊은 곳에서 성령의 불이 올라옵니다. ② 자기 치유를 위한 기도는 호흡을 들이쉬고 내쉬면서 기도합니다. 기도하면서 자신의 특이 사항을 성령님에게 물어 봅니다. 성령님 내가 왜 혈기를 잘 냅니까, 성령께서 감동하면 회개도 하고 용서도 하면서 풀어냅니다. 성령의 임재가 충만하면 귀신도 축사합니다. ③안수를 받으면서 하는 기도는 자기 기도는 하지 말고 호흡을 들이쉬고 내쉬면서 안수를 받습니다. ④누워서 하는 기도는 호흡을 방광까지 깊게 들이쉬고 내쉬면서 성령님을 찾습니다. 호흡을 들이쉬면서 성령님! 내쉬면서 사랑합니다. 이렇게 지속적으로 하다가 보면 깊은 영의 상태에 들어갑니다. ⑤길을 걸어가면서 하는 기도는 호흡을 깊게 들이쉬고 내쉬면서 성령님을 찾는다든지, 물어본다든지 하면서 마음으로 기도를 합니다. 기도가 바르게 되어야 스스로 기도하며 내적치유를 할 수가 있습니다. 기도가 성령 충만이고, 기도가 치유입니다.

넷째, 문제 안으로 들어가라. 기도하면서 내적인 상처를 치유할 때 머리로 생각으로 하는 기도는 효과가 적습니다. 현장을 영상으로 보면서 감정을 가감 없이 토설하며 기도를 해야 하기 때문에 문제 안으로 들어가야 하는 것입니다. 문제 안에 들어가 자신이 상처를 받는 모습이 보일 때까지 영상기도를 해야 합니다. 영상기도란 자신이 상처받고 상처를 주고 있는 모습을 그대로 보라는 것입니다. 마치 동영상을 보는 것과 같이 말입니다. 현장을 생생하게 보면서 감정을 토로하며 기도하는 것입니다.

다섯째, 감정을 가감 없이 표현하라. 영상기도를 통하여 자신이 상처를 받는 모습이 보이면 자신에게서 나타나는 현상대로 토설하며 기도를 하는 것입니다. 절대로 자신의 감정을 속이지 말고 그대로 표현하는 것입니다. 상처의 치유는 쉽게 되는 것이 아닙니다. 반드시 하나님은 자신이 상처를 받던 상황을 직시하면서 치유 받게 하십니다. 그래서 내적치유에 토설하며 기도하는 것이 중요하다는 것입니다. 하나하나 상황을 보면서 토설하며 기도 하는 것입니다. 감정을 가감 없이 토설하며 기도할 때 마음의 문이 열리니 성령께서 강하게 역사하는 것입니다. 성령께서 강하게 역사하면 자신의 감정을 솔직하게 표현하게 됩니다. 이때 악을 쓰는 분들이 있습니다. 가슴을 치는 분들도 있습니다. 옷을 찢는 분들도 있습니다. 온몸과 사지가 틀어지는 발작을 하면서 토설하기도 합니다. 어린 아이 소리로 우는 분들도 있습니다. 악을 쓰고 욕설을 하는 분들도 있습니다. 좌우지간 영상기도를 통하여 성령께서 보여주시는 모습을 보면서 그대로 표현하는 것입니다. 내적인 상처의 치유는 토설하면서 하는 기도를 통해서 해야 깊은 치유를 이끌어 낼 수가 있습니다.

1) 죄와 허물을 토설해야 합니다. 다윗은 "허물의 사함을 얻고 그 죄의 가리움을 받은 자는 복이 있도다. 마음에 간사가 없고 여호와께 정죄를 당치 않은 자는 복이 있도다. 내가 토설치 아니할 때에 종일 신음하므로 내 뼈가 쇠하였도다. 주의 손이 주야로 나를 누르시오니 내 진액이 화하여 여름 가물에 마름같이 되었나이다. 내가 이르기를 내 허물을 여호와께 자복하리라

하고 주께 내 죄를 아뢰고 내 죄악을 숨기지 아니하였더니 곧 주께서 내 죄의 악을 사하셨나이다"(시32:1-5)라고 고백 했습니다. 다윗은 자기 속에 있는 죄와 허물을 토설치 아니할 때의 괴로움을 고백하면서 하나님 앞에 죄와 허물을 성령의 지배와 임재 하에 토해낼 것을 말씀하고 있습니다. 죄는 의지적으로 행한 잘못이며 허물은 부지중에 행한 잘못입니다. 죄와 허물은 우리의 마음을 더럽히는 것이며 삶의 과정에서 나온 찌꺼기이기 때문에 성령의 임재 하에 깊은 토설기도를 통해서 날마다 털어내고 토해내야 합니다.

2) **마음의 상처와 근심을 토해내야 합니다.** 시102편 설명 부분에 "곤고한 자가 마음이 상하여 그 근심을 여호와 앞에 토하는 기도"라고 기록되어 있습니다. 시편102편에서 다윗은 마음의 상처와 근심으로 뼈가 냉과리같이 탔으며 살이 뼈에 붙었다고 고백하고 있습니다. 옛날 우리나라 여인들이 앓았던 화병은 상처와 근심을 오래도록 품고 있어서 생기는 병입니다. 이러한 상처와 근심을 성령의 지배와 임재 하에 토해내지 않고 마음에 품고 있으면 우울증, 불면증, 공황장애, 관절염, 신경통, 소화불량 등, 여러 가지 질병을 끌어들이게 됩니다.

그러므로 마음의 상처와 근심을 날마다 십자가 앞에 토해내는 깊은 영의기도를 통해 치유될 수 있습니다. 성령의 깊은 임재 가운데 영상으로 상처를 받는 모습을 보면서 솔직하게 토설하며 기도하는 것입니다.

3) **마음의 원통함을 토해내야 합니다.** 시142편은 다윗이 사

울을 피해 굴에 숨어있을 때 지은 기도 시입니다. 다윗은 특별히 잘못하거나 죽을 만한 죄가 없었습니다. 그는 이스라엘을 골리앗의 손에서 구원했으며 사울의 충신이었으나 사울의 시기 때문에 도망을 다녀야 했습니다. 칭찬과 보상을 받아 마땅한 사람을 죽이려고 할 때 이보다 더 억울하고 원통한 일이 어디 있겠습니까? 그러나 다윗은 그렇게 원통한 일을 당하면서도 살길을 알았습니다. 그 원통함을 하나님께 기도로 토해낸 것입니다. 다윗은 "내가 내 원통함을 그 앞에 토하며 내 우환을 그 앞에 진술 하는 도다"(시142:2)라고 고백하고 있습니다.

사무엘상 1장에 보면 한나는 아이를 낳지 못한다는 이유로 브닌나에게 많은 고통을 받았습니다. 얼마나 고통을 받았는지 성경은 "그 대적 브닌나가 그를 심히 격동하여 번민케 하더라." (삼상1:6)고 했습니다. 브닌나는 한 지붕 아래 사는 가족이었지만 한나를 공격하는 대적이었습니다. "브닌나가 그를 격동시키므로 그가 울고 먹지 아니하니"(삼상1:7) 브닌나의 공격 때문에 한나는 밥을 먹지 못했습니다. 그런데 한나에게 살길이 열렸습니다. 한나가 그 마음의 원통함을 하나님에게 기도로 상한 마음을 토해냈기 때문입니다. "한나가 마음이 괴로워서 여호와께 기도하고 통곡하며 서원하여 가로되."(삼상1:10). 얼마나 심하게 통곡하며 마음을 토해냈는지 엘리 제사장은 한나가 술에 취한 줄 알고 포도주를 끊으라고 권면했습니다. 한나는 엘리 제사장에게 자신을 이렇게 설명합니다. "나의 주여! 그렇지 아니하니이다. 나는 마음이 슬픈 여자라 여호와 앞에 나의 심정을 통한 것뿐이오니 당신의 여종을 악한 여자로 보지 마소서. 내가 지금까지 말한 것은 나의 원통함과 격동됨이 많음을 인함이니이다." 원통함과 격동됨이 많은 심정을 솔직하게 하나님에게 통회 자복하는 것이 토설기도입니다. 이렇게 마음의 상처를 토설하며 기도하니 마음의 응어리가 풀리고 깨끗해집니다. 마음이 치유되니 하나님의 응답을 받습니다. "엘리가 대답하여 이르되 평안히 가라 이스라엘의 하나님이 네가 기도하여 구한 것을 허락하시기를 원하노라 하니"(삼상 1:17). 사무엘상 1장 18절에 보니까 한나가 "가서 먹고 얼굴에 다시는 수색이 없으니라."라고 기록하고 있습니다. 브닌나가 변한 것이 아닙니다. 한나의 마음의 원통한 감정이 토설을 통해 다 빠져 나갔기 때문에 마음이 치유되고 회복되니 하나님이 응답하신 것입니다.

여섯째, 토설기도 통한 내적치유 방법. 마음을 열고 토설을 통한 깊은 기도는 죄와 허물, 상처와 근심, 억울함과 원통함을 성령의 지배와 임재 가운데 토해냄으로서 마음이 치유되고 평강이 회복되는 기도입니다. 토설기도의 대표적인 사람은 다윗으로서 그의 시편을 보면 많은 부분에서 죄와 허물을 토하는 기도를 했으며 마음의 속상함이나 원통함을 하나님 앞에 통회하는 깊은 영의기도를 한 내용을 볼 수 있습니다.

다윗이 억울한 일을 그렇게 많이 당하고도 그들을 용서할 수 있었던 힘은 그의 토설기도에서 나온 것입니다. 토설기도는 우리의 마음을 청소하는 것과 같은 기도입니다. 죄와 상처와 원통함을 털어내는 마음의 대청소가 토설기도입니다. 한국 교회가 그동안 토설 기도에 대해 무지했던 이유는 유교사상 때문이었습니다. 유교사상은 윗사람에게는 참고 아랫사람에게 화풀이하는 사상입니다. 그래서 하나님 앞에 와서는 참고 사람 앞에서는 화풀이하며 살았습니다. 그러나 하나님의 뜻은 하나님 앞에 와서 토설하며 풀고 사람 앞에서 용서해주고 참는 것입니다. 그 길만이 원수까지 사랑할 수 있는 유일한 방법입니다. 오늘부터 성령의 깊은 임재 가운데 자신의 심정을 가감 없이 하나님에게 토설하여 보십시오. 주님의 놀라운 평강과 축복과 행복이 넘치게 될 것입니다.

일곱째, 뿌리를 뽑아라. 성령의 임재 가운데 마음을 열고 한 가지 한 가지 상처받는 모습을 보면서 감정을 가감 없이 표현합니다. 내가 지금까지 내적치유사역을 하면서 체험적으로 느낀 것은 상처마다 뿌리가 있다는 것입니다. 그러므로 상처마다 있는 뿌리를 뽑아내야 합니다. 그래야 재발하지 않습니다. 어느 정도 토설이 되고 성령이 장악하면 뿌리는 캐내야 합니다. 뿌리에는 귀신이 있을 수도 있습니다. 뿌리에서 역사하던 귀신을 떠나보내야 완전치유가 되는 것입니다. 토설하며 기도만 하고 뿌리를 뽑아내지 않으면 반드시 재발합니다. 그러므로 성령의 임재 하에 솔직하게 토설을 하고, 예수 이름으로 축귀를 해야 합니다. 많은 내적치유 센터에서 이와 같이 뿌리를 뽑지 않기 때문에 치유를 받은 후 며칠이 안 되어 재발을 합니다.

또, 내적치유를 받은 후 증세가 더 악화되기도 합니다. 이유는 뿌리를 완전하게 뽑아내지 않고 상처받던 감정만 드러나게 하는 이성적인 사역을 하기 때문입니다. 많은 분들이 유명하다는 치유센터에서 내적인 상처 치유를 받은 후 더 심하여 우리 교회에 와서 완전하게 치유 받고 갑니다. 그러기 때문에 내적 치유는 3박 4일 집회에 참석해가지고 완벽하게 치유 받을 수가 없습니다. 지속적으로 치유 집회를 하는 곳에서 장기적인 치유를 받아야 뿌리가 뽑히는 분들이 있습니다. 내가 지금까지 내적 치유 사역을 하면서 체험한 바로는 내면의 상처가 치유되는 것은 깊은 말씀을 듣고 깨달아 알아지는 만큼씩 치유가 됩니다. 다시 말하면 영적으로 자라는 만큼씩 치유가 된다는 것입니다.

여덟째, 치유를 지속적으로 하라. 내면의 상처 치유는 단기간에 되지를 않습니다. 지속적으로 해야 합니다. 아니 영원한 천국에 갈 때까지 해야 하는 것이 치유입니다. 그러므로 항상 기도하면서 치유를 하는 것입니다. 성령의 임재 하에 깊은 영의기도를 통한 내적치유 원리를 적용해가면서 지속적으로 치유하는 것입니다. 새벽기도에 가서 기도하면서도 감정을 토설하며 풀어내는 것입니다. 철야기도에 가서도 토설하며 상처를 치유하는 것입니다. 감정을 토설하며 상처를 치유하면 치유 할 수 록 마음이 정화가 됩니다. 토설할 때 마음이 열려 성령으로 마음이 정화가 되는 만큼 성령이 장악을 합니다. 성령이 자신을 장악하니 권능이 나타납니다. 마귀의 계략을 알고 몰아냅니다.

아홉째, 기도를 통한 깊은 상처 치유의 원리는 다음과 같다.

1) 자신의 문제를 직시하고 자신의 책임을 인정해야 합니다. 그리고 치유를 받고자 하는 마음을 가져야 합니다. 자신의 상처를 치유 받고 말겠다는 의지가 중요합니다.

2) 자신의 문제와 관련된 사람들을 용서하고자 하는 마음과 그들로부터 용서받고자 하는 마음을 가져야 합니다. 용서와 회개는 내면의 상처를 치유하는 양대 축입니다.

3) 자신에게 정말 심각한 문제가 무엇인지 알려 달라고 성령님께 지속적으로 간구해야 합니다. 그리고 토설하며 기도하도록 현장을 보여 달라고 기도하세요. 솔직하게 자신의 속마음을 감추지 말고 토설해야 합니다.

4) 절대로 내적치유는 단번에 되지 않습니다. 시간과 노력이 필요합니다. 그리고 하나님의 시간표에 맞추어야 합니다. 급하다고 빨리 치유가 되는 것이 아닙니다. 급하게 마음을 먹으면 오히려 시간이 더 걸립니다. 마음을 편안하게 먹고 성령의 이끌림에 순복해야 합니다. 우리는 깊은 영의기도를 통해 과거에 잘못 입력된 것들을 지워버리고 마음을 새롭게 함으로써 자신을 새롭게 개조할 수 있습니다(롬12:1-2). 이렇게 변하게 되려면 어떻게 해야 하는지 생각해 봅니다. 그것은 바로 심경을 가감 없이 토설하는 것입니다. 하나님 앞에 나의 상처를 나의 고통을 곤경에 처해있는 환경을 낱낱이 토해내는 것입니다. 세상을 살면서 상처를 받지 않고 사는 사람은 별로 없습니다. 그런데 상처를 그냥 놔두면 나중에는 더 심각해지는 병에 걸리거나 정신적 또는 육체적 마음과 인격의 장애가 됩니다. 상처는 치료가 되기 때문에 상처라고 합니다. 상처를 빨리 치료 받는 길은 하나님과 가까워지는 것입니다. 마음에 상처를 담아 두지 말고 토설해 내기 시작할 때 하나님의 치료가 시작되는 것입니다.

이 책을 통해 예수님이 땅끝까지 전파 되기를 소원합니다.
(출판으로 인한 이익금은 문서선교와 개척교회 선교에 사용합니다.)

마음상처 투시와 완전치유

발 행 일 l 2021. 12. 06 초판 1쇄 발행

지 은 이 l 강요셉

펴 낸 이 l 강무신

편집담당 l 강무신

디 자 인 l 강요셉

교정담당 l 강무신

펴 낸 곳 l 도서출판 성령

신고번호 l 제22-3134호(2007.5.25)

등록번호 l 114-90-70539

주   소 l 서울 서초구 방배천로 2길 53(방배동)

전   화 l 02)3474-0675/ 3472-0191

E-mail l kangms113@hanmail.net

유   통 l 하늘유통. 031)947-7777

ISBN l 978-89-97999-83-5 부가기호 l 03230

가   격 l 16,000원